Christian Busemann
Easy nach Assisi

W0084275

GOLDMANN
Lesen erleben

Buch

Auf der Suche nach einer dringend nötigen Auszeit beschließt Christian Busemann, sich auf die Spuren seines früh verstorbenen Vaters zu begeben und von
Florenz nach Assisi zu pilgern. So macht er sich als waschechtes Pilger-»Küken«
auf, um den Franziskusweg zu erwandern und die Orte zu besuchen, die seinem
Vater so viel bedeuteten. Zwischen Übergepäck, Glaubenskrisen, Schweißgeruch
und Orientierungslosigkeit geht es im Laufschritt durch die schönen Weiten der
Toskana und Umbriens. Was Christian Busemann hier übers Pilgern lernt, gibt
er kurzweilig und informativ weiter: Von Vorbereitungen und Packlisten, über
hilfreiche Apps bis hin zum kleinen Einmaleins des Vor-Ort-eine-Unterkunft-
Organisierens – hier finden sich jede Menge Inspirationen und nützliche Infor-
mationen für Abenteuer im Pilgermodus. Und vor allem: beste Unterhaltung für
alle Pilger-Interessierten!

Autor

Christian Busemann arbeitet als Autor, Entwickler und Produzent von TV-Pro-
duktionen. Außerdem hat er die erfolgreiche *Papa To Go*-Reihe ins Leben gerufen. Nun hat er sich einer ganz neuen Herausforderung gestellt: dem Franziskusweg. Wenn er nicht gerade als Neu-Pilger unterwegs ist, lebt Christian
Busemann mit seiner Frau und seinen drei Kindern in Hamburg.

Außerdem von Christian Busemann im Programm

Papa To Go – Schnellkurs für werdende Väter
(auch als E-Book erhältlich)

Papa To Go – Intensivkurs für Väter (auch als E-Book erhältlich)

Papa To Go – Yoga für gestresste Väter (als E-Book erhältlich)

Parents To Go – Das Reisebuch für Eltern (als E-Book erhältlich)

CHRISTIAN BUSEMANN

Easy nach Assisi

PILGERN FÜR EINSTEIGER

GOLDMANN

Alle Ratschläge in diesem Buch wurden vom Autor und vom Verlag sorgfältig
erwogen und geprüft. Eine Garantie kann dennoch nicht übernommen
werden. Eine Haftung des Autors beziehungsweise
des Verlags und seiner Beauftragten für Personen-, Sach- und
Vermögensschäden ist daher ausgeschlossen.

Wir haben uns bemüht, alle Rechteinhaber ausfindig zu machen,
verlagsüblich zu nennen und zu honorieren. Sollte uns dies im
Einzelfall aufgrund der schlechten Quellenlage bedauerlicherweise
einmal nicht möglich gewesen sein, werden wir begründete
Ansprüche selbstverständlich erfüllen.

Sollte diese Publikation Links auf Webseiten Dritter enthalten,
so übernehmen wir für deren Inhalte keine Haftung,
da wir uns diese nicht zu eigen machen, sondern lediglich auf
deren Stand zum Zeitpunkt der Erstveröffentlichung verweisen.

MIX
Papier aus verantwor-
tungsvollen Quellen
FSC
www.fsc.org **FSC® C014496**

Penguin Random House Verlagsgruppe FSC® N001967

📷 Dieses Buch ist auch als E-Book erhältlich.

1. Auflage
Originalausgabe April 2021
Copyright © 2021: Wilhelm Goldmann Verlag, München,
in der Penguin Random House Verlagsgruppe GmbH,
Neumarkter Str. 28, 81673 München
Fotos: Christian Busemann
Umschlag: Uno Werbeagentur, München
Umschlagmotiv: FinePic®, München
Redaktion: Joscha Faralisch
Satz: Uhl + Massopust, Aalen
Druck und Bindung: GGP Media GmbH, Pößneck
Printed in Germany
KW · IH
ISBN 978-3-442-17864-3

Besuchen Sie den Goldmann Verlag im Netz

»Vires acquirit eundo« –
Auf dem Weg werden wir stärker!

Alte Stoiker-Weisheit

Für »Karl Zwei«

Dein Tutu

Inhalt

Vorab:
Gruß vom Pilgerweg
aus Sant'Ellero

Mein Herz pocht, mein Kopf glüht. Die Trageriemen auf meinen dürren Schultern empfinde ich ehrlicherweise als unfreundlich und fies. Ich befürchte bereits jetzt schon leichte Druckstellen in meiner zarten Haut. Spitze! Wenn ich mir ein Mal einen 15 Kilo schweren Rucksack auf den Rücken werfe ...

Mein Problem ist gerade allerdings ein ganz anderes. Wie komme ich an diesem Prachtexemplar eines Laubbaumes – keine Ahnung welche Sorte, Gattung oder Geschmacksrichtung – vorbei, der sich hier selbstgefällig quer über den schlammigen Minipfad gelegt hat. Was ein Arschloch. Rechts kann ich nicht vorbei, da ist nur Abhang. Links geht es steil bergauf, der Boden ist jedoch glitschig, und ich sehe keine Möglichkeit, mich irgendwo festzuhalten. Dann muss ich eben drüberklettern. Kein Problem – wäre da nicht diese üppige Baumkrone, die sich als so wuschig-buschig erweist wie eine blickdichte Vorgartenhecke im Hamburger Elbvorort, die die luchtigen Blicke auf Gründerzeitvilla und Tesla-Fuhrpark verhindern soll. Für einen Moment halte ich inne und muss lachen – bin ich ernsthaft gerade zu blöd, ein einfaches Hindernis in der Natur zu überqueren? Ja, äh, nein natürlich nicht! Ich fühle mich wie eine sakrale Heldenfigur im Indiana-Jones-Stil: »Der Pilger-Busi und das Geheimnis des Bäumlings.« Das

9

ist hier wie beim Multiple Choice in der Quizshow: A und B sind ausgeschlossen, C wäre fliegen, beamen, Tunnel graben oder einfach umkehren – geht auch nicht. Dann bleibt ja nur D: Es doch irgendwie linksrum versuchen.

Da kommt mir eine Idee: Ich nehme einen Ast und... aber wo ist ein... da! Okay, also, ich nehme den Ast, ramme ihn in den Glitschboden, zieh mich hoch zur Baumwurzel, und dann hangle ich mich drumherum. Der Ast ist zu dünn, der Glitschboden lässt nach, als ich mit dem einen Wanderschuh schon Halt suche – Ast bricht, Schuh rutscht weg – und plötzlich fällt ein 1,89 Meter langer Spargel mit rotem Schwiegermutterrucksack und Marc-Kevin-Göllner-Gedächtnis-Käppi der Länge nach auf die Fresse. Natürlich in den Matsch. Hat er doch glatt die 15 Kilo hinten auf dem Rücken vergessen, die einen so herrlich runterziehen wie die schlecht gelaunte Kollegin montagmorgens im Büro.

Schizophren lache ich, obwohl ich die gesamte Arie gerade extrem peinlich finde. Ich stehe auf, nestle an Hose und Hemd, wische und verschmiere den Dreck und probiere mein Glück erneut. Anderer Stock, anderer Winkel, anderer Style – leider aber derselbe Typ. Und dennoch: Es klappt!

Wie ein Akrobat aus dem Cirque du Soleil tänzele ich regelrecht elegant an den dinosaurierhirnähnlichen Baumwurzelverästelungen vorbei. Geschafft! Endlich wieder freie Sicht! Der restliche Weg überrascht nicht großartig. Er führt weiter steil bergauf, scheint aber erst mal kein erwähnenswertes Hindernis für mich parat zu halten.

Ich will einen großen Schluck aus meiner 20-Euro-Trinkflasche nehmen, die ich heute zum ersten Mal im Einsatz habe – doch es kommt nichts raus. Hä? Gut, das muss warten, ich frage mich nämlich gerade: Ist das überhaupt mein Weg, oder muss ich... Ich zupple mein iPhone raus und klicke auf die

GPS-App. Mist, geht gerade nicht. Was sagt denn der analoge Pilgerführer – da steht's ... Ich muss vor dem Baum links abbiegen. Also *vor* dem Baum. Auf der anderen Seite.

»Oh, neiiiiiiin«, brülle ich, will einen Schluck aus der Flasche nehmen – aber wieder nuckle ich wie ein Baby an dem Kautschuk-Nupsi, und nichts kommt. Wütend schmeiße ich die Flasche auf den Boden und denke an das Verkaufsversprechen: *Life Time Guarantee* – kein Wunder, wenn nichts rauskommt.

Da entlädt sich plötzlich der angestaute Frust der letzten 24 Stunden: »Mann, Busemann! Was zum Henker machst du hier eigentlich für einen Scheiß?! Und wo bist du überhaupt?«

Gute Frage. Ich denke, das sollten wir kurz erklären.

Der Weg zum Weg

Müde.

»Aufregende Wochen liegen hinter mir – die Oscar-Verleihung für ProSieben, der ESC-Vorentscheid in der ARD, dann der *Fernsehgarten on Tour* auf Teneriffa für das ZDF, wo ich mit Fieber im Bett lag« – ich nicke betroffen und setze mit betretener Miene nach: »Ich arbeite eigentlich seit 2014 durch.«

Selber schuld, du Affe, schießt es mir durch den Kopf. Hat dich ja keiner gezwungen, aus einer florierenden Fernsehproduktionsfirma auszusteigen und fortan solo als TV-Autor zu arbeiten. Doch meine Heilerin, ihres Zeichens Heilpraktikerin und mir wärmstens von meiner eigenen Frau empfohlen, blickt mich mit ihren liebevollen Augen an und signalisiert mir vollstes Verständnis. Auf ihrem Schreibtisch hat sie sich eine Art Ankerzentrum für faustgroße Trolle und Elfenfiguren eingerichtet. Viel Getümmel, dazu alle möglichen Steine, bewacht von einem gerahmten Foto von ihr in einem mittelalterlichen Gewand. Ich bin kurz etwas irritiert, aber ja mitten im Gespräch.

»Ja, Herr Busemann, Sie haben eine Menge zu schultern. Ich meine: selbstständig, drei Kinder – und Zeit mit Ihrer Frau und für sich brauchen Sie ja auch. Und wenn Sie dann so viel arbeiten und nicht schlafen können – dann ist das kein Wunder, wenn das Ergebnis so aussieht, wie es aussieht.«

Sie sendet auf der Frequenz »Einfühlsam«, und ich blicke höchst betroffen und randvoll mit Selbstmitleid auf die drei bunten Bilder vor mir auf dem Din-A4-Ausdruck. Ich kann sie zwar nicht deuten, aber sie wird es bestimmt wissen: Es sieht wohl schlecht aus. Sehr schlecht. Und ganz ehrlich: Es wundert mich auch nicht.

#panikattacke sage ich nur! Immer öfter und meistens in der Nacht.

Zunehmend, wenn ich auf *Montage* bin, also bei Fernsehshowproduktionen vor Ort, um letzte Texte für die Moderatorin oder den Moderator anzupassen und auf Karte zu drucken. Da geht mir so sehr die Düse, dass ich, nach einmaligem Aufwachen, nicht wieder einschlafen kann.

Ich schreibe vornehmlich Moderationstexte für Fernsehshows, die als Grundlage und roter Faden für eine TV-Sendung dienen. Von den Umständen her ein absoluter Traumberuf: abwechslungsreich, kreativ, nicht ortsgebunden und zeitlich flexibel einzuteilen. Alles, was man dafür braucht: Laptop, Handy, WLAN. »Guten Abend und herzlich willkommen zu …«

Indras lange, mit Grau durchzogenen Haare sind zu einem Zopf gebunden, der es sich auf der rechten Schulter ihres weißblau geringelten Langarmshirts bequem gemacht hat. Vielleicht ist sie 45 oder 50 – sicherlich tue ich ihr damit Unrecht, denn sie wirkt alterslos. Ihre Augen sind wach, ihr Sprechtempo Dauermotiv für Radarfallen. Ich muss mich konzentrieren.

»Eine Amsat-Messung ist perfekt, um sich schnell einen Gesamteindruck vom Gesundheitszustand zu verschaffen. Das System ist eine ehemalige Erfindung der Russen, um in aller Kürze den Leistungsstand von Sportlern, Funktionären oder Kosmonauten abzurufen«, erklärt mir Indra. In Gedanken frage ich mich: »Vor oder nach der Einnahme leistungsfördernder Präparate?«

Die Apparatur sieht aus wie ein Lügendetektor, an dem die Messinggewichte der Wanduhr von Omma Busemann baumeln. Die nahm ich vor unserem Gespräch in die Hand, stellte mich barfuß auf zwei Platten, ebenfalls aus Messing, und zum Schluss stülpte mir die freundliche Assistentin noch ein Guillermo-Vilas-Gedächtnis-Stirnband über – wer ihn nicht (mehr) kennt: ehemalige argentinische Tenniskanone – ebenfalls mit Messingbesatz.

Mittels der Messung von Volumen und Hautwiderständen sollen über sechs Elektroden die Werte von 22 verschiedenen »Kanälen« ermittelt werden. Und auf diesen Kanälen ist »mein« Programm wohl eher semi-unterhaltsam. Das sagt offenkundig Bild 1, das Indra intensiv prüft, während sie nachdenklich an ihrem einfach um den Hals gewickelten Baumwolltuch fummelt. Was sieht sie? Ein Testbild? Schwarz-Weiß-Gekrissel? Meinen endgültigen Sendeschluss?

»Das ist ziemlich eindeutig. Sie haben keine Reserven mehr, Ihr Körper muss leisten, greift aber auf *nichts* zurück. Das ist sehr schlecht. Wir müssen es vor allem schaffen, Sie zu regenerieren. Sie müssen wieder schlafen können, den Tank aufladen und: Sie müssen lernen, entspannter zu werden – sich Ihre Kraft einzuteilen!«

KATASTROPHE! Ein Armutszeugnis. 2016 habe ich noch stolz ein Yogabuch für Väter veröffentlicht, weil ich mich so tiefenentspannt durch den Alltag geyogt und meditiert habe. Doch kaum ging das Buch in den Druck, lautete mein neues Mantra: weniger Yoga, mehr Projekte! Klar, die geilsten Anfragen trudeln *immer* gleichzeitig ein!

Aber wie konnte das typische Ja-Sager-Syndrom der Freelancer auch mich nur so brutal darniederraffen?

In meinem müden Hirn grabe ich vergeblich nach plausiblen Erklärungen.

Erster Versuch: »Ja, teilweise jongliere ich zwischen fünf bis zehn Projekte parallel.«

Feedback: Macht jeder andere Bezahl-Schreiber auch. Reicht nicht.

Zweiter Versuch: »Ich mache kein Projektmanagement. Gerate immer in Abgabedruck. Und kleistere dadurch wertvolle Regenerationszeit mit Arbeit zu.«

Feedback: Schön doof. Entweder human planen, oder weniger ist mehr. Nimm dir mal ein Beispiel an den Work-Life-Balance-Gurus! Reicht nicht.

Dritter Versuch: »Immer wieder Schlafmangel wegen eines dauerkreisenden Gedankenkarussells in der Nacht. Und wenn ich dann erst mal die Büchse der Pandora geöffnet habe – meistens kann ich das nicht vereiteln –, suchen mich die Ängste heim:

Hab ich mich möglicherweise mit all den Projekten übernommen? Leidet bei so vielen Baustellen nicht die Qualität der Texte? Und was passiert eigentlich, wenn mir plötzlich überhaupt nichts mehr einfällt – trübe Rübe? Bin ich dann raus? Wie kriege ich uns dann durch? Hält meine Beziehung das aus? Und warum liegt hier überall Stroh in der Küche?

Bandsalat im Kopf, jeder Gedanke ein Quälgeist, der den Körper ansteckt.

Mein Puls beschleunigt, mein Herz rast, und sofort bilden sich Schweißperlen direkt unterm Haaransatz. Ich winde mich von links nach rechts, spüre eine Faust im Magen, die unrhythmisch wütet, und dann immer wieder dieses pochende, galoppierende Herz. Es fühlt sich so schrecklich ungesund an. Alles will schlafen, alles will die Ruhezeiten einhalten, aber Geist und Herz scheren sich einen Dreck darum – und spielen dieses unwirkliche Konzert. Überzeugt?«

Feedback: Du arme Sau! Wärste mal 1991 zum Medizinertest gegangen!

»Die Angst ist ein Problem! Aber sie ist für alle Menschen, die im Job erfolgreich sind, ein ständiger Begleiter. Ich versichere Ihnen: Der Druck wird nicht weniger! Deshalb haben Sie in Zukunft mehr Selbstvertrauen in Ihre Arbeit. Seien Sie mal zufrieden mit sich, feiern Sie die kleinen wie großen Erfolge. *Sicherer werden* ist das Ziel. Und freuen Sie sich über die Möglichkeiten und Erlebnisse, die Ihnen Ihre Arbeit schenkt!«

Eine Welle von Melodramatik umspült uns gerade im Behandlungszimmer zwischen Bücherregal, Fantasyfiguren und einer weiteren, nicht identifizierbaren Apparatur, als plötzlich zwei sonnengebräunte Gerüstbauer durch die Scheibe linsen. Ganz offensichtlich haben sie es soeben auf die dritte Etage geschafft und winken wie die Apollo-11-Crew kurz vor Abflug. Irritiert winke ich zurück und schaue zu Indra, die vor Mitgefühl nur so blubbert. Glasige Augen, zur Seite geneigter Kopf, ein leicht geöffneter Mund, der auf fehlende Order vom Sprachzentrum wartet, und dazu ein tiefes Atmen. Nun wäre eigentlich der ideale Moment, sich fest in den Arm zu nehmen, mit »Du schaffst das schon«-Miene auf die Schulter zu klopfen oder zu brüllen: »Reingelegt – Versteckte Kamera!«

Stattdessen zückt sie unvermittelt den Holzkugelschreiber und notiert etwas mit den Worten: »Bittersaft! Für den Darm! Den müssen wir wiederaufbauen.« Außerdem sei ab sofort »Bio-Doping« angesagt, mit Rosenwurz (»Sollte jeder in der Medienbranche einnehmen! Dadurch ist man sozial mit anderen, aber bleibt trotzdem bei sich!«) und Curcumin. Bei Stress und leerem Akku wäre dieser Doppelpack eine unschlagbare Powerbank.

Und für die Nacht empfiehlt sie mir ein paar Tropfen Strophantus – zum Runterkommen und besseren Schlafen. Im Idealfall: durchschlafen.

Wir sind so weit durch – im Nebenraum lauert bereits Indras Kollegin, um mir noch Blut abzuzapfen – da fragt sie mich beim Rausgehen:

»Haben Sie mal daran gedacht, eine Auszeit zu nehmen?«

Ich gucke sie überrascht an:

»Nein, ehrlich gesagt, wüsste ich nicht, wann. Hab ständig irgendwelche Projekte.«

»Schade. Das wäre nämlich das Beste für Sie. Einmal durchatmen. Ohne Familie. Wenn Sie die Möglichkeit dazu haben, tun Sie es!«

»Schöner Gedanke«, lächle ich. »Aber eher schwierig. Ich probiere es erst mal mit den Tabletten und ein paar guten Nächten.«

Sie nickt verständnisvoll. »Genau! Und dann sehen wir uns in acht Wochen wieder.«

Sie gibt mir die Hand. »Tschüss, bis bald.«

Als ich wieder auf der Straße stehe, sinniere ich über ihren letzten Gedanken und meine Reaktion darauf. Ist es wirklich so unmöglich für mich, die Pausentaste zu drücken, oder habe ich es gar nicht selber in der Hand? Ich meine, die Lage ist doch ernst. Es kribbelt im Bauch.

1977.

Es ist der 9. Januar. Seit einem Jahr und sieben Tagen ist er niedergelassener Internist in dem kleinen niedersächsischen Kurort Bad Zwischenahn – über die regionalen Grenzen bekannt für seinen geräucherten Aal aus dem Zwischenahner Meer, Schnaps aus dem Löffel und der Rheumaklinik mit den Moorheilbädern.

Die charismatische 1,83 Meter große Erscheinung mit dem dichten dunklen Haar, dem kleinen Bauch und dem stets zerbeulten Trenchcoat stammt nicht von hier, sondern aus dem »Revier«, aus Dortmund. Dort wuchs er als Sohn eines Bäckermeisters und einer Köchin mit einer jüngeren Schwester und einem älteren Bruder auf. Die Familie lebt bescheiden, geht regelmäßig in die Kirche, große Annehmlichkeiten sind nicht drin. Es reicht gerade so. Der Vater leitet die Backstube im nahegelegenen Marienhospital, und sooft er kann, besucht er ihn bei der Arbeit. Nicht, um die Brötchen im Backofen aufgehen zu sehen oder den Teig für den Butterkuchen zu kosten, sondern, um die Heldinnen und Helden in den weißen Kitteln mit dem Stethoskop um den Hals bei der Arbeit zu bewundern. Wie sie souverän mit einem Blick aufs Klemmbrett erhaschen, in welchem Zustand sich der Patient vor ihnen befindet, und mit gekonnten Griffen und beruhigenden Worten Hilfe und in seinen Augen »Übermenschliches« leisten.

Und so entschließt er sich schon in diesen Tagen, Arzt zu werden.

Die Praxis ist für die bäuerliche Region so futuristisch wie ein Raumschiff aus einer anderen Galaxie. Sie verfügt über zwei modern eingerichtete Sprech- und Behandlungszimmer, in denen die Schränke und selbst die Waschbecken mobil sind. Im geräumigen Wartezimmer entspannen die Patienten dank eines Easy-Listening-Klangteppichs, bevor sie umfängliche Untersuchungen und Behandlungen beanspruchen dürfen: Denn neben einem eigenen Labor für die schnelle Blutanalyse, können EKGs geschrieben und spontan Röntgenaufnahmen gemacht werden. Reizstrom gibt's und Rotlicht für Rheumatiker. Sein Leistungsspektrum ist so enorm, dass ihm die Ammerländer die Bude einrennen. An seinem allerersten Tag hat er bereits sieben Patienten, nach dem ersten Quartal ist er nur noch ausgebucht.

Sein Erfolg ist seiner Hingabe, seiner Gründlichkeit und seinem Humor im Umgang mit den Patienten zuzuschreiben. Er ist sehr gewissenhaft, untersucht lieber einmal mehr, um keine Lücke zu übersehen. In seiner spärlichen Freizeit aktualisiert er sein Wissen, bildet sich fort, isst zu viel, hört Klassik und raucht Zigarillos. Wenn er nicht Notdienst hat, ist er auf Hausbesuch – in seinem eigenen Haus ist er mehr Gast als Gastgeber, mehr Arzt als Vater und Ehemann.

Seine Multilingualität sichert ihm neben der Gunst der Einheimischen auch die der Zugezogenen. Vor allem lieben ihn die Italiener, denn sein Italienisch ist flüssig wie Zabaglione, und keiner von ihnen glaubt, dass er wirklich Deutscher ist. Wenn er mit seinem blauen Audi 100 auf Hausbesuch durch die norddeutsche Provinz donnert, um bei italienischen Familien zu behandeln, weiß seine Frau: Es wird spät, und er wird nach Rotwein riechen.

Es geht ihm nicht gut an diesem Sonntag. Die ganze Zeit über schlägt er sich mit Fieber herum und weiß nicht, ob es die abzugebende Steuererklärung ist, die ihm den Kopf erhitzt oder wirklich ein Infekt. Sei's drum, das Amt kennt kein Pardon, der Kram muss fertig werden, und so pfeift er sich Tabletten rein, um die Abrechnungen abzuschließen. Auch als seine Frau gegen 23 Uhr ins Bett geht, hält er durch. Er habe es ja fast geschafft. »Ich komme nach«, sagt er und wünscht ihr eine gute Nacht.

Es ist das letzte Mal, dass sie ihren Mann lebend sieht.

Greifarm.

Supervision war die Idee – also sein eigenes Handeln prüfen und verbessern. Es wurde aber leider zur Super-Desillusion: Gerade mal zwei Sitzungen brauchten Coachin Ingrid und ich, um festzustellen, dass wir uns zwar mögen, sie mir aber nicht helfen kann. Denn bereits nach Treffen Nummer 1, bei dem ich ihr neben meiner Coming-of-Age-Story vortrug, woran ich gerne mit ihr arbeiten würde – zum Beispiel an meiner Effizienz, einer pfiffigen Projektplanung mit Puffern, mehr Gelassenheit in Stressphasen, meinem Vorhaben, ein neues Buch zu schreiben usw. –, schlug sie mir einen Mann als Coach vor. Huch, was war das?!

»Sie brauchen einen, der zackig sagt, was Sache ist und wo es langgeht – einen, der den Ton angibt. Meine Methoden sind eher sanft ausgerichtet, ich bezweifle, dass Ihnen das hilft!«

Ich widerspreche und erinnere sie an meine kurz skizzierte Familienhistorie: »Ich kann damit gut umgehen – ich bin ja primär unter Frauen aufgewachsen!«

»Genau deshalb! Für Ihre Themen ist es jetzt besser, mit einem Mann zu arbeiten. Denn es geht für Sie gerade auch um männliche Eigenschaften: Stärke, Fokussierung, breitbrüstig sein und das Finden Ihrer Rolle im System – Mannsein ist gefragt!«

Sie müsse überlegen, wer passend wäre, und schlägt mir dann eine hypnotherapeutische Übung vor. Ich solle meine Augen schließen und mich in eine Arbeitssituation hineinfühlen, in der meine Texte in einer großen Runde gelesen und besprochen werden – mit Regisseur, Redaktion, Moderator und anderen Mitarbeitern.

»Wie fühlt sich das für Sie an? Wo spüren Sie was?«

Ich öffne meine Augen. Ingrid ist heimlich mit ihrem Stuhl ganz nah an mich herangerückt und sitzt leicht vorgebeugt, ihr Gesicht direkt vor meinem. Ich rieche warme, leberwurstgetränkte Atemluft, rücke etwas zurück und antworte:

»Da ist gar nichts. Fällt mir gerade auch etwas schwer, mir diese Situation vorzustellen – irgendwie so intim, das Ganze«, spiele ich zugleich auf unsere Sitzsituation an.

»Verstehe!« Sie ändert trotzdem nichts. »Schließen Sie noch mal die Augen und probieren Sie es, wenn ich genauer beschreibe, was passiert. Da ist eine große Runde, ein großer Tisch, viele Leute sitzen bereits – in der Mitte liegen Ihre Texte, ausgedruckt, mehrere Kopien. Jeder nimmt sich einen Schwung, der Regisseur schlägt die erste Seite um, liest, dann die zweite Seite – und Sie beobachten, wie er beim Lesen ab und zu sein Gesicht verzieht. Was denken Sie?«

»Sieh an, selbst mit Ticks kann man so weit kommen und Porsche fahren.« Ich grinse.

»Nehmen Sie das so leicht?«

Ach, so läuft das. Ich antworte mit erkennbarem Ernst: »Nein, natürlich nicht. Ein verzogenes Gesicht könnte bedeuten, dass ich nachts noch mal den Text bearbeiten muss. Fühlt sich automatisch nach Mehrarbeit an. Und das ist natürlich beknackt.«

»Aber kann es nicht auch sein, dass er sein Gesicht verzieht, weil es ihm gefällt? Vielleicht fühlt er sich gut unterhalten!?«

Ich öffne meine Augen – »Schließen!« – und schließe sie wieder.

Ich überlege kurz. »Kann natürlich sein, aber ich würde eher aus seiner Mimik schließen, dass er den anderen in der Runde damit signalisieren möchte, dass der Text ihm Bauchschmerzen bereitet.«

»Wenn das so wäre, wie würden Sie damit umgehen?«

»Mir anhören, was er sagt, was die anderen sagen und darauf reagieren!«

»Geben Sie dann nach, oder verteidigen Sie Ihr Werk?«

»Das ist ja kein Egotrip. Wenn schließlich alle der Meinung sind, es solle anders, dann bekommen sie es auch anders!«

»Wie fühlt sich das für Sie an?«

Boah, diese Fühl-Fragen.

»Weiß ich nicht. Mal finde ich es doof, mal völlig gerechtfertigt.«

»Wer sitzt gerade am Tisch?«

Ich öffne die Augen. »Schließen!«

»Aber hier ist kein Tisch«, antworte ich.

»An dem Tisch mit Ihren Texten – wie sehen Sie aus?«

»So wie jetzt. Ich trage Jeans…«

»Nehmen Sie die Situation ernst, oder fühlen Sie sich gefährdet durch die Kritik?«

»Nö, ich kenn das doch. Ist halt ärgerlich, aber das ist das Geschäft. Generell mag ich es aber natürlich nicht, meinen Text zerlegt zu bekommen.«

»Verbinden Sie was damit? Eine Erinnerung?«

»Klar, das erinnert mich an Schule und schlechte Noten. Meine schlechten Noten.« Ich stocke, obgleich es gerade im Kopf rattert. Aus der Versenkung steigen vor meinem inneren Auge Bilder auf, wie ich das Deutschheft aufschlage und paralysiert auf die unter meinem Text in Rot geschriebene Note starre: eine Fünf! Das wird Mama wieder Bauchschmerzen machen. Und mir erst recht. Sofort umklammert eine Stahlhand meinen Magen und zerdrückt ihn wie Raimund Harmstorf die Kartoffel. Aus einem geöffneten Pharaonengrab ziehen muffig-alte Angstgefühle und dunkle Sorgenwolken auf: Ich sehe mich weinen, meine Mutter traurig auf die Note blicken, Mitschüler lachen mich aus, ich will einschlafen im viel zu hellen Kinderzimmer, Herzrasen – ich reiße meine Augen auf.

»Wollen Sie weiter ausführen, woran es Sie erinnert? Teilen Sie es mit mir!«, fordert mich Ingrid auf. Ich schüttele den Kopf und atme einmal tief durch. War das gerade das klassische Coaching-Aha? Du erwartest nichts, und plötzlich platzt die Bombe? Über Jahrzehnte liebevoll ignoriert, rutscht sie immer tiefer, wird mit Sand zugeschüttet, sogar Häuser und Denkmäler bauen wir drauf – doch dann taucht der Greifarm einmal an der richtigen Stelle in den Sumpf und holt dir den Scheiß wieder hoch.

»Hat nichts gebracht, oder? Ich meine, meine Antworten waren ja...«

»Finden Sie?«, unterbricht sie direkt und fährt fort: »Ich finde, da waren zwei grundsätzliche Haltungen sehr gut zu erkennen.«

»Oh! Jetzt bin ich aber gespannt«, täusche ich interessiert vor und fürchte, was kommt.

»Erstens haben Sie von Ihrer Arbeit keine gute Meinung. Und zweitens sitzen Sie wie ein kleiner Junge selbst an einem Tisch voll von Erwachsenen, die alle Kante zeigen.«

Ich gucke wie ein Auto. Ich sehe es zwar nicht, aber ich ahne es. Denn Ingrid sagt:

»Sie gucken wie ein Auto! Finden Sie das nicht?«

»Darüber habe ich noch nie so genau nachgedacht. Ich bin, wie ich bin, und gehe, glaube ich, grundsätzlich mit meiner Arbeit kritisch um. Wie viele.«

»Das ist durchaus eine positive Eigenschaft, weil Sie dadurch offen sind – aber bei allem, was ich von Ihnen gehört habe, mit Ihren Schlafstörungen und Ihren Ängsten, ist es wichtig, dass Sie mit mehr Selbstvertrauen dasitzen und nicht gleich denken: ›Ach, der findet's scheiße – dann ist es auch scheiße‹.«

»Guter Punkt!«

»Und wenn es um Ihre Arbeit geht – dann gehört das Kind da nicht an den Tisch. Das ist wichtig für Sie! Keine Frage, der kleine Junge in Ihnen ist der Kreative, der nährt Sie, den müssen Sie auch pflegen, aber er hat dort, wo sozusagen verhandelt wird, nichts zu suchen! Hier geht es um Verantwortung und eine Haltung zu sich und seinem Tun.«

»Der kleine ›Busi‹ muss also draußen bleiben!«, bestätige ich sie und merke, wie gut mir Ingrids Worte tun. Der sensible Fun-Busi hockt tatsächlich immer mit dabei. Den zwischendurch mal an die frische Luft zu setzen ist in der Tat einen Versuch wert!

»Wissen Sie, es ist schwierig, mannhaft zu sein, wenn man nie einen Mann als Leitbild hatte«, rechtfertige ich mich.

»Absolut! Deswegen sollten Sie Ihren Vater besser kennenlernen!«

»Der ist tot. Habe ich doch erzählt.«

»Ich weiß, aber das schließt ja nicht aus, ihm näherzukommen! Es gibt doch vielleicht noch alte Notizen von ihm, Bücher, Bilder und Musik, die er mochte. Oder Orte, an denen er gerne war.«

»Assisi«, sage ich, wie aus der Pistole geschossen. »Meine Mutter spricht immer von Assisi als seinem Kraftort.«

»Na, dann haben Sie ja was vor!«

1977.

Dagmar wacht am Morgen des 10. Januar ungewöhnlich früh auf und wundert sich über die leere Betthälfte. Als sie realisiert, dass Decke und Kopfkissen unberührt sind, fährt sie hoch. Sie schlüpft in den Bademantel, öffnet die Schlafzimmertür und blickt auf den dunklen Flur im ersten Stock. Auch im Treppenaufgang ist kein Licht, doch es schimmert hell von der Küche her. Das ist aber auch das Einzige, was sich verändert hat, seit sie ins Bett gegangen ist. Ihr Mann ist »verleckert« – es könnte sein, dass er sich kurz nur was aus dem Kühlschrank holt. Wäre nicht das erste Mal. Der Gedanke beruhigt sie so sehr, dass sie glatt über das unberührte Bett hinwegsieht und sich schon wieder umdrehen will. Nur hört sie nichts. Keine Kühlschranktür, kein Geschirrklappern, kein Schubladenöffnen. Nichts. Selbst, wenn er isst, kann man ihn hören, weil er die Beine überschlägt, noch mal Wurst nachlegt, das Gürkchen auf dem Teller schneidet. Geräusche gehören zu ihm wie sein Duft nach Tabac Original. Aber es ist nichts zu hören. Einfach nur Stille.

Um die Kinder nicht zu wecken, ruft sie leise die Treppe hinunter: »Karl-Heinz?«

Vielleicht war es zu leise. »Karl-Heinz?« Erneut keine Antwort.

Barfuß tapst sie die kalte Marmortreppe hinunter und sieht schon in der großen Diele das kalte Neonlicht aus der Küche scheinen. Und es wird mit jedem Schritt kälter. Sie ruft etwas lauter »Karl-Heinz«, als sie gerade die Küche betritt, und zuckt vor Schreck zusammen.

Story.

Es ist für mich zu einer sehr lieb gewordenen Gewohnheit geworden, regelmäßig unregelmäßig mit Marco Krahl essen zu gehen. Marco ist der Erfinder der *Dad*, der einzigen Väter-Zeitschrift in Deutschland, und darüber hinaus stellvertretender Chefredakteur der deutschen *Men's Health*. Ein feiner Mensch, ein spannender Gesprächspartner und grundsätzlich immer für Neues und Kreatives im Pingpong mit seinem Gegenüber zu haben.

Gerne wähle ich ihn auch als meinen ersten Prüfstein, wenn ich ein neues Buch plane oder mich sonst wie mit einem Projekt verlustiere, das sich mit Vaterschaft beschäftigt. Seine Einschätzungen sind immer substanziell, und er traut sich auch, eine Killerfrage zu stellen, die die Idee möglicherweise wieder vom Tisch wischt.

Diesmal jedoch war es einfach nur an der Zeit, wieder mal miteinander essen zu gehen, um sich upzudaten und auszutauschen.

Wir treffen uns in einem kleinen Bistro in Eimsbüttel zum Mittagessen. Bei Salat und Pasta berichte ich von meinen Erlebnissen bei den Oscars, er wiederum von den ständigen Veränderungen im Verlagswesen mit Personalrochaden, Einsparungen und Werbeeinbrüchen im Printmarkt. Dann erzählt er mir von neu erschienenen Väter-Büchern, darunter von einem Italiener, der über sein Leben als Vater von drei Kindern geschrieben hat.

»Das könntest du doch eigentlich auch machen. Die Storys hast du doch alle zu Hause«, grinst Marco und kratzt seinen gepflegten Hipsterbart.

Ich winke ab. »Nee, ich glaube, dieses Väterthema ist für

mich durch. Habe da noch drei, vier Anläufe gestartet – Stichwort ›Mehrfachbelastung‹: Alleinverdiener, Freelancer, oft unterwegs, Kraftakt und so weiter, aber schon im ersten Notizstadium war das nur transkribiertes Geheule. Will doch keiner lesen!«

Marco gibt nicht direkt auf: »Meinst du?! Auch nicht, wenn es lustig ist?«

»Vielleicht, aber mein Verlag schwenkt da sofort die rote Fahne. Die haben monatlich unendlich viele Elternthemen auf dem Tisch – ich denke nicht. Und: Zeit habe ich ja sowieso keine. Ich bin ja dauernd mit TV-Projekten beschäftigt.«

»Ach, schade!«, Marco nimmt einen kleinen Schluck von seinem Wasser und verschränkt die Arme zu einer bequemen Haltung. »Ich wollte dich nämlich eigentlich fragen, ob du für unser *Dad*-Herbstheft etwas schreiben könntest – vorausgesetzt, du hast Lust auf das Thema!?« Ich fackle nicht lang: Freelancer-Ja-Sager-Modus ist *on*, und außerdem macht es einfach Spaß, für Marco zu schreiben. Das Vaterthema bleibt ja dennoch eine Herzensangelegenheit.

»Na klar, für Kurzstrecken reicht die Zeit doch immer! Worum geht's?«

»Du hast mir seinerzeit mal erzählt, dass du ohne Vater aufgewachsen bist, weil deiner so früh gestorben ist…«

»Ich war vier Jahre alt«, sage ich.

»Und darum geht es. Um Väter ohne Väter. Also Männer, die ohne Vater aufgewachsen sind und nun selber Kinder haben – nur das Rollenvorbild fehlt. Ist das ein Thema für dich?«

Seine Frage raubt mir den Atem. Das wirkt doch gerade alles wie ein Scherz oder eine schlechte Soap! Ich schaue ihn offensichtlich fassungslos an.

»Was ist?«, fragt Marco leicht irritiert. »Blödes Thema?«

»Nein, mein Lieber, ganz im Gegenteil! Du hast gerade mein Ticket gelöst. Mein Ticket nach Assisi!«

»Hä?! Was soll das heißen?«

»Ich mach's. Natürlich!«

Franziskusweg.

Es ist Sonntagnachmittag im April, der sich ungewöhnlich mild und freundlich zeigt. Die drei Busi-Kinder spielen Steckenpferd und Sandkasten-Bäckerei, Kristy, meine Frau, ergeht sich voller Hingabe in Gartenarbeiten – Kräuterhochbeet anlegen, Rasen mähen, Vertikutieren –, und ich sitze in meinem kühlen Souterrain-Home-Office und schiele auf meinen Laptop – ausnahmsweise im Eigenauftrag!

Eine Auszeit, während ich den Kraftort meines Vaters erobere – das klingt fast zu schön, um wahr zu sein. Am besten in Kombination mit all dem, was im »Relax«-Modus angesagt ist: sich besinnen, achtsam sein, mal die Seele baumeln lassen!

Ich scanne meinen digitalen Kalender und meine handschriftliche Moleskine-Kladde.

Drei Sendungen und Shows stehen im Restapril noch an, danach öffnet sich ein Zeitfenster von bis zu sechs Wochen, in denen *bislang* kein Moderationsbuch von mir gefertigt werden soll. Nur ein einziges Projekt müsste ich vorziehen. Und da es sich dabei um Treatments für eine kleine Comedyserie handelt, die ich in Bälde locker runterschreiben kann, dürfte das alles kein Problem sein.

Vorausgesetzt, ich bekomme ein Go von Kristy, könnte ich am 14. Mai starten. Nicht zu viel Zeit verplempern – direkt abhauen, wenn die Jobs vorbei sind. Sonst plumpst noch was Neues ins Netz, und dann haben wir den Salat.

Ich checke, ob es Flugverbindungen von Hamburg nach Assisi gibt. Der nächste Flughafen liegt im umbrischen Perugia, den aktuell selbst Ryanair nicht mehr anfliegt.

Dann wohl Florenz. Würde funktionieren. Und wie geht es von Florenz nach Assisi? Ich tippe auf Bahn oder FlixBus – doch dann spuckt Google plötzlich das Wort aus, das sofort all meine Synapsen miteinander reagieren lässt: Franziskusweg. Pilgern auf dem Franziskusweg! Das ist es.

Und obwohl ich sofort weiß, dass ich ihn gehen werde, meldet sich der Frontallappen. Ist das eine Art billiges Jakobswegplagiat, erdacht vom italienischen Tourismusverband?

Läuft's wirtschaftlich so schlecht bei den Römern, dass sie jetzt ernsthaft mit so einer Masche für ein paar mehr Touristen in atmungsaktiver Unterwäsche sorgen wollen?

Doch je tiefer ich mich einlese, desto substanzieller wird's. Die Strecke führt von Florenz nach Rom; über Pfade und Wege, die – sollten die Historiker recht haben – Franz von Assisi wahrscheinlich vor 800 Jahren entlangwandelte.

Sicher ist: Der Weg bringt einen an Orte, an denen er tatsächlich gewirkt und gelebt hat. Doch nicht nur das. Denn wie es auf einer Seite heißt: »Der Franziskusweg führt nicht nur zu einer Begegnung mit franziskanischen Orten und ihrer Spiritualität, sondern lädt auch dazu ein, verträumte italienische Landschaften abseits des Touristenstroms zu erleben.«

Klingt für mich geradezu nach Wanderurlaub! Perfekt.

Mit Franziskanern hatte ich bislang noch keinerlei Berührung, mit Spiritualität hingegen jede Menge. Es ist Zeit für mich, die Papa-Karte aus dem Ärmel zu zücken und sie endlich zu spielen. Wenn dieser Weg nicht wie für mich gepuzzelt ist, welcher sonst!?

Die Sache ist geritzt: Ich *wandere* von Florenz nach Assisi – auf dem Franziskusweg!

Franz von Assisi

Wanderst du noch, oder pilgerst du schon?

Den »Pilgerpass« griffbereit, das Kreuz an der Halskette, eine Jakobsmuschel am Rucksack baumeln und in der Kirche in der ersten Reihe sitzen – das müssen doch Pilger sein. Oder einfach nur Wanderer mit viel Kirchen-Merch?

Selbst wenn sich anhand dieser Fanartikel ein Vertreter der Spezies gut enttarnen lässt – die Unterschiede zwischen Wandern und Pilgern sind auf den ersten Blick eher *soft*!

Erstens laufen beide eine ganze Weile durch die Gegend, und zweitens folgen sie dabei einer festgelegten Route!

Doch während das Wandererlebnis vornehmlich auf das damit verbundene Glücksgefühl in der Natur abzielt, suchen Pilger darüber hinaus eine spirituelle Erfahrung, nach einer tieferen oder überhaupt nach einer Beziehung zu Gott.

Es geht um eine vorübergehende Konzentration auf sich selbst und das Erkunden von Gedanken und Erfahrungen, die tief in einem schlummern.

Oft entsteht die ganze Idee fürs Pilgern also aus einem Beweggrund heraus; beinah einer Notwendigkeit, die einen dazu bringt, die Wanderstiefel zu schnüren und loszulaufen.

Interessant: Die Diskussion über den Unterschied zwischen Wandern und Pilgern gab es bereits im Mittelalter. Sind die einen losgezogen, um dem Alltag zu entfliehen und auf dem Weg ein neues Leben für sich zu entdecken, haben sich die anderen auf den Weg nach Santiago de Compostela gemacht, um all ihre Sünden erlassen zu bekommen. Gelübde erfüllen oder Sündenerlass – das waren im Mittelalter die traditionellen religiösen Motive, die die Menschen pilgern ließen!

Heute pilgern nur noch wenige, um Buße zu tun, Pilgerreisen zu diesem Zweck werden aber nach wie vor von Kirchen und Pfarreien organisiert.

Wie alle *ausgelatschten* Traditionen wird das Pilgern seit Jahren von einer neuen, einer anderen Generation geprüft, zerlegt und auf heutige Maßstäbe angepasst.

Pilgern im 21. Jahrhundert ist einfach ein anderer Schnack als noch vor 700 Jahren.

Eins ist dabei aber geblieben: Es macht mit jedem etwas, der sich zum Ziel setzt, sich selbst und seiner Spiritualität näherzukommen!

1977 ff.

Es gibt Augenblicke im Leben, da vermischen sich Erinnerung und Fantasie zu einer Wahrheit. Erst viele Jahrzehnte später werden mein großer Bruder und ich dieses in unseren Hirnen eingestanzte Bild miteinander vergleichen. Wir sitzen in unseren Schlafanzügen auf der kalten Treppe und linsen durch die dünnen Geländersprossen hinunter in die großzügige Diele. Im Haustürrahmen lehnt ein Rettungssanitäter, von meiner Mutter keine Spur. Wir hören nichts. Wir sehen nichts. Was dann passiert, ist bei mir gelöscht. Nicht so bei Andreas.

Meine Mutter findet ihren Mann frühmorgens gegen fünf Uhr tot in der Küche liegend. Er stirbt mit 37 Jahren an einem Herzinfarkt und hinterlässt eine 33-jährige Ehefrau, einen zehn und einen vier Jahre alten Sohn.

Omi hätte plötzlich in jener Nacht an seinem Bett gesessen und ihm gesagt, er solle im Zimmer bleiben, erzählt mir Andreas eines Tages. Er wusste sofort, dass etwas nicht stimmt, weil überall Licht brannte und der reflektierende Schnee sogar seinen Raum erhellte. Der Tod kommt unangekündigt, knipst das Leben aus – und die Scheinwerfer glühten, als könnten wir ihn auf diese Weise stellen. Sicherlich ein Grund, weshalb wir beide bis heute Räume mit grellem Licht meiden.

Die Beerdigung findet ohne mich statt, wie die gesamte Trauerarbeit im stillen Kämmerlein. Ich bleibe in dem Glauben, dass Papa lebt. Und wenn ich nach ihm frage, heißt es, er hätte einen Hexenschuss und läge im Bett! Ich solle ihn bitte nicht stören.

Ständig hockt Omi bei uns. Andreas geht weiter in die Schule und zum Sport, und Mama ist nicht zu sehen. Sie ist nie zu sehen. Und wenn, dann trägt sie einen schwarzen Rollkragenpullover.

Es fällt kein Wort über Papa. Was konsequent totgeschwiegen wird, ist es irgendwann auch. Ein Vater findet nicht statt. Daran gewöhne ich mich, und irgendwann frage ich nicht mehr.

Erst die Schule rüttelt in mir das Fehlen und die Sehnsucht wach, als wir reihum erzählen sollen, was unsere Eltern beruflich machen. Ich wähle die Vergangenheitsform: »Mein Vater, äh, also Arzt war er. Er ist schon tot. Lange tot.« Ich werde rot, denn die plötzliche Aufmerksamkeit behagt mir nicht. Die Stille im Raum ist drückend. War gerade noch alles lustig, als drei Kinder nacheinander erzählten, ihre Eltern hätten eine Baumschule, kommt jetzt der Downer durch den dicken Jungen. Als auch der Lehrer das merkt, übergibt er das Wort an meinen Nachbarn, der sich nun selbst aus dem Stimmungstal rausmoderiert – seine Eltern haben nämlich auch eine Baumschule.

Zum ersten Mal bin ich Halbwaise. Für andere sowieso, für mich überraschend, für meine Mutter außerplanmäßig. Der Deckel sollte doch geschlossen bleiben. Doch an jenem Tag konfrontiere ich sie mit der mir widerfahrenen Schande. Sie ist voller Mitgefühl für mich, verletzlich in der Erinnerung und ratlos, was sie mir sagen soll. Ich weine, und sie hält es aus. Vielleicht hätte sie mich gerne getröstet, doch mir reicht es schon, dass sie da ist.

Später gehe ich in Papas altes Arbeitszimmer. Zum ersten Mal in dem Bewusstsein, seinen Geist hier niemals antreffen zu können, aber Hinweise auf ihn zu erhalten. Mit wem habe ich es zu tun, wenn ich Papa sage? Wer ist die geheime Hälfte meiner Backmischung?

Franziskuswegenetz.

Mein allererstes Wanderabenteuer steht an – und eins wird bei der Recherche im Internet schnell klar: Der Franziskusweg ist ein ganz schöner Klopper! Etwa 500 Kilometer lang, erstreckt er sich von Florenz bis nach Rom – durch angeblich »malerische Landstriche« der Toskana und Umbriens bis in die Region Latium. Bis auf Toskana klingelt bei mir Erdkunde-Amateur überhaupt nichts. Latium erinnert mich an einen römischen Fußballklub, und Umbrien lässt mich nur laut »Ich werde dich *Umbrien*« sagen.

Es wird eine Route beschrieben, die Spiritualität, Kunst, Geschichte und Natur miteinander verbindet. Sie führt durch pittoreske Dörfchen, bekannte Kleinstädte, über nicht zu unterschätzende Berge und traumhaft gelegene Hochwiesen, durch märchenhafte Wälder und natürlich zu besonderen Franziskus-Wirkungsstätten, wie Klöstern, Kirchen und Gebetsorten.

Und wie die Redewendung schon sagt: Viele Wege führen nach Rom. Zumindest bei Amazon. Es existieren diverse Pilger- und Wanderführer, die im Titel meinen neuen Buddy Franziskus verwursten.

Die einen folgen der Route von Hobbywanderer und Autor Kees Roodenburg, der eine Strecke von 490 Kilometern in 34 Etappen zerlegt hat. Die anderen ziehen die Wegbeschreibung von Angela Seracchioli vor, deren Tour circa 350 Kilometer misst, erst in La Verna startet und nur bis Poggio Bustone reicht. Wo auch immer das ist.

Und dann finde ich noch einen Pilgerführer von einem deutschen Ehepaar – Anton und Simone Ochsenkühn. Die Rezensionen sind richtig gut. Pilger vor mir schwärmen, dass die Wegbeschreibungen »idiotensicher« seien – da fühle ich mich doch direkt zu Hause abgeholt und greife zu. Bestellt!

Mich interessiert, wieso es so viele Navigationen in Buchform gibt – da muss die Hölle los sein, wie auf dem Jakobsweg –, und finde heraus, dass der Franziskusweg aus vielen unterschiedlichen Wanderrouten, ja einem regelrechten Wegenetz besteht und es den »einen« Weg gar nicht gibt. Außerdem kann heute niemand tausendprozentig sagen, welche exakte Route Franziskus gewählt und zurückgelegt hat.

Und nicht zu vergessen: Aus vielen kleinen verwunschenen Sträßchen sind heute monströse Autobahnen geworden – an denen will ja niemand entlangwandern. Deshalb mussten Alternativen her.

Aber die meisten Strecken seien zumindest zwischen La Verna (»Einen La Verna aufs Haus?«) und Poggio Bustone (»Nehme ich als Primi Piatti – und mit Parmesan!«) zur Hälfte identisch. Und: Es gibt auf dem Weg, welcher Route man auch immer vertrauen mag, viele jahrhundertealte Abschnitte, die Franziskus entlanggewandert sein *muss*! Also: Auf den Spuren des Heiligen wandeln ist definitiv drin! Wenngleich nur ein Stück weit.

Die Ochsenkühn-Route sieht 28 Etappen vor, im Durchschnitt mit mehr als 20 Kilometern pro Tag. Die lassen mich etwas stutzig werden. Finde ich ziemlich wenig für einen ganzen Tag.

Ich bin Freizeit-Läufer, Jogger. Alle zwei Tage renne ich zehn Kilometer – meistens in 50 Minuten. Jetzt mal aufs Wandern umgerechnet – da sind 20 Kilometer doch nach maximal vier Stunden gelaufen, oder!? Also könnte ich locker auch mal täglich zwei Etappen zurücklegen, und ich wäre inklusive Pause neun Stunden unterwegs. Aufenthalt und Fortbleiben von zu Hause wären dadurch auf läppische 21 Tage beschränkt – inklusive zwei, drei Tage Assisi-Bummel und auch mal nur eine Etappe am Tag zurücklegen. Das ist doch ein spitzenmäßiges Paket. Muss ich direkt meiner Frau unterbreiten, die im Garten »Kristy Gnadenlos« spielt und unter dem harmlos sprießenden Unkraut ein fürchterlich anzusehendes Massaker anrichtet. Vertikutieren bis selbst die Mauerasseln im Huckepack an meinem Souterrainfenster vorbeiflüchten. Das hat unser beschauliches Ökosystem nun auch wieder nicht verdient. Und tief im Herzen mag ich es ja, wenn es nicht so geleckt aussieht. Sieht sie anders. Leider. Wie auch meine Zeitplanung: »Drei Wochen finde ich zu viel. Du weißt, was hier los ist mit drei Kindern. Und ich habe auch Projekte.«

O. k., verstanden! Unsere Kinder sind zehn, sieben, drei – das heißt: Remmidemmi im Dauerloop mit Schule, Kindergarten, Freizeitfahrerei, Tagestattoo-Entfernungen, Hausaufgabencheck, Generalstreik, Pinkelflecken auf Klobrillen, Esstischpöbeleien, Zähneputzen, Ausrastern, Wandbemalungen, Tickern spielen, Alle-wieder-Einfangen und einem unstillbaren Verlangen nach Gute-Nacht-Geschichten! Kristy schultert ohnehin den Großteil des Family-Managements und ist von beeindruckender Ausdauer, was Konzentration und abendliches Bearbeiten ihrer Motion-Graphic-Jobs anbetrifft – dagegen bin ich fürwahr ein Volllappen! Ich lenke ohne Widerworte ein und unterbreite ihr die Kurzversion:

»Dann wandere ich nur von Florenz nach Assisi. Denn um Assisi geht es ja für mich. Ich verbringe dort ein, zwei Tage und komme zurück. Okay?«

DEAL!

Ohne mit der Wimper nur zu zucken, buche ich direkt die Flüge – hin nach Florenz, zurück von Rom.

Denn wer weiß!? Vielleicht ist Rom ja trotzdem drin. Wanderer sind doch Weicheier.

Franziskusweg, ich komme!

Die Vorbereitungen

Mama.

Der Countdown läuft. Nur noch drei Wochen bis zum 14. Mai, um alles auf die Kette zu kriegen – und meine Projekte abzuschließen. Viel Programm für wenig Zeit. Denn ich brauche natürlich noch »Fleisch« für meine Reise nach Assisi – Infos, Anekdoten, Fakten.

Welche Orte hat mein Vater in Assisi gerne aufgesucht?

Wer waren seine Freunde dort?

Wann war er zum ersten Mal da, wann zum letzten Mal – und warum überhaupt Assisi?

Nur, weil man katholisch ist, muss man ja nicht ständig dort hinreisen. Da reicht auch einmal Rosenkranz beten in Südoldenburg.

So richtig viele Menschen fallen mir nicht ein, die etwas über meinen Vater erzählen können. Klar, Mama, und mein Bruder Andreas. Allerdings sind die Storys meiner Mutter über die Jahre wirklich bis ins Letzte durcherzählt, und Andreas weiß auch nicht viel mehr über Papas Zeit in Assisi als ich – also gar nichts. Es müsste jemand sein, der ihn als Kind und als Jugendlichen kannte – und da gibt es nur noch eine Person mit Hoheitswissen: Tante Lore! Keiner von uns hat sie seit den Achtzigern wiedergesehen. Aber vielleicht hat Mama noch Kontakt zu ihr!?

»Oh, schön, Busi! Das würde dein Papa toll finden. Er hat es dort so geliebt!«

Meine Mutter ist begeistert von meiner Idee, nach Assisi zu reisen, und legt direkt einen Story-Klassiker auf:

»Papas bester Freund war Antonello ...«

»Ich weiß Mama!«

»... und er ist ein Jahr später nach der Messe, die für deinen Papa in Assisi gelesen wurde, auch an einem Herzinfarkt gestorben ...«, setzt sie ihren Satz mit gesenkter Stimme ungehindert fort.

»Auch das weiß ich. Aber mich interessiert viel mehr, wie die zwei sich kennengelernt haben. Ich meine, was machte Papa in Assisi? Da ist man doch nicht einfach so. Da muss man doch einen Plan haben. Und warum taucht da plötzlich Antonello auf?«

Schweigen. Mama überlegt und kommt praktisch veranlagt, wie sie nun einmal ist, zur selben Erkenntnis wie ich: »Weißt du, wer dir bestimmt was dazu sagen könnte – Tante Lore!«

»Habe ich auch schon überlegt! Hast du Kontakt zu ihr?«

»Nein. Sie ist ja nicht mehr mit Onkel Klaus verheiratet.«

»Wann hast du sie denn das letzte Mal gesprochen?«

»Och, das ist ewig her. Vor dreißig Jahren vielleicht. Aber mit Klaus habe ich vor zwei Jahren gesprochen. Er meinte, Lore arbeite ehrenamtlich für die katholische Seelsorge.«

Nach dem Telefonat mit meiner Mutter reichen drei Klicks bei Google, um Kontakt zu meiner Tante herzustellen. Sie kümmert sich in einer katholischen Kirchengemeinde im Ruhrgebiet um Senioren. Ich rufe im Pfarrheim an, hinterlasse eine Nachricht für sie auf dem Anrufbeantworter. Auch ihre Privatnummer finde ich im Netz, doch auch dort geht nur die Mailbox ran. Und da sie nicht personalisiert ist, bin ich unsicher, ob ich überhaupt richtig verbunden bin. Eher zögerlich spreche ich auf die Box, mit der Bitte um Rückruf. Mehr kann ich an dieser Stelle nicht machen. Aber an anderer!

Pilgerführer.

Der Pilgerführer ist eingetroffen. Ganz schöner Oschi in Hochglanz, mit vielen schönen bunten Fotos und Karten. Kurzer Einstieg mit den wichtigsten Fakten, ausführliche Etappenbeschreibungen, die zudem Schwierigkeitsgrade von leicht bis schwer ausweisen und Tipps für Sehenswürdigkeiten. Auch dabei: ein Abriss über Franz von Assisi, sein Wirken, seine Stätte – alles sehr gefällig und macht Lust auf den Trip.

Ich blättere den Pilgerführer aufgeregt durch und lese: »viele Steigungen«, »anspruchsvolle Etappe«, »hier gibt es nur wenige Unterkünfte« oder »nicht den anderen Schildern folgen, sonst kommen Sie vom Weg ab …«. Komfortzone ade, denke ich. Zeit für ein bisschen Respekt vor der eigenen Courage. Wird mir das nicht alles vielleicht ein bisschen viel? Überfordere ich mich nicht mit diesem »Pilgern«?

Ich könnte doch auch einfach bequem mit dem Bus oder mit dem Zug von Florenz nach Assisi fahren. Wer weiß, vielleicht komme ich da ja nie an, weil ich einen Abhang runterfalle, von einem Unwetter heimgesucht werde – oder von Wölfen! Ja, genau, Wölfe. Die soll es da doch geben.

Der Wolf in Italien & andere tierische Gefahren

Das Thema Wölfe wird in den Wanderführern nicht ausführlich bearbeitet. Deshalb habe ich noch mal kurz querrecherchiert, um selbst im »Wolfsfall« gerüstet zu sein.

Grundsätzlich ist der Wolf gefährlich für den Menschen – er hat ja ein Maul voller Zähne – aber nicht, solange er satt ist. Und das ist er dann doch meistens. Das lässt sich zumindest aus der Zahl der (bekannten) Attacken auf Menschen schließen – es waren weltweit nur dreißig in den zurückliegenden zwanzig Jahren (Stand 2019).

Sollte einem ein Wolf begegnen – und die streunen durchaus nicht nur in der freien Prärie, sondern auch am Rand von Ballungszentren herum –, nicht wegrennen, sondern sich bemerkbar machen, brüllen, sich einen Stock oder Stein suchen und damit werfen, sollte der Wolf sich nähern. Dabei immer darauf achten, das Tier nicht einzuengen. Auch ein Tipp: dem Wolf in die Augen schauen und sich ganz langsam zurückziehen.

Bedenken sollte man auch: Die Begegnung mit dem Wolf muss nicht von ihm gewollt sein.

Franziskusweg-Wanderer Kees Roodenburg hat sich zudem weiterer Tieren angenommen.

Italien sei voller Hunde, ab und zu liefen einige von diesen frei herum. Sollte einer auf den seltsam bepackten Wanderer aggressiv reagieren, böte sich ein kleines Gerät an, das mit Tönen in hoher Frequenz die Tiere verjagt.

Auch ein schwerer Stock könne die Tiere abhalten, weil er ihnen Respekt einflöße.

Außerdem gebe es Schlangen. Einige davon seien giftig, doch wenn man nicht auf sie drauftrete, sei wohl alles gut, und sie verschwinden.

Ebenso könnten nach einem Tag Wandern durchs Dickicht auch mal Zecken am Körper kleben. Von daher böte es sich an, eine Pinzette einzupacken.

Ich schlage die Assisi-Etappe auf und lande direkt auf einer Doppelseite, überschrieben mit »Pilgerseelsorge in Assisi«! Gemeint ist eine deutschsprachige Führung durch die Basilika für Pilgerinnen und Pilger durch Bruder Thomas von den Franziskaner-Minoriten. Ich kenne weder den einen noch die anderen, aber der Mann scheint voll im Bilde zu sein, was die Basilika San Francesco und das Haupt- und Mutterkloster der Franziskaner anbetrifft. Um nicht zu sagen: Bruder Thomas ist der Checker!

Man könne ihn auch schon vor der Reise anmailen, um sich für eine Führung anzumelden. Ebenso stünde er für Begegnungen und Gesprächsrunden zu den Themen Franziskus, Christsein und Ordensleben für Einzelne und Gruppen zur Verfügung. Dazu wird noch genau beschrieben, wo der Treffpunkt für die Führungen ist, wann es den Pilgersegen und wo es den Stempel für den Pilgerpass (Pilgerpass?!) gibt. Auf dem Foto sieht Bruder Thomas sehr herzlich und freundlich aus, und so fasse ich umgehend den Entschluss, ihm zu schreiben. Vielleicht kann er mir in Assisi irgendwie weiterhelfen.

Ich kalkuliere meine geplante Ankunft auf den 28. Mai – male mir aus, irgendwann in Assisi anzukommen, mein Zimmer zu beziehen, auszuruhen und dann am nächsten Tag die Basilika San Francesco zu begutachten. Zudem schreibe ich Bruder Thomas, warum ich mich auf den Weg begebe – und erläutere Papas Liebe für Assisi. Ich frage ihn, ob er mir möglicherweise helfen könne – beim Aufspüren von Verwandten oder Bekannten von Antonello oder anderen Assisianern, die meinen Vater gekannt haben, und erbitte darüber hinaus eine Begegnung mit Bruder Thomas. Auf ein Wort mit einem echten Mönch – so ein Pilgergespräch *one on one* würde die Reise doch wirklich abrunden.

Zufrieden klappe ich den Rechner zu. Das soll an aktiver Recherche für den Tag reichen. Ich blättere gedankenverloren noch mal zum Anfang des Pilgerführers und entdecke auf Seite 10 – au Backe! – eine sehr detaillierte Packliste, auf der solch exotische Sachen stehen wie »Funktionsunterhosen«, »Merino-T-Shirts« und »Sandalen« – Dinge, die ich allesamt *nicht* besitze. Ich habe ja nicht einmal eine ganz normale Regenjacke. Fuck! Das Equipmentressort habe ich bislang komplett außer Acht gelassen. Was habe ich überhaupt von all den Sachen?

Rucksack – JA, habe ich einen von meiner Schwiegermutter – da passt eine Menge rein. Wanderschuhe – JEIN, ich habe ein ausrangiertes Paar, mit dem ich mich ab und an durch den Winter wurschtele, aber gekauft wurden sie als leichte Winterstiefel. Könnten Wackelkandidaten werden.

Eine Trekkinghose habe ich auch. Den Rest an Outdoor-Klamotten nicht.

Okay, da steht wohl ein Shopping-Date im »Globetrotter« an.

Globetrotter.

Thies greift gezielt zu der aralblauen Jacke.

»Also die Alpha SV Jacket von Arc'teryx mit einer 28 000er Wassersäule, nicht mal 500 Gramm leicht, die hält dich selbst bei einem Unwetter oder Platzregen trocken – um nicht zu sagen: Die ist wasserdicht!«

»Und was kostet diese Asterix?«, frage ich neugierig.

»Aktuell...«, Thies schielt auf das Preisschild, »...liegt die bei 749,95 Euro.«

»750 Euro für eine Regenjacke!? Wer das zahlt, ist doch selbst nicht ganz wasserdicht. Als ich klein war, haben wir so quietschbunte Adidas-Regenjacken in einem kleinen Beutelchen zum Reinknüllen gehabt – die haben vielleicht 20 Mark gekostet«, erinnere ich mich nicht mehr ganz sauber, während mich mein freundlich bemühter Verkäufer anschaut, als erzähle Opa vom Krieg.

Thies' Name prangt am Poloshirt. Er ist Typ Informatikstudent mit Sitzfahrrad, der sich bei Globetrotter noch was »dazuverdient«. Etwas blutleer, lang gewachsen, lange Haare, aber keine lange Leitung. Er versteht, dass er es hier mit einer Art Angela Merkel zu tun hat, die »Neuland« betritt.

»Preisgünstiger ist die Keb-Eco Shell von Fjällräven – gibt's auch in diesem grellen Blau, das dir gefällt, ist ähnlich leicht, wirklich für jedes Wetter geeignet – wie die andere auch atmungsaktiv und hat sogar eine 30 000er Wassersäule. Die ist dreilagig verarbeitet: Außenmaterial, Membran und Futter verschmelzen dabei zu einer einzigen Schicht. Kommt auf 499,95 Euro!« Dabei fährt er sanft mit den Fingern über die Nähte und wirkt für einen Moment fast erotisch aufgeladen.

Entgeistert stiere ich Thies an: »Bei aller Liebe – ich zahle auch nicht 500 Euro für eine dusselige Regenjacke – auch wenn sie dreilagig ist. Außerdem ist selbst mein Klopapier zu Hause vierlagig. Komm schon, ich mache doch nicht Airbnb bei Arved Fuchs – ich wandere in Italien.«

Auch meine erneute Anspielung, auf der Preisbremse zu stehen, erreicht Thies' Gespür für ein faires Preis-Leistungs-Verhältnis. Schweren Herzens hängt er seinen Liebling zurück an die Stange: »Ich verstehe dich total – aber hochwertige Regenjacken sind heutzutage alle aus besonderen Hightech-Materialien! Selbstverständlich gibt es günstigere Modelle, nur mit denen am Leib bist du bei einem etwas stärkeren Regen umgehend pitschnass. Und wenn du noch sechs Stunden Wanderung vor dir hast – dann gute Nacht! Auch in Italien!«

Einvernehmlich verschieben wir die komplexe Regenjacken-Thematik auf später und fangen noch mal von vorne an. Ich folge Thies im Zickzack durch die Gänge.

Samstag ist möglicherweise nicht der schlauste Zeitpunkt, um bei Globetrotter einzukaufen, in meinem Fall aber alternativlos wegen der Arbeit. Nun ist es bumsvoll: Amateur-Grenzgänger und Camping-Ullis tummeln sich zwischen Backpacker-Millennials mit der bewussten »Pause im Lebenslauf« und Aktivurlaub-Pärchen, die in Look und Wesen so besorgniserregend identisch wirken, als seien sie Geschwister. Und es gibt natürlich die Freiheitsjunkies und »Natur«-Hallodris, denen es einfach nur Spaß macht, Etage für Etage durch die unterschiedlichen Outdoor-»Welten« zu streifen – mal im Kälteraum Polartemperaturen aushalten, an der Kletterwand unter der Decke hängen oder am Schwimmbecken den Kanuten zuschauen. Ebendie, die lieber Indiana Jones ein Abenteuer bestehen lassen, statt selbst mit Peitsche am Hosenbund durch die Lüneburger Heide zu tapern. Na, und irgendwas Praktisches und Wetterfestes findet man hier ja schließlich immer. Ob eine neue Kopflampe, einen leichten Klappspaten oder ein portables Urinal. So wie »Uribag – auf das männliche Geschlecht abgestimmt« – ideal, wenn man bei Regen im Zelt hockt oder plötzlich im Stau steht. Siehste, kann man immer gebrauchen!

Thies fasst zusammen: »Also, Wandern in Italien – jetzt im Mai. Da kannst du wettertechnisch natürlich alles erleben! Vermutlich mit Rucksack – wie schwer?«

Ich zucke mit den Achseln. »Äh, keine Ahnung. Ich weiß gar nicht, wie viel da reinpasst. Das ist so ein Deuter-Rucksack von meiner Schwiegermutter. Die kraxelte damit mal in Nepal rum, glaube ich.« Meine tumbe Ahnungslosigkeit weiß der drahtige Globetrotter professionell zu nehmen und zeigt sich gewiss:

»Das wird bestimmt so ein Vierzig-Liter-Plus-Sack sein. Wie voll willst du den machen?«

»Äh, ja… kommt drauf an, wie viel Kilo Funktionswäsche du mir heute noch bescherst«, kalauere ich. Thies nutzt den Kackspruch als Trittbrett, um mit mir in die Dessousabteilung zu schwirren, ohne dabei zu versäumen, mich auf den Zusammenhang von Jacke und Rucksackgewicht aufmerksam zu machen. »Das Gewicht entscheidet über die Wassersäule, sonst…« (TEASER: Später erklärt er es ausführlich!)

Ach Gott, das wird ja immer komplizierter. Und beim Hosenkauf entscheiden Umfang, Größe und Gewicht des Gemächts, oder wie?

Wer wandert, braucht spezielle Wanderunterwäsche. Muss so sein. Steht auf meiner Packliste, schreiben sie im Internet, und sonst würde es ja wohl hier nicht so eine Abteilung geben. Eingeschüchtert von den wunderschönen Alabasterkörpern auf den Verpackungsschachteln, durchforste ich mit drei weiteren Kunden das karge Sortiment. Es gibt Schwarz, Blau, Weiß – und die Basic-Designs: Hipster, Schlüpfer, Boxershorts und Shirts.

Thies empfiehlt Merino! Eine Feinwollschafrasse. Es gäbe Funktionswäsche und Multifunktionswäsche – und dies sei mit Betonung auf »Multi« eben Letzteres! Ein absolutes Outdoor-Must! Weil vielfältig einsetzbar, im Winter als wärmende Wollbasis unter dem Hemd, Pullover oder der Hose und im Sommer als luftig-leichte atmungsaktive Zweithaut, die feuchtigkeitsleitend den Schweiß abtransportiert. Wohin auch immer?!

Der Dessous-Allrounder habe aber noch einen weiteren großen und entscheidenden Vorteil: Merinowolle ist von Natur aus geruchshemmend! »Kannst du locker drei bis vier Tage tragen – kein Geruch«, meint Thies. »Die Investition lohnt sich wirklich!«

Sprach er, und seine Gefolgschaft greift zu! Schlappe 75 Euro pro Shirt – ich bin geschockt, kaufe aber.

Dazu die farblich passend abgestimmte – Schwarz – Merinounterhose von Icebreaker – der Name ist bei 50 Euro hoffentlich Programm. Und frech werde ich auch noch – mit einem quietschblauen Polyester-Polypropylen-Höschen von Odlo für 30 Euro.

Extrem ausgeschlafen, wie ich bin, beschließe ich, mich online für untendrunter weiter aufzurüsten, lasse mir nichts weiter anmerken und zieh mit Thies in die Oberbekleidungsabteilung, Zielobjekt: Hemden. Und bei aller Liebe: bis auf grobe, schwarz-rot karierte Flanellhemden, die dem kanadischen Klischeeholzfäller ein flottes Comeback bescheren, dominiert hier so eine ausgelassene Fashionista-Stimmung wie in Nordkorea. Schnell begreife ich: Hier muss anders gedacht werden, von unten nach oben, also: Was ist zwar immer noch nicht schön, aber trotzdem zu er-»tragen«?

»Guck dich gerne um! Deine Modelle hängen aber wohl eher hier – bei unserer Eigenmarke Frilufts. Die haben ein gutes Preis-Leistungs-Verhältnis.«

Thies ist ein ganz Großer! Einer von uns. Er hat verstanden: Hier steht ein unbeleckter Narr vor ihm, der sich ausschließlich dem Diktat der Packliste seines Wanderführers unterwirft, um auf Augenhöhe mit anderen Pilgern ab Florenz loswandern zu können. Das darf kosten, aber bitte nicht zu viel.

Drei Modelle stehen zur Wahl – ich verliebe mich direkt in das hellblaue, das niemand als Funktionshemd enttarnen würde. Doch Thies ahnt eine Katastrophe: »Sieht gut aus. Aber das dichte Obermaterial killt dich! Du zerfließt darin! Nimm lieber DAS hier! Hat auch eingebauten Sonnenschutz!«

Er hält mir ein beiges Hemd vor die Nase – mit zig Taschen, Knöpfen und Netzeinlagen unterm Arm und einem breiten

Lüftungsschlitz am Rücken. Lassen sich die Outdoor-Modehersteller eigentlich von internationaler Rentner-Streetwear inspirieren, oder hat Heinz Sielmann posthum eine Modelinie ins Leben gerufen? »Wenn du meinst!«, sage ich und schmeiß den Ladenhüter zu meinen Dessous ins Körbchen.

Ich solle definitiv noch ein Baumwollset an Kleidung mitnehmen: Unterhose, T-Shirt und Kurzarmhemd. »Du willst ja auch die Funktionsklamotten mal waschen.« Eine gute Idee. Thies macht seine Sache richtig gut. Vielleicht sollte ich ihn fragen, ob er mitkommt!? So ein Thies wäre doch bestimmt hilfreich unterwegs!

Durch eine mehrmonatige Argentinienreise vor einigen Jahren nenne ich bereits zwei Trekkinghosen mein Eigen. Das verkürzt die Hosenwahl. Fehlt laut Thies noch eine Softshellhose, die Wind und auch ein bisschen Regen abhält. Und Sonnenschutz sei bei so einer Hose auch gegeben. Er präsentiert mir äußerst zielführend nur ein Modell, bei dem die Globetrotter-Buzzwords »Tragekomfort«, gutes »Feuchtigkeitsmanagement« und »Polyamid« fallen. Ich schlüpfe rein: Passt! Husch, das schwarze Modell ins Körbchen – und wieder 100 Euro futsch. Mittlerweile addiere ich nicht mehr.

Bei dem aufkommenden Thema Trekkingsocken winke ich direkt ab: »Mach ich online!« Die Schuhe sind das Finale – also kurz zurück zur Jacke!

Thies erläutert mir die Sache mit dem Rucksackgewicht: »Also bei über 20 Kilo auf den Schultern bist du automatisch in dem hochpreisigen Segment unterwegs, weil die Jacke unter dem Trageriemen derbe robust sein muss. Wenn die billig ist oder eine schlechte Qualität hat, dann scheuert sie auf und wird wasserdurchlässig – da hast du keinen Bock drauf!«

Wir einigen uns darauf, dass ich mich eher mit einem mittelschweren Rucksack durchs Gestrüpp prügeln werde – also irgendwas zwischen 10 und 15 Kilo –, und damit auf eine mittelteure Jacke – Resultat: 229 Euro!

Natürlich willst du jetzt wissen, um welches Modell es sich handelt: eine schwarze Frilufts Viedma Jacket, dreilagig, tausendtaschig, mit einer Kapuze mit Volumenregulierung – passt trotzdem nur ein Kopf rein – und 10 000er Wassersäule.

Mit Schwarz könne man nicht viel falsch machen, weiß mein Einkaufsassistent, wie auch mit dem dicken Fleece, den er mir für »unter der Regenjacke« empfiehlt. So bräuchte ich keine weitere Jacke und hätte gleichzeitig einen wärmenden Pullover. Diese Globetrotter-Typen sind aber auch durch und durch praktisch veranlagt – oder einfach nur geschäftstüchtig!

Wir gehen noch einmal gedanklich durch, was nützlich für die Reise wäre. Doch bis auf eine Regenhose fällt Thies nichts mehr ein. Besitz ich aber schon! »Gut! Dann müsstest du mit allem ausgerüstet sein. Hat mir Spaß gemacht. Dir einen guten Weg.« Er reicht mir zum Abschied die Hand und wendet sich dem Ehepaar mittleren Alters bei den Regenjacken zu. Noch aus den Augenwinkeln sehe ich, wie er die »blaue Asterix« von der Stange greift. Der Filou!

Der finale Akt steht an – die Wahl des Wanderschuhs! Nur wandern hier gerade so viele um die Schuhe herum, dass statt Wählen Warten angesagt ist!

»Ob du im Schuh wirklich hin- und herrutschst, kannst du dort ausprobieren«, deutet ein Verkäufer der sportlichen Mittzwanziger-Kundin den Weg zu einem aus unterschiedlichen Bodenbelägen bestehendem Kunstfelsen. Daran lässt sich das reale Lauferlebnis simulieren.

Federleicht tänzelt sie mit den dicken Galoschen rüber und ist schon nach wenigen Schritten schwer begeistert von der Passform. Der Kauf scheint eingetütet, da gebe ich leise Brunftlaute in Richtung Verkäufer. Ich suche seine Aufmerksamkeit, erheische aber nur die bösen Blicke der bereits lauernden Kundenmeute im Hintergrund, die sich wie ein SEK-Kommando am Einfallstor zur Schuhabteilung formiert hat. Merke: Wer sich für sein Outdoor-Abenteuer aufrüsten will, braucht schon Outdoor-Qualitäten beim Einkauf! Heute: taktisches Überleben! Ich schwenke die weiße Fahne und ziehe mich zurück. Sollen die sich doch wie doof um diese inzestuös gleich aussehenden Schuhmodelle prügeln. Ich finde einen anderen Weg, nämlich im Einzelsurvival bei den Sondermodellen und Extraposten. Sie sind etwas versetzt von der Schuhwand in Kartons aufgestapelt. Klarer Vorteil: Ich habe direkt den linken und rechten Schuh. »Meindl« steht auf den Kartons – schon mal gehört. »Trekking« auch – gut! Und »Caracas« – na, da ist ja immer viel los, kann doch nicht so verkehrt sein.

Als leicht empfinde ich die laut Etikett »atmungsaktiven« und »wasserdichten« Botten beim Erstkontakt nicht! Umso mehr begeistert mich der Marketingsprech im Pixi-Heftchen am Schuh: »Nubukleder«, »Goretexmembran«, und, Achtung: »Genusswanderung«. Ich greife zur 46 – eine Nummer größer als sonst, wegen der Ausdehnung der Füße – und lande in der Tat in einem weichen Wohlfühlbett. Hole in one – kann das sein?

Als einer der offensichtlich vom Aussterben bedrohten Globetrotter-Mitarbeiter vor seinen Kunden ungeschützt über die freie Lichtung zum Caracas-Stapel hetzt, greife ich zu und frage, die verbale Schallmauer durchbrechend: »Sind die für eine kleine Wanderung mit mittelschwerem Rucksack geeignet?«

Ängstlich wegen der plötzlich aufmerkenden Horde bleibt er so gut wie nicht stehen: »Ja, die sind top! Robust, langlebig – sehr beliebtes Modell.«

»Und eine Nummer größer als bei Laufschuhen ist doch genau richtig, oder?«, schiebe ich schnell hinterher. Drei Kunden funkeln mich böse an und fletschen bereits mit den Zähnen, zwei weitere setzen sich zombieartig in Bewegung.

»Ja, vorne muss noch Platz für einen Daumen sein«, ruft er von der Lichtung, bevor er ganz im barfüßigen Raubtiergewusel verschwindet.

»Alles klar, danke!« Schuhkauf à la Busemann – zwei Minuten!

So schön dieser Kosmos ist, aber jetzt raus hier!

Ich verzichte auf das Erste-Hilfe-Set. Das ist mir zu teuer. Das stelle ich mir selber zusammen. Auf dem Weg zur Kasse hole ich mir aber noch ein Schweizer Taschenmesser, eine Trinkflasche plus Karabiner – damit ich sie mir irgendwo dranhängen kann – und einen Regenschutz für den Rucksack!

Summa summarum: drei Stunden Einkauf, Kosten: 1150 Euro, Beute: eine Riesentüte. Besserer Deal als das Pärchen neben mir. Kosten: 1600 Euro, Beute: überhaupt keine Tüte. Sie ziehen sich ihre neuen blauen Regenjacken nämlich direkt über. Sind die bekloppt!

Aber ich im Grunde genommen ja auch – und deshalb weiß ich: Meiner Frau sage ich nicht, was ich hier bezahlt habe.

Ulf.

Einer meiner Cousins heißt Ulf. Wir hatten zuletzt Kontakt, als wir noch Kleinkinder waren. Ulf ist der jüngste Sohn von Tante Lore – und wer heutzutage jung ist, wird sicherlich besser erreichbar sein als die eigene Mutter, die weit vor Erfindung des Handys zur Welt kam. Weiß ich aus eigener Erfahrung. Ich entdecke Ulf schon nach wenigen Klicks im Internet. Es gibt sogar ein Foto von ihm plus E-Mail-Adresse. Nett sieht er aus, und schlau scheint er auch zu sein: Physiker, Lasertechniker – schon lässig!

Ich schicke ihm spontan eine Mail, mit kurzem, persönlichem Lebensabriss sowie meinem Assisi-Plan und bitte ihn, »zeitnah« seine Mutter für mich zu kontaktieren. Mal sehen, ob da was kommt!? Die Recherchemaschine ist gefüttert und wartet auf Ergebnisse – Zeit also, sich anderen bedeutenden Themen zu widmen. Ich brauche Rat – und zwar von echten Profis!

Pilgerforum.

Auf der Suche nach Antworten begebe ich mich ins Pilgerforum. Jedes kommerziell betriebene Outdoor-Portal kann gegen so ein ungeschönt ehrliches Forum einpacken, denn hier werden wirklich die Hard Facts diskutiert, echte Erfahrungen und Eindrücke ausgetauscht und solch naive Hochglanzvorstellungen wie »schöner Mensch wandert bei schönem Wetter durch schöne Landschaft« schnell mit Tatsachen widerlegt: »…musste ich im Regen draußen schlafen…« oder »…habe ich mächtig gefroren…« oder »…freute ich mich endlich mal über eine Heizung…«.

Unter dem zugegeben relativ einfallslosen Pseudonym *chribu* hinterlasse ich also zum ersten Mal einen digitalen Pilgerfußabdruck.

chribu
Franziskusweg im Mai
am: Heute um 20:58:56

Hallo lieber Pilger,
- *ich werde am 14.5. nach Florenz düsen und dann von dort aus den Etappen der Ochsenkühns (Franziskusweg Pilgerführer) folgen – und das bis nach Assisi.*

Drei Fragen:
- *Hat einer von euch Erfahrungen mit der Witterung im Mai auf dem Franziskusweg? Wie kalt kann es werden – vor allem an der 1000-Meter-Marke?*
Ich bin da gänzlich unerfahren und für jeden Tipp und Trick von Herzen dankbar!

Dann:
- *Meint Ihr, ich sollte alle Unterkünfte vorab buchen? Ist der Weg im Mai gut frequentiert? Zumal ich dann natürlich auch nicht spontan entscheiden kann, vielleicht noch eine Etappe dranzuhängen, wenn ich gut durchkomme… Was denkt Ihr?*
- *Und: reicht es, wenn ich mit dem Pilgerführer loslaufe, oder braucht es definitiv die GPS-Daten? Funktionieren die auch mit dem iPhone, oder muss ich dann ständig an den Stromzapfhahn?*

Vielen Dank fürs Lesen meines Beitrags – ich hoffe, ihr habt ein paar gute Ratschläge für mich! Ich mache das zum allerersten Mal…
Liebe Grüße
Christian

User im Pilgerforum sind extrem schnell bei der Sache, frei nach dem Motto: *Ent*schleunigen auf dem Pilgerweg, *Be*schleunigen im Pilgernetzwerk!

Die ersten Reaktionen sind durchweg weder Fisch noch Fleisch: »Wir haben dich gehört – schöne Idee, kennen wir – macht halt jeder so, wie er meint«, ist das dominierende Feedback.

Okay, was habe ich erwartet!? In meinem ersten Elternbuch *Papa To Go – Schnellkurs für werdende Väter* komme ich relativ früh zur Formel »Jede Schwangerschaft ist anders« – heißt: Es gibt kein So-oder-So – der Prozess ist individuell.

Hat diese Aussage womöglich auch pilgertechnisch Durchschlagskraft?

Doch zum Glück schreibt Online-Pilger Volker.

Lieber chribu, mit den Ochsenkühns bist du gut unterwegs. Da steht alles sehr exakt beschrieben drin. Meiner Meinung nach brauchst du deshalb kein GPS. Hast aber ja sicherlich notfalls eins in deinem Smartphone!
Zum Wetter: Ich bin den Franziskusweg schon zu den unterschiedlichsten Jahreszeiten gelaufen und muss sagen: Im Mai kann dir alles passieren. Es kann richtig kalt sein, es kann zwei Wochen durchregnen, oder du zerfließt vor Hitze. Also, am besten Regenzeugs einpacken und 'nen warmen Pullover – ebenso wie eine kurze Hose!
Und was das Buchen der Unterkünfte anbetrifft – das ist ja eine Art Glaubensfrage! Ich habe immer eine Unterkunft bekommen, habe nie im Vorfeld gebucht. Da du jetzt im Mai unterwegs bist, würde ich sagen, du musst nichts buchen!
Dir einen guten Weg.
Volker

Da ist doch mal Fleisch dran! Seine Antwort bietet mir definitiv Orientierung! Und sie bestätigt leise, was Globetrotter-Thies im Nebensatz hat fallen lassen: Im Mai kann einem wettertechnisch alles passieren! Vielleicht ist der italienische Mai die Antwort auf den deutschen April?!

Okay, ich packe Klamotten für jede Wetterlage ein! Das GPS schenke ich mir – notfalls kann ich das ja auch in Italien als App aufrüsten – und Übernachtungen buche ich sicherheitshalber einmal für die ersten drei Nächte – denn mental bin ich gefestigter, wenn ich weiß, wo ich am Abend schlafe.

Bruder Thomas.

Halleluja, es macht pling! Post von »Bruder Thomas« aus Assisi. Ich flippe aus. Der Mönch freut sich auf eine Begegnung mit mir und lädt mich zur Führung durch die Basilika San Francesco ein. Außerdem kam ihm ein Gedanke: Sein Vorgänger als Pilgerseelsorger habe eine Schwester, die seit 50 Jahren in Assisi lebe und die Leute hier besser kenne als so manch Einheimischer. Wegen möglicher Freunde meines Vaters solle ich mit ihr doch mal Kontakt aufnehmen – darüber hinaus könne sie mir bestimmt bei der Quartiersuche behilflich sein.

Jetzt kommt Spannung in die Messe! Wie toll. Gerade war ich noch »Team Anselm Grün«, jetzt bin ich aber so was von »Team Bruder Thomas« – das ist mal sicher!

Der Mann wird neuer Chefinspektor meiner Recherchegruppe MGHF – »Mit Gottes Hilfe flutscht's«.

Das sollte ich mir übrigens viel öfter sagen. Mache ich dann auf dem Weg!

Überschwänglich danke ich meinem Kirchenmann – bestätige unser Date in Assisi und maile direkt besagte Kontaktfrau an. Ich frage Christa nach potenziellen Zeitzeugen und Freunden Papas und nach einer geeigneten Unterkunft in Assisi.

Danach buche ich die ersten drei Übernachtungen auf dem Weg. Im *Ochsenkühn* finde ich nämlich weiter hinten sauber aufgeführt zu jeder Etappe eine oder mehrere Adressen von Pensionen oder Hotels. Für die zweite und dritte Nacht wähle ich aus den Vorschlägen – doch für die Debütnacht in Florenz denke ich mir etwas für mich extrem Neues aus: Buchen ohne Recherche!

Ich weiß nur so viel: Es ist ein Hostel. Die Nacht kostet 15 Euro. Dem einen Foto zufolge – einem Außenschuss auf das alte Villengemäuer – ist die Bude okay, nicht weit vom Zentrum entfernt – und damit alles in allem rein oberflächlich betrachtet der ideale Ort, um sich für die Pilgerei zu akklimatisieren! Gebucht!

Ulf.

Der Mai startet so warm, wie der April geendet hat. Es ist der Monatserste, nach wie vor unangefochtener Feiertag, und ich darf den *Wonne*monat mit einem *Wonne*schrei begrüßen, als ich nach dem Frühstück auf mein Smartphone schaue: Post von Cousin Ulf! Sich immer wieder in Schüben erneuernde Gänsehaut umschmeichelt meinen Körper, während ich Kristy die Mail vorlese. Ich kann gar nicht einordnen, wieso es mich so packt – meine Stimme zittert, ich ringe sogar mit den Tränen. Weil Blut dicker ist als Wasser und ich unterschwellig fühle, wie nah wir uns sind, bei all der Fremdheit? Die Tatsache, dass er schreibt, und so lieb schreibt, berührt mich tief, und ich finde es völlig absurd, wie eine Familie sich derart verlieren kann – obwohl nichts vorgefallen ist, was einander trennt. Und doch existiert auch scheinbar nichts, was einander eint.

Denke ich romantisch verbrämt, oder simuliert gerade ein unvollständiges Zusammengehörigkeitsgefühl mein inneres Bedürfnis nach Halt und Geborgenheit? Wie dem auch sei.

Ulf hat sich über meine Nachricht sehr gefreut, könne sich jedoch null an mich erinnern – er sei ja damals schließlich noch sehr klein gewesen. Wegen meines Ansinnens rufe er umgehend seine Mutter an, die grundsätzlich »schwierig« in der Kommunikation sei. Sie möge auch nicht unter Druck gesetzt werden, aber sie würde sich bestimmt bei mir melden, wenn er sie darum bitte. Ich müsse allerdings geduldig sein!

Er erinnere sich auch noch an Assisiurlaube als Kind, als sie Francesco Del Bianco besucht hätten, der Esel und Pferde gehabt haben soll. Dann schreibt er noch zwei, drei Sätze über seine aktuelle Lebenssituation, seine Eltern, seinen Job – und bietet mir an, ihn beizeiten gerne einmal anzurufen oder auf dem Weg nach Italien bei ihm vorbeizuschauen!

»Da draußen ist noch mehr als Mama, Andreas und ich. Da ist unsere Geschichte«, platzt es nahezu hysterisch aus mir heraus. »Aber wer ist bitte schön dieser Francesco Del Bianco?! Den Namen habe ich noch nie gehört.«

»Frag doch mal die Assisi-Frau«, schlägt Kristy vor.

Eine Top-Idee! Das Recherche-Netzwerk muss mit Daten gefüttert werden. Jetzt kann sie beim Zeitzeugen-Überdenken direkt mit einem Namen arbeiten. Ich maile Christa ein weiteres Mal an.

Tante Lore.

Am späten Sonntagnachmittag klingelt unser Festnetz-Apparat – ein recht seltenes Spektakel, das mindestens eines unserer Kinder immer wieder verblüfft fragen lässt: »Papa, was ist das?«

Dann antworte ich: »Unser Telefon, mein Schatz. Sieht aus wie ein Smartphone mit Tasten und steht bei uns im Regal neben dem Fernseher. Zum SPRE-CHEN!«

»Ach ja!«, folgt meistens als Standardreaktion mit dem Appendix: »Noch nie benutzt!«

Kein Vorwurf. Sie wischen ja auch mit dem Finger über Bilderrahmen und scheitern an linearem Fernsehen.

Am Telefon kommt wie aus dem Nichts: Tante Lore. ENDLICH!

Sie klingt viel jünger, als ich erwartet habe, und ist zugleich auch viel distanzierter.

»Christian, wir kennen uns ja eigentlich gar nicht«, stellt sie fest. Unbequeme Wahrheit – direkt ausgesprochen. Spannender Auftakt! Eher Kalt- statt Warmfront. Worum es mir denn gehen würde?

Immerhin duzt sie mich, was dem erzwungenen Telefon-Date eine leicht private Note verleiht.

Ich erzähle von meinem Plan, nach Assisi pilgern zu wollen, um dort auf Papas Spuren zu wandeln; ihm auf diese Weise ein Stück näherzukommen, sofern das möglich sei.

»Aha! Aha! Soso! Soso!«, höre ich zwischendurch, sie kommentiert mein Vorhaben jedoch mit keiner Silbe.

Von Ulf gebrieft, legt sie dann ohne weiteres Geplänkel los:

»Ich war ein paar Mal in Assisi. Ein wunderschöner Ort mit einer unglaublichen, ja beinah mystischen Atmosphäre – du wirst es erleben. Ich habe damals mit der Familie einen Freund von deinem Vater besucht – den Francesco.«

Ich horche auf. »Francesco Del Bianco?«

»Genau. Ein sehr wohlhabender, gebildeter Mann. Adelig. Ihm gehörten diverse Ländereien, Weinstöcke, Olivenhaine, und Landwirtschaft betrieb er auch – Esel und Pferde hatte er jedenfalls. Ich meine, dein Vater hätte als Schüler und Student immer bei ihm geschlafen.«

»Und weißt du noch, wo der Francesco wohnt – dann kann ich ihn ...«

»Christian, das war Anfang der 2000er Jahre, und da war er schon sehr alt und gebrechlich. Also, der müsste schon tot sein. Und an seine Familie kann ich mich nicht mehr so gut erinnern. Von denen leben aber bestimmt noch welche.«

»Ich würde so gerne jemanden vor Ort besuchen, der mir etwas über ihn erzählen kann. Wieso Papa in Assisi gelandet ist, wie er dort immer die Zeit verbracht hat – es gibt sooo viele Fragen für mich! Glaubst du, es gibt noch lebende Zeitzeugen?«

»Bitte stell dich drauf ein, dass du dort niemanden mehr treffen wirst. Dafür ist das alles zu lange her.«

Gut! Das klingt recht eindeutig. Wieso habe ich eigentlich nichts von Tante Lores Klarheit in der DNA? Dann würde ich bestimmt keine Auszeit benötigen.

»Was kannst du mir denn über Papas angeblich besten Freund Antonello erzählen?«

»Es war so: Dein Vater hatte Streit mit unseren Eltern. Ich weiß gar nicht mehr, weshalb. Es war irgendwas mit der Schule. Und dann ist er in den Sommerferien, meine ich, eines frühen Morgens einfach abgehauen – mit dem Fahrrad –, und wurde schließlich in Assisi von Antonello aufgelesen!«

»Moment, er ist mit dem Fahrrad von Dortmund über die Alpen nach Assisi gefahren?«

»Ja, natürlich! Später ist er dann immer mit seiner Vespa dorthin. Jedenfalls rief Antonello damals bei unseren Eltern an. Es ginge Karl-Heinz gut. Er bräuchte aber ein bisschen Geld. Und dann haben ihm unsere Eltern welches geschickt. Und seitdem war er fast jeden Sommer in Assisi. Immer bei Antonello und Francesco und noch ein paar anderen Freunden«, erinnert sie sich.

Ich bitte sie, mir besondere Orte zu nennen, an denen sich ihr Bruder gerne aufhielt.

»Du musst in das Kloster San Damiano gehen. Das liegt etwa 20 Minuten zu Fuß vom Stadtkern von Assisi entfernt. In der Kirche des Klosters hat er sich das Jesus-Kreuz so gerne angeschaut. Stundenlang. Deshalb ließ Antonello 1978 dort die Messe für ihn lesen. In der darauffolgenden Nacht starb auch er, wie dein Vater, am Herzinfarkt«, sie holt tief Luft.

»Ich weiß. Das ist so unheimlich«, ertappe ich mich beim Flüstern. Schweigen.

»Und auf der Piazza del Comune hat er sehr gerne gesessen und Espresso getrunken, das bunte Treiben betrachtet, mit seinen Freunden diskutiert und den Touristen vorgegaukelt, er sei Italiener. Das hat ihm jeder abgekauft! So wie er aussah, mit dunklen Haaren und dem dunklen Teint!«

Die Erinnerung amüsiert Lore. Sie wirkt etwas lockerer.

»Dass er nicht mal drüber nachgedacht hat, dortzubleiben und zu arbeiten«, unke ich.

»Na, in gewisser Weise hat er das damals schon als Schüler und Student getan – als Reiseführer. Er gab sich als Italiener namens Carlo aus – und zeigte den deutschen Touristen die vielen Sehenswürdigkeiten. Damit hat er sich sein Geld fürs Studium verdient. Später wollte er dann wieder als Arzt nach Assisi zurückkehren, aber ist ja alles anders gekommen.«

Schweigen. Sie holt erneut hörbar tief Luft.

»Christian, das ist alles sehr schwer für mich. Ich habe lange überlegt, ob ich überhaupt mit dir sprechen sollte. Seitdem du den Kontakt zu mir gesucht hast, kommen viele alte Gefühle in mir hoch – und ich bin krank und merke, dass es mir nicht guttut, dass die Bilder von früher noch in meinem Kopf sind und sie mir wieder ständig begegnen. Es ist mir zu viel.«

Wieder setzt sie kurz ab. Ihre Stimme klingt tatsächlich so gepresst, als säße plötzlich ein Hinkelstein auf ihrem Brustkorb.

»Ich schaue nicht gerne zurück. Auch über vierzig Jahre nach seinem Tod ist es immer noch schwer für mich, über deinen Vater zu sprechen.«

Sie windet sich spürbar, um ihre Gefühle in Schach zu halten. Ihrem fremd gewordenen Neffen gegenüber will sie Contenance bewahren.

Ich habe die düstere Wucht der Erinnerung gehörig unterschätzt. In diesem Moment finde ich mich einfach nur abscheulich egoistisch. Wie jemand, der ein verschlossenes Tagebuch lesen will, um seinen Egotrip zu befriedigen. Als würde ich eine labile Unschuldige damit quälen wollen, ihrem Trauma zu begegnen. Und dann schiebt sie den Riegel vor.

»Es gibt viele Geschichten und Anekdoten, schöne und natürlich auch weniger schöne, das ist normal. Aber die gehören nur mir. Und die möchte ich mit niemandem teilen. Auch nicht mit dir, Christian. Ich bitte dich um Verständnis!«

Damit ist alles gesagt. Ich rudere sofort zurück und entschuldige mich für mein »Eindringen« in ihre Privatsphäre – auch wenn ich natürlich vor Neugier platze: »schöne und weniger schöne« Storys! Was kann das bedeuten? Von ihr erfahre ich es jedenfalls nicht.

Zum Ausklang nehmen wir gemeinsam die Kurve über das Thema »Geschichte zum Nacherleben«. Denn Lore weiß allerhand über Assisi – über die deutschen Nonnen zum Beispiel und dass es einen Spielfilm mit dem Titel *Der Assisi Untergrund* gibt. Darin soll ein Pater im Zweiten Weltkrieg Juden aus dem von deutschen Truppen besetzten Assisi ins sichere Genua überführen. Der Kommandeur lässt sie ziehen, aber dessen Vorgesetzter hat etwas dagegen. Es sei eine wahre Geschichte, meint Lore, auch ein Buch existiere darüber.

Mehr hätte sie schließlich nicht für mich und bittet darum, das Gespräch zu beenden. Ich könne mich ja bei ihr melden, wenn ich zurück sei – und dann legt sie auf.

Ich stecke das Telefon zurück in die Station. Die Kinder sitzen frisch verpflegt und gebadet vor dem Fernseher.

»Papa kannst du bitte mal die Werbung wegmachen«, nörgelt Hanna.

»Geht nicht, das ist das laufende Fernsehprogramm.«

Romy verdreht genervt die Augen, und Rufus ist fasziniert von dem Lego-Ninjago-Spot mit Feuer, Lasern und bunten Kämpfern. Er lispelt aufgeregt wie ein Matrose aus dem Ausguck: »Dass Sswärt habe ich noch nicht! Zuuuupa!«

Süße Bande aus nur einer einzigen Backmischung, und doch ist jeder von ihnen anders. Hat sich seinen Platz im Rudel erkämpft. Sie können mit- und gegeneinander, kämpfen heute erbittert ums letzte Stück Pizza und klammern sich morgen albern aneinander auf der Luftmatratze im Hallenbad. Täglich lernen sie allein durch ihre Teilnahme an der Busemann'schen Geschwisterschule, und wir dürfen erleben, wie cool, sozial und präsent sie im Umgang mit anderen sind.

Wie sie mal auf ihre Kindheit zurückblicken? Wie sie zu Kristy und mir stehen, wenn sie sich von den Geißeln der Elternliebe, der dauerhaften Resonanz, dem Ringen um Aufmerksamkeit und Anerkennung befreien konnten? Wie weit würden sie gehen, um mehr von sich zu erfahren, indem sie ihre Eltern scannen? Wollen sie das überhaupt?

Ich bin in einer Familie aufgewachsen, in der wir als Kinder aus den meisten Themen bewusst rausgehalten wurden. Transparenz war ein Fremdwort. Die Erwachsenenwelt drehte sich separat von der Kinderwelt – andere Probleme, andere Uhrzeit, anderes Klima.

Heute sind Kinder viel mehr Teil unseres Alltags, wissen, was läuft, wie wir uns fühlen, was uns aktuell erfreut, belastet, verunsichert. Sie könnten täglich offizieller Lackmustest der Familie sein.

Müssten sie sich also überhaupt ansatzweise anstrengen, um uns näherzukommen und rückblickend besser zu verstehen? Leben wir unser Elternsein heute nicht so ungeschützt und offen, dass ohnehin ein anderes Verständnis füreinander herrscht? Oder wäre weniger Teilen und Mitteilen besser, um einerseits die Kinder zu schützen und ihnen andererseits was zum Entdecken zu erhalten?

Ach, ich werde es nicht beantworten können, ich weiß nur: In meiner Messie-Höhle im Souterrain – auch Home-Office genannt – gibt es in jeder Ecke und Schublade eine Unmenge zu entdecken! Die drei Herzen auf dem Sofa haben also allein mit mir schon allerhand zu tun. Wie ich mit meinem Papa! Das ist wohl einfach Teil des Lebens und der individuellen Suche – unabhängig davon, was existiert und was nicht.

Wigald.

Ich bin Fan von Wigald Boning seit seiner Zeit bei *RTL Samstagnacht* und dem Moment, als er mit *Zwei Stühle – eine Meinung* den Kunstrasen-Anzug salonfähig machte.

Dazu ist es eine Freude, mit ihm über Musik zu philosophieren, gemeinsam um die Wette Titel und Interpreten in Hotel-lobby-Beschallungen zu erraten und vom Oldenburger Land und dem Ammerland zu schwärmen – denn wir kommen beide aus der Ecke, sozialisiert mit Boßeln, Grünkohl, Schützenfest.

Ich habe ihn vor einigen Jahren in Hamburg kennengelernt und mit ihm diverse Formatideen erarbeitet. Unser erstes gemeinsames Werk war *Gute Nacht! Die Show vorm Einschlafen* für den NDR. Eine uhrzeitlich sehr ernst genommene Late-Night-Show, in der Wigald mit einem Promi und einem Experten im Bett vor Publikum übers Schlafen und Träumen quatscht. Herrlich! Haben wir ein paar Mal im Nachtasyl, im Thalia Theater in Hamburg, produziert und wurde sogar für den Grimme-Preis nominiert.

Jetzt steht eine neue Zusammenarbeit an, ein Format, das wir uns eines Abends nach *Gute Nacht!* haben einfallen lassen: *Carlo und Wigald auf Kur*! Darin sollen NDR-Urgestein Carlo von Tiedemann und Wigald in unterschiedlichen norddeutschen Kurorten »kuren« – von Kneippen über Waldbaden und Moorheilbadanwendungen bis hin zu Yoga und Meditation – eine Mischung aus inspirierender Reisedoku und Realsatire mit einem Schuss gelebter Achtsamkeit.

So, und da der Freelancer-Gott es ja immer sehr gerne sieht, wie Menschen unter höchster Anspannung bei Projektkollisionen völlig *unachtsam* reagieren, habe ich vor unserem ersten Drehtag im schleswig-holsteinischen Bad Malente eine große Showproduktion in München. Nach kurzer Nacht fliege ich zurück nach Hamburg, um dann weiter zum Drehort überzusetzen, und siehe da: Wigald ist auf denselben Flieger gebucht!

Wir quatschen eine Weile über die anstehenden Drehtage und stellen uns gerade fürs Boarding an, als ich ihm offenbare, dass ich beim Dreh der dritten Folge vermutlich nicht dabei sein könne: »Ich wandere zwei Wochen lang in Italien. Und es passt nur, wenn ich am 14.5. fliege ... «

(Extrem-)Sport und schräge Selbstversuche sind bei Wigald stets höchst willkommene Gesprächsthemen. Diverse Male hat er die Alpen auf einem Klapprad bezwungen, eine Zeit lang nur nachts Sport getrieben und darüber ein sehr empfehlenswertes Buch geschrieben, er absolviert Triathlons, Marathons und selbst das Outdoor-Schlafen hat er zur Challenge erkoren, und ein Jahr, egal, wo er war, im Zelt geschlafen. Wenn also jemand mit einer Pilgerei stante pede etwas anfangen kann, dann Wigald!

Er ist begeistert von meinem Vorhaben und schätzt es gleich richtig ein: »Wandern! Mit Rucksack! Alleine?« Ich nicke.

»Ah, dann ist das was Inneres. Mit Gedanken. Verstehe!«, diagnostiziert er wie ein Arzt.

Das Boarding startet, wir stellen uns an. Ich erzähle vom Verlauf des Franziskuswegs, wobei Wigald direkt seine Klappradtour von Füssen im Allgäu nach Rom einfällt – in 58 Stunden. Diese habe er mit einem Kollegen zusammen absolviert, auf den er ständig habe warten müssen, weil der zu langsam gefahren sei. Zweimal hätten sie zwischendurch kurz geschlafen, und zwar nackt im Straßengraben! Darüber muss er rückblickend selber schrecklich lachen. Abrupt schließt er seine Erzählung ab mit: »Ziemlich hügelig alles. Nicht zu unterschätzen!«

»Wie habt ihr euch auf eurer Tour orientiert – mit einem GPS-Gerät?«

Sofort zückt er sein Smartphone!

»Nee, hiermit. Da hast du alles, was du brauchst. Du kannst dir ja eine GPS-App runterladen, wie jetzt zum Beispiel komoot oder outdooractive, dann kannst du das Handy im Gelände nutzen, kostet aber Akku. Vielleicht sonst noch eine Power-

bank zur Sicherheit einpacken!« Er überlegt kurz und ergänzt:
»Was du aber auch machen kannst: die Karten, die du benö-
tigst, runterladen und das Smartphone im Offline-Modus ver-
wenden – dann sparst du wiederum Akku. Kann allerdings
nicht jede GPS-App. Das solltest du vorher checken. Aber normalerweise und wenn du jetzt nicht zwölf Stunden am Stück
GPS nutzt, müsste das auch alles so hinhauen!«

Wir stiefeln die Gangway hinunter und entern den A320,
in dem wir direkt von einer freundlichen Stewardess begrüßt
werden.

Gute Idee mit dem Smartphone.

Habe mich nämlich noch gar nicht so richtig mit dem Thema
Orientierung beschäftigt. Dafür habe ich an sich ja auch den
Pilgerführer. Aber parallel über Satelliten seine Position zu che-
cken – ist doch schlau!

»Oder ganz anders! Analog, nur mit Straßenkarte und ohne
Handy. Damit habe ich auf meinen Reisen eigentlich immer
die besten und spannendsten Begegnungen gehabt!«, fällt ihm
spontan ein, als er sich in seine Reihe setzt. Mein Platz ist woanders, und so vertagen wir unser Gespräch auf später.

Während ich weitertipple, stelle ich mir vor, wie ich im Regen
mit einer aufgeweichten XXL-Wanderkarte mit Höhenmeter-
einträgen und markierten Bachläufen im Nirgendwo stehe und
die Orientierung verliere. Ich sehe schon die Schlagzeile vor
mir: »Zu doof, dem Wanderweg zu folgen? Sechsundvierzig-
jähriger Familienvater vermisst!«

Muss ich denn mit so einem Trip gleich all meine Ängste
bedienen? Klar wird's anstrengend, klar ist es ein ambitionier-
ter Schritt aus der Komfortzone. Und ich weiß natürlich nicht,
wie schräg man draufkommt, tagelang allein in der Natur unterwegs. Aber unterm Strich soll's doch Spaß machen, Entspannung bringen und mir Achtsamkeit im Umgang mit mir

selbst schenken, um wieder zu Kräften zu kommen. Nebenbei sammle ich noch ein paar genealogische Erkenntnisse, schaufele haufenweise Pasta in mich rein – und kehre zurück als ein tiefenentspannter, in sich angekommener erwachsener MANN: klar, kraftvoll und gesund! Das ist der Überbau meiner Reise!

Also nix haptische Wanderkarten, ich nehm lieber den Wigald'schen Digital-Pilger.

GPS.

Nach zwei Tagen Dreh habe ich endlich wieder mal ein kleines Zeitfenster, um die GPS-Situation zu klären. Nur noch etwas über eine Woche, dann geht's los – nur mit welcher App? Ich kapituliere vor der Flut an Angeboten im AppStore und entscheide mich dafür, einen echten Experten zu fragen – den Autor des Pilgerführers höchstpersönlich. Denn er bietet zu seinem Buch auf seiner amac-Verlagsseite GPS-Daten der Routen zum Download an. Wie auch immer das in der Umsetzung und Handhabe funktioniert. Das muss ich wissen, also maile ich ihn an. Nur 30 Minuten später ist Anton Ochsenkühn live am Apparat. Er versichert mir, dass die Beschreibungen in seinem Buch derart konkret sind, dass die Wanderung definitiv ohne GPS funktionieren würde. Aber: »Zusätzlich können Sie sich noch die App MapOut (AppStore) runterladen. Die kostet nur 5,49 Euro. Darin lässt sich die exakte Strecke unseres Pilgerführers als GPS-Datei reinladen, so dass Sie auch im Offline-Modus sehen können, ob Sie auf dem richtigen Weg sind.«

Um die besagte GPS-Datei zu entzippen, bräuchte ich außerdem die kostenlose Helferlein-App Unzip (AppStore).

Von dort ließen sich die Koordinaten sodann spielend leicht in MapOut transferieren, und *that's it!*

GPS-Apps fürs iPhone:

- MapOut
- Unzip

GPS-Apps für Android:

- ZArchiver
- Outdooractive free/premium

Er wünscht mir einen *Buen Camino*, und so schnell er in der Leitung war, so schnell ist er wieder weg. Strenggläubig hole ich mir die besagten Apps und lade dort anschließend die GPS-Daten aus dem Pilgerführer hinein. Die ganze Aktion dauert nicht einmal fünf Minuten und ist wirklich kinderleicht! In MapOut kann ich nun Abschnitt für Abschnitt der von mir zu laufenden Route sehen und so nah ranzoomen, dass ich wirklich nur drauf achten muss, das mein blau wabernder GPS-Signal-punkt – wie das kleine Auto beim Google-Maps-Navi – der rot markierten Linie folgt. Wandern für Doofe! Genau mein Fall!

Christa.

Christa gibt es nicht nur als E-Mail-Adresse, es gibt sie wirklich. Wie sich herausstellt, arbeitet sie für den Reiseveranstalter Turismo Franciscus, der eine deutsche Internetpräsenz betreibt – und offensichtlich Übernachtungen, Reisen und Eventbuchun-gen für italienische und deutsche Einzelreisende, Schüler- und Reisegruppen anbietet. Sie schreibt, sie habe mir ein Zimmer reserviert in einem netten kleinen Hotel mitten im Zentrum von Assisi – die Nacht für 50 Euro, inklusive Frühstück.

Auf meine zweite Mail eingehend, schreibt sie, dass sie einen Francesco Del Bianco kenne, dann allerdings in Vergangenheitsform: Er war Professor. Sie fragt zurück, was mein Francesco denn von Beruf gewesen sei und ob ich das Geburtsjahr wüsste?

Okay, möglicherweise gibt es mehrere Del Biancos oder auch keinen mehr, oder sie ist der weibliche Guido Knopp von Assisi und liebt es einfach, parallel zum Touri-Business, in die Geschichte (anderer) zu reisen. Ein Volltreffer fühlt sich zwar anders an, aber immerhin bewegt sich was.

Wir könnten uns zum Frühstück verabreden, wenn ich vor Ort sei. Dann auch von ihr: »Buen Camino.«

Der Beruf »meines Francescos« sei mir unbekannt, und sein Geburtsjahr müsste als Freund meines Vaters irgendwo in den 1930er Jahren gelegen haben, antworte ich. Ich danke ihr und nehme ihre Einladung für ein Date an. Damit genug der inhaltlichen Vorbereitung. Es kann losgehen – mit dem Packen!

Packliste.

Nach dem Gestochere in der Vergangenheit, will ich mich kurz vor Abflug nicht weiter verrückt machen, sondern nur noch der Gegenwart und nahen Zukunft widmen. Ich halte fest:

- Flüge sind klar.
- Die Route ist durch die 14 Etappen strikt vorgegeben – Orientierung durch Buch und Handy.
- Für die ersten drei Nächte habe ich ein festes Dach über dem Kopf.

Super! Ich breite spaßeshalber einmal alles auf dem Teppich aus, was ich in den Rucksack stopfen will und soll. Denn natürlich habe ich mich an der Packliste des Pilgerführers orientiert.

Das nehme ich mit:
- 3 Trekkinghosen (zwei aus dem Bestand, eine neu mit Softshell-Obermaterial)
- 3 Funktions-Unterhosen (2 × Icebreaker – 1 × Odlo)
- 1 leichten Fleece
- 1 dicken Fleece
- 1 Regenjacke
- 1 Regenhose
- 1 Regenschutz für Rucksack
- 2 T-Shirts (Merino)
- 1 Longsleeve (Merino)
- 2 Paar Trekkingsocken
- 1 Paar Wollsocken
- 1 Paar dünne schwarze Socken
- 2 Funktionshemden (beide Langarm)
- 1 Baumwoll-Hemd

- 1 Paar Flipflops
- 1 Badeshorts
- 1 Schirmmütze
- 1 Sonnenbrille
- 1 Erste-Hilfe-Set (Inhalt siehe unten)
- 2 × kleines Duschgel
- 2 × kleines Shampoo
- 1 × kleines Töpfchen Hautcreme
- 2 × Deoroller
- 2 × kleine Zahnpasta
- 1 × Zahnbürste
- 1 × kleines Päckchen feuchtes Toilettenpapier
- 1 × kleines Päckchen Desinfektionstücher
- 2 × Tube Handwaschmittel (lieber mehr als zu wenig)
- 1 × Sonnenmilch (LSF 30, schweißresistent für Sportler)
- 1 × Autan-Insektenschutz – vor Stich!
- 1 × Fenistil-Wundgel – nach Stich!
- 1 × Ohropax (Schnellstraße, Party, schnarchende Zimmergenossen – Gefahren lauern überall!)
- 8 × Energieriegel (hatte allein noch fünf vom letzten Marathon)
- 1 × Schweizer Taschenmesser (mit Schere)
- Wasserflasche – Camel Bak
- 1 × Mini-Taschenlampe
- 1 × kleine Powerbank fürs Smartphone
- 1 × Stromadapter
- 1 × Ladekabel fürs iPhone
- 1 × Ladekabel für Powerbank / Kindle
- 1 × E-Reader (Kindle)
- 1 × kleines Tagebuch (Moleskine)
- 1 × Kugelschreiber
- 1 × Pilgerausweis

Und natürlich:

- den Pilgerführer
- 400 Euro in bar
- eine Kredit-, eine EC- und Krankenkassenkarte plus Personalausweis.

Das Erste-Hilfe-Set besteht aus Aspirin, Magnesium (Biolectra 400 mg – für jeden Tag einen Beutel), einem kleinen Fläschchen Octenisept (Wund- und Desinfektionsspray), einer kleinen Mullbinde mit Kompressen, Pflastern, einer kleinen Schere, Pinzette und Blasenpflaster.

Abweichend von der Packlistenempfehlung der Ochsenkühns und von Globetrotter – auch die haben Checklistenvorschläge als Handout für die unterschiedlichsten Reisearten – verzichte ich auf eine Jogginghose und auf ein Paar Sandalen. Meine Haltung: Wer schon die Heimat von Gucci, Armani und Prada mit deutscher Trekkingklamotte schockiert und in Merino-Leichtsynthetik-Schlüpfern sein Unwesen treibt, sollte bitte nicht auch noch seine letzte Würde aufgeben!

Ebenso *nicht* dabei (das sind Ausrüstungstipps aus Kees Roodenburgs Wegbeschreibung): zwei feste Plastiktüten für Bachquerungen (hole ich vor Ort), Teleskop-Wanderstöcke (Wozu? Nur, weil es ein paar Steigungen gibt?!), Gartenschere (laut Roodenburg, um sich durchs Dickicht zu schlagen! Bitte, was?!) und einen Kompass (bei Nebel – habe ich aber auch im Handy).

Der Deuter Act Lite 40 + 10 beweist Raumwunderqualitäten. Alles verstaut ist der Sack zwar sauschwer, aber erst mal auf dem Rücken, entlastet der Hüftgurt die Schultern, und dann geht's wirklich gut. Dadurch, dass ich das Fach im Deckel auch vollgestopft hab, ragt der Rucksack ein gutes Stück über meinen Kopf heraus. Schönen Gruß an Obelix mit seinem Hinkelstein.

Dennoch fühle ich mich gerade wie ein aufgekratzter Backpacker Mitte zwanzig – hungrig, spontan, abenteuerlustig. Was so ein Rucksack mit einem macht!? Irre.

Pilgersimulation.

Gesetzt den Fall, mir begegnet mitten in der freien Prärie des Apennin ein hungriger Wolf – oder noch schlimmer ein ganzes Wolfsrudel –, was würde ich neben amateurhaftem Deeskalationsgewinke und ablenkendem Dummstellgepfeife noch als selbstverständlich voraussetzen? Klar, das richtige Schuhwerk. Und zwar Schuhe, mit denen ich umgehend den Abflug machen kann. Deren perfekter Profilsohlengrip jegliches Geläuf in eine Tartanbahn der Flucht verwandelt. Graupelze – auf Nimmerwiedersehen!

Ich dachte, die hätte ich mit dem Erwerb des Meindl-Modells Caracas längst in der Tasche, respektive am Fuß. Allein die fantasieanregende Modellbezeichnung staffiert kärgliche Pilgertraumwelten mit lebhaften Rhythmen, schillernden Farben und nimmermüden Tänzen fröhlicher Ureinwohner Venezuelas aus. Jeder Schritt, ein Sebucán. Jeder Weg, eine Party.

Doch in den letzten Tagen hat sich Unsicherheit bei mir breitgemacht.

Wanderboots ohne Expertenrat anzuschaffen, das ist, freundlich formuliert, schon sehr kühn, sachlich formuliert: grenzdebile Fahrlässigkeit. Was, wenn die Passform auf Dauer Probleme bereitet, schmerzt? Der Weg ist zu lang, um sich täglich mit Blut- und Eiterblasen rumzuschlagen. Ich laufe gerade extrem Gefahr, mein großes Abenteuer zu gefährden. Ich brauche Klarheit. Schnell. Und sehe nur eine Möglichkeit: »Caracas« gehört einem Stresstest unterzogen – durch eine erste Pilgersimulation!

Weiß übrigens auch der Wanderführer. Er rät ohnehin zu mehreren kleinen Testwanderungen in voller Montur – Fernsehfuzzis würden so was »heiße Probe« nennen –, um ein Gefühl für das Gewicht des Rucksacks zu entwickeln. Aber der spielt jetzt keine Rolle, er wird sich schon irgendwie rumtragen lassen. Ich schlüpfe in die Meindls, schmeiße wahllos Gegenstände in den Sack und laufe los.

Es dauert nicht mal zehn Minuten, und ich erreiche die Elbe.

Die Füße machen sich derweil *gut*, laufen freilich recht schnell heiß, was ob des Innenfutters und der neuen Trekkingsocken aber nicht allzu sehr wundert. Der zu üppige Hohlraum über meinem Fußrücken und ein fast nicht wahrnehmbares Rausschlüpfen der Ferse beim Abrollen bereiten mir allerdings Kopfzerbrechen. Winzige Regungen sind das. Eine Art Nachrutscheffekt?

Einmal gespürt, werde ich sie nicht mehr los. Das ist wie der kratzende Rollkragen oder das nervende Etikett im T-Shirt, das einem die ganze Zeit in die Seite zwickt!

Mal da, dann stärker, dann wieder weg. Nerv! Was ein Eiertanz. Nach wenigen Kilometern am heiter bevölkerten Elbufer trete ich frustriert den Heimweg an. Das ewige Gelupfe und Gerutsche lässt sich vielleicht in Flipflops am Strand oder in Filzpantoffeln beim Lidl-Einkauf ertragen, aber nicht 250 Kilometer durch die raue Natur Italiens. Ich muss einsehen: Die braunen Klumpen und meine feingliederigen Primaballerina-Füßchen werden keine Freunde.

Die Operation Caracas schließt daher mit der tiefschürfenden Erkenntnis des großen Fußball-Philosophen Andreas »Diego« Brehme:

»Haste Scheiße am Fuß, haste Scheiße am Fuß!«

Womit wir zur feierlichen Rückkehr übelster Galoschen kommen: meiner Wanderschuh-Zombies aus dem Hause ecco, längst begraben in den Tiefen des Kellers auf dem Friedhof der ausrangierten Müffelschuhe.

2011 hatte ich sie mir für unsere ausgedehnte Argentinienreise zugelegt und mit Vergnügen getragen. Sie sind leicht, bequem und wasserdicht, doch schon oft stellten sie mich olfaktorisch ins Abseits. Denn mit diesen stinkenden »Monstern« am Fuß fürchtete ich schon bei Open-Air-Shows im Verdacht zu stehen, verweste Gliedmaßen als Glücksbringer mit mir rumzutragen.

Die inneren Werte sind also ruiniert, ansonsten sind die Schuhe aber wirklich großartig.

Das Leder wie neu, kein Hinweis auf Verschleißspuren und selbst die Sohle absolut brauchbar. Könnte etwas mehr Profil gebrauchen, aber wer tut das nicht.

Durch dick und dünn – meine alten Treter
werden mir noch beste Dienste erweisen

Ich tausche die vergammelten Standard- gegen meine liebge-
wonnenen Wintereinlegesohlen – und siehe da: perfekter Sitz
bei akzeptablem Geruch. Damit ist die Entscheidung gefallen:
Auf dem Franziskusweg begleiten mich erfahrene Profis.

Allein diese Erkenntnis und elementar wichtige Entscheidung ist den Neupreis der Meindls wert.

Franziskus.

»Du sollst sie haben« – mit diesen feierlichen Worten hielt
mir meine Mutter eines Tages eine venezianische Goldkette
mit einem 2 Cent großen, kreisrunden »Franz von Assisi«-An-
hänger entgegen. Darauf zu sehen: Franziskus mit Heiligenschein, der zu einem Kreuz mit Jesus-Figur in seinem linken
Arm schaut und dabei die rechte Hand hebt.

Also bildeten nicht mehr nur Adriano-Celentano-Platten
und zwei angebrochene Fläschchen Tabac-Original-Aftershave
die alleinige Erbmasse, sondern nun auch dieses Schmuckstück.
»Hat Papa in einem Laden im Zentrum von Assisi erstanden«,
wie meine Mutter noch hinterherschob.

Goldkette ist Statement, keine Frage! Und die Tatsache,
sie nicht selbst ausgewählt zu haben, machte es nicht leichter.
Weder verstand ich etwas von Franz von Assisi und damit von
der Botschaft und Bedeutung der kleinen Medaille, noch war
sie mein Style. Das Allerschlimmste war jedoch, dass ich beim
Tragen das Gefühl hatte, sie würde mich unweigerlich mit der
Vergangenheit verbinden, mit einem unvollendeten Leben, das
große Ohnmacht hinterließ, nur *Warums*, keine *Deshalbs*.

So landete die Kette für viele Jahre in einem bewusst igno-
rierten Kästchen, bis ich sie vor Kurzem wieder herausfischte.
Genau genommen als mich meine Coachin Ingrid ermunterte,

den »Busi« bei wichtigen Verhandlungen zur Seite zu schieben und den Christian einzuschalten. Da fiel mir sofort die Kette ein. Symbol für den nötigen Daddy-Mumm aus der Vergangenheit, für den Busi-Quatsch von heute. Der Mittler zwischen uns beiden: Franz von Assisi! »Energiespender« und Erinnerungsstück an einen geliebten Unbekannten zugleich. Sie nehme ich mit nach Assisi!

An diesem frühen Morgen sitze ich am Schreibtisch und halte die Kette in das helle Licht der kleinen Tischleuchte. Ich lasse die feinen Glieder durch meine Hand gleiten und mustere die Gravur Detail für Detail: der gesenkte Kopf Francescos im Heiligenschein, hohlwangig, Hipsterbart, Tonsur … und dann plötzlich, redet ER zu mir, und ich muss sagen, für einen knapp 850 Jahre alten Heiligen erfrischend zeitgeistig:

»Moin, Busi! Oder soll ich lieber ›Tutu‹ sagen, wie dein Papa dich immer rief?
Schön, dass du dich zu einer Auszeit und der Suche nach deinen Wurzeln auf meinem Pfad entschlossen hast. Bevor du einfach losstolperst und nicht mal weißt, ob wir das Barfußlaufen damals für gesund hielten oder einfach nur zu faul waren, Nike Airs zu entwickeln, will ich dir meine Lebensgeschichte erzählen. Keine Sorge, jetzt kommt nicht ›Opa erzählt vom Krieg‹ – sondern richtig guter Stoff. Also, spann deine Lauscher auf – dann macht der Weg noch mehr Spaß und ist womöglich erkenntnisreicher für dich!

Ich kam 1181 in Assisi als Sohn des reichen Tuchhändlers Pietro di Bernadone und meiner Mutter Madonna Pica zur Welt. Mein Vater war am Tag meiner Geburt auf Geschäftsreise in der Provence, in Frankreich – und

so nannte mich meine Mutter Giovanni. First come, first
serve.
Als er zurückkehrte, wurde der Giovanni allerdings
postwendend wieder eingemottet – Papa wollte mir
einen Namen geben, der ihn an sein Lieblingsland
Frankreich erinnerte, und so wurde ich schließlich
Francesco!

Von Haus aus hatte ich wirklich jede Menge Kohle.
So erhielt ich für damalige Verhältnisse eine 1-a-Aus-
bildung. Ich lernte sehr früh lesen, schreiben und
rechnen, Qualitäten, die mich direkt befähigten, ab
und zu im Geschäft zu helfen.
Meine Biografen, wie auch immer sie das herausge-
funden haben, sagen über mich: Ich sei ein großzügiger
Typ gewesen mit fröhlichem Gemüt und dem Charisma
eines Anführers.
Das stimmt! Und ist sehr seriös formuliert. Man könnte
auch sagen: Als ich älter wurde, haben wir die Flatrate-
Partys erfunden! Was haben wir uns einen hinter
die Binde gekippt, auf den Tischen getanzt und Gas
gegeben – nee, nee, nee! Viele hielten mich zu der Zeit
für den Partyking Assisis, weil meine Events total durch
die Decke gingen.

Doch mit einigen Jahren Abstand, muss ich heute leider
zugeben: Ich war damals ein oberflächlicher und igno-
ranter Idiot. Wie viele in meinem Alter wollte auch ich
gegen die strenge Erziehung der Eltern aufbegehren und
blieb nach außen der coole Babo mit Kohle im Nacken
und keinen klaren Gedanken an die Welt. Tief im Innern
aber war ich immer schon weich und voller Mitgefühl.

Unvergessen ist für mich daher, als ein Obdachloser bei uns im Laden stand, um eine Spende bat und ich ihn relativ harsch vor die Tür setzte, à la ›Alter, geht's noch! Zieh Leine!‹ Was mich dazu gebracht hat, weiß ich nicht mehr so richtig. Nur, dass ich gleich darauf ein total schlechtes Gewissen bekam, ihm hinterherrannte, um Verzeihung bat und ihm ein paar Geldstücke gab.

Meine Biografen hatten übrigens mit noch einer Vermutung recht: Ich wäre gerne Ritter geworden! Als es zum Krieg zwischen Assisi und Perugia kam, war ich dann auch einer der Ersten, der sich meldete, und ich durfte tatsächlich mitkämpfen – eine große Ehre! Doch dummerweise nahmen mich die Gegner bald hops und schlossen mich 1202 für ein Jahr weg. Obgleich ich selber unter großem Heimweh litt, gelang es mir, meine Mitgefangenen bei Laune zu halten. Es hätte vielleicht nicht zur Karriere als Stand-up-Comedian gereicht, ich spürte aber damals durchaus, dass ich es schaffe, andere Menschen mit meinem Wesen, meinem Stil zu beeinflussen, zu bewegen.

Als ich freigelassen wurde, kehrte ich relativ krank und arg lebensfreudlos nach Hause zurück. Krise! Meine Genesung nutzte ich, um zu reflektieren, ob mein Engagement in einem Krieg eine richtig gute Idee ist, und nach einem anderen Lebenssinn zu suchen. Interessiert wandte ich mich der Religion zu, was meinem Drang, mich als Ritter zu bewähren, jedoch nicht entgegenwirkte. Als mich in den Jahren um 1204/1205 wieder ein paar Kämpfer ansprachen, mit ihnen loszuziehen, um den Feinden einen Schlag zu versetzen, habe ich

direkt zugesagt. Doch diesmal wurde es anders: Nun
rückte ich Gott näher!

Auf dem Weg zu unserem Kriegszug, in der Nähe von
Spoleto, erschien mir Gott in einem Traum. Er flüsterte
mir zu: ›Kehre zurück in die Heimat, denn ich will dein
Gesicht in geistlicher Weise erfüllen! Ohne zu zögern,
trat ich direkt die Heimreise an, weil mich Gottes Worte
komplett überzeugt hatten. Und das, obwohl er mir
weder ein Probe-Abo einräumte noch eine Geld-zurück-
Garantie versprach – es ging in meinem Leben nicht um
Ruhm und Reichtum!
Als ich nach Assisi zurückkehrte, verteilte ich zunächst
mein persönliches Hab und Gut an die Armen, was mir
gehörigen Ärger mit meinem Vater einbrachte.
Außerdem änderte ich meine Haltung im Umgang mit
Schwerkranken. Statt Reißaus zu nehmen, wenn mir ein
Leprakranker entgegenkam, lief ich ihm nun entgegen
und küsste ihn sogar. Eine 180-Grad-Wendung. Diese
offensiven Begegnungen waren tatsächlich entschei-
dende Momente in meiner Bekehrung!

Bei den Einwohnern Assisis sorgte mein Verhalten
natürlich für völlige Verständnislosigkeit! Leere Blicke,
dumme Sprüche, Kopfschütteln! Mein Vater kam damit
gar nicht klar! Für ihn war ich verloren.
Ich lebte nun arm irgendwo im Wald, zog mich immer
mehr zurück und widmete mich ausschließlich meinem
Glauben und dem Gebet.
Wenige hundert Meter von den Stadtmauern entfernt
stand eine kleine zerfallene Kirche namens San Damiano.
Als ich eines Tages dort zum Gebet eingekehrt war, hörte

ich plötzlich das Bild des gekreuzigten Jesus zu mir sagen:
›Gehe und baue das Haus wieder auf, das verfällt.‹
Erst später hab ich spitzgekriegt, dass der Meister das
im übertragenen Sinne meinte – und begann direkt mit
der Restaurierung der San-Damiano-Kirche. Aber ohne
Baumaterial ziemlich bescheuert. Geld musste her. Also
lief ich noch einmal nach Hause und verkaufte einige
Ballen Stoff aus dem Lager. Das empfand mein Vater als
Affront. Ihm platzte der Kragen, er schrie ›Diebstahl‹
und schleppte mich vor den Bischof. Ich sollte mich
entscheiden zwischen dem Verzicht aufs Erbe oder einer
Rückkehr ins ›normale‹ Leben.
Meine Antwort ist hinlänglich bekannt: Ich erteilte ihm
eine Abfuhr, sagte mich von ihm, all meinen sozialen
Beziehungen und vom Reichtum los und legte sogar
noch vor Ort meine Kleider ab! Ich übergab ihm einfach
alles, was ich noch besaß!
Gut, war arschkalt, aber der Effekt natürlich supernice,
dass es heute noch Bilder davon gibt, also gemalte.
Um das Happening auf die Spitze zu treiben, erklärte
ich lautstark, von nun an ohne Vermögen und nach
dem Vorbild Jesu Christi ›sine glossa‹ zu leben. Aus
dem Lateinischen übersetzt heißt das so viel wie ›ohne
Hinzufügungen und Veränderungen‹. Es sollte nur noch
einen Vater für mich geben, und das war: Gott!
Das saß!
Jetzt war Ende Gelände! Schluss mit lustig! Ich lebte
freiwillig in Armut, erbettelte mir Nahrungsmittel –
›Containern‹ war noch nicht – und wohnte als ›Aus-
sätziger‹ außerhalb der Stadtmauern. Langweilig wurde
es mir nicht, ich verdingte mich nämlich als Restaurator
diverser Kirchen.

In den ersten Jahren hielten mich alle weiterhin für völlig durchgeknallt und fehlgeleitet. Ich kassierte ständig blöde Witze, übelste Sprüche und Beleidigungen.

Doch 1208, es war während einer Messe in der kleinen Kapelle Portiuncula vor den Toren Assisis, erkannte ich meinen echten Auftrag, meine Lebensaufgabe! Und zwar: meinen Glauben in die Welt zu tragen, wie es einst Jesus tat, und so wie er zu leben.

Ich hielt meine ersten Predigten in Assisi – und zog damit erste positive Aufmerksamkeit auf mich. Zwei Jungs, Bernardo und Petrus, gefiel meine Lebensweise, weshalb sie sich mir anschlossen. Dafür verließen sie ihre Familien und verschenkten ihren Besitz, zogen sich einfache Gewänder über, und schon waren sie im ›Weniger-ist-mehr‹-Klub.

Wir kümmerten uns um andere Aussätzige, schliefen auf Felsen, in Scheunen, sprachen als Wanderprediger auf Dorfplätzen und arbeiteten einfach nur für eine Mahlzeit auf dem Feld.

1209 reisten wir zu zwölft nach Rom – ich weiß, klingt alles ein bisschen Jesus-Jünger-Style-mäßig, aber war so – um uns von Papst Innozenz III. die Erlaubnis für unsere Lebensweise einzuholen. Die Reise war ein voller Erfolg – denn Innozenz setzte wie erhofft sein Häkchen drunter. Das war unser offizieller Gründungsmoment!

Als die ›Minderen Brüder‹ reisten wir bestimmt zehn Jahre lang wie wild umher.

Erst tourten wir durch Umbrien, durchs Rietital, durch die Toskana. Später dann durch Dalmatien und Spanien.

Bevor es uns aber noch weiter in die Welt zog, hatten wir einen spektakulären Neuzugang zu vermelden: Klara Favorone stieg mit ein. Meine langjährige Freundin. Sie schloss sich 1212 an und gründete in San Damiano den Klarissenorden.

Die kleine Portiuncola-Kirche war mittlerweile unser Ordens-Hauptquartier geworden – skurril, ob der geradezu mikroskopisch winzigen Kirche im Vergleich zur immer weiterwachsenden Mitgliederzahl von rund 5000 Brüdern!

Es zog mich nun in die Ferne, im Kreuzfahrergefolge bis nach Ägypten und Palästina. Während ich dort bekehren wollte, um weiteres Blutvergießen zu verhindern, war jedoch in der Ordensführung in der Heimat schwer Mobbing angesagt.

Also musste ich zurück, um den Laden wieder auf Spur zu bekommen.

Das gelang mir zwar, doch nach und nach verschlechterte sich meine Gesundheit. Schließlich so sehr, dass ich sogar die Ordensleitung abgeben musste.

Daraufhin zog ich mich zurück und lebte eher Franziskaner-Detox-mäßig auf dem Berg La Verna. Dort empfing ich mitten im Gebet, es war im September 1224, die Wundmale Christi – du weißt schon, die üblen Wunden an den Füßen und Händen durch die Kreuzigung.

Das musste geteilt werden, und so verspürte ich trotz Krankheit noch einmal den großen Drang, eine fette Predigtreise zu beginnen, die leider ein verfrühtes Ende nahm. Ich war einfach zu schwach für so eine Tour und zog im Sommer 1225 zu meinen Klarissen-Freundinnen nach San Damiano. Mein Geist aber hatte noch ein Schätzchen parat: den ›Sonnengesang‹. Wie Beethoven

später mit seiner Neunten, die er völlig taub komponierte,
dichtete ich den Sonnengesang nahezu blind.
Als ich im Herbst 1226 spürte, dass der Tod näher rückte,
reiste ich ein letztes Mal in die Stadt zur Portiuncula-
Kirche, wo ich Jahre zuvor erstmals mit meinem Orden
gepredigt hatte. Dort verstarb ich am 3. Oktober 1226.

Für den Abspann: Zwei Jahre nach meinem Tod wurde
ich von Papst Gregor IX. heiliggesprochen.
Einige meiner Werke, unter anderem die Ordensregeln
und Teile meines Testaments, sind erhalten geblieben.
Und weil sie so auf den Punkt formuliert sind, gelten sie
noch heute als Anleitung zum Leben vieler Anhänger
des römisch-katholischen Glaubens.
Wer mein Œuvre nicht kennt: In vielen Erzählungen
und Predigten ging es um die Gleichheit von Mensch
und Tier, weshalb ich posthum als einer der ersten Tier-
schützer in History bezeichnet wurde. Gute Idee, an
meinem Todestag, dem 4. Oktober (für alle Aufmerksa-
men: Richtig, ich starb am Abend des 3. Oktober 1226,
doch nach römisch-antikem Verständnis zählte die Zeit
nach Sonnenuntergang bereits zum darauffolgenden
Tag, also zum 4. Oktober), den Welttierschutztag zu
feiern.
Ziemlich viel Fame wurde mir außerdem 1980 zuteil,
als mich Papst Johannes Paul II. zum Schutzherrn
von Umwelt und Ökologie ernannte. Und natür-
lich freue ich mich darüber, dass der im März 2013
ernannte Papst, Kardinal Jorge Bergoglio, sich mir in
seinem Tun zuwendet. Er nennt sich Franziskus und
will mit so wenig Luxus und Geld wie möglich leben.
Supertyp!

*Kann es sein, dass dein Kaffee kalt ist!? Jetzt ist auch
Ruhe im Karton. Tschö mit Ö und bis bald, Pace e
Bene!«*

<u>Top-Franziskus-Zitat:</u> »Alle Geschöpfe der Erde fühlen wie wir,
alle Geschöpfe streben nach Glück wie wir. Alle Geschöpfe der
Erde lieben, leiden und sterben wie wir, also sind sie uns gleich-
gestellte Werke des allmächtigen Schöpfers – unsere Brüder.«

Endspurt.

So kurz vor der Reise kommen mir nun aber doch Zweifel, was
dieser Trip eigentlich bringen soll.

Ist meine kleine Expedition nicht auch etwas vorgeschoben,
sogar verlogen? Hab mich doch in den letzten zwanzig Jahren
auch nicht weiter mit meinem Vater beschäftigt. Wieso also
jetzt? Doch nur, weil es sich zeitlich gerade anbietet. Versprich
dir also lieber nicht zu viel davon!

Was kann ich noch erfahren, was ich nicht ohnehin schon
von den Erzählungen weiß? Und lässt sich am Ende etwas ab-
schließen? Kann es überhaupt eine Art Fazit geben, so was wie:
»Aha! Das fand er toll, so hat er getickt, jetzt habe ich verstanden« – oder: »Hey, deshalb bin ich, wie ich bin, und reagiere
manchmal auch so wie er?«

Nee, komm, das greift viel zu kurz.

An dem Ort zu sein, den der eigene Vater liebte, bedeutet ja
nicht, durch seine Augen zu sehen, mit seinem Herzen zu fühlen und diesen Ort genauso zu lieben. Vielleicht bleibt alles
für mich so fremd wie er selbst. Vielleicht bin ich ihm und mir
diesen Weg auch einfach nur schuldig. Jeder Schritt auf dem

Weg als einen Schritt auf ihn zu zu betrachten ist ein Gedanke, der mir spontan gut gefällt. Und ob er mich ihm wirklich näherbringt oder nicht, spielt jetzt auch keine Rolle mehr – ich bin mir sicher, dass das Pilgern auf jeden Fall etwas mit einem macht.

Und sei es am Ende einfach nur die Möglichkeit, aus dem Gewohnten auszubrechen, sich selbst vor eine körperliche und geistige Herausforderung zu stellen und den Alltag zu Hause zu vergessen.

Aber nein, ich habe das Gefühl, ich beginne die Reise schon mit mentalem Übergepäck.

Apropos Gepäck, da fällt mir gerade ein: Ich habe den Basic-Tarif bei Eurowings gebucht – da ist doch nur Handgepäck frei, keine 15-Kilo-Hinkelsteine. Also buche ich noch mal ein Gepäckstück nach.

Beim Friseur erkläre ich Sascha, welch hairstylistischer Anspruch mich heute in seine schwer tätowierten Arme getrieben hat: »Mit dem Aufstehen muss die Frisur da sein. Absolut pflegeleicht, ohne Styling-Paste, ohne Kamm, einfach Frisur. Ich habe für nichts Zeit und kann auch nichts mitnehmen.«

Ich finde mein Briefing klingt etwas zu sehr nach IS-Aufenthalt, aber Sascha versteht sofort und schneidet die Haare raspelkurz.

Vor mir liegt der *Stern*, Aufmacher: »Vom Glück des Wanderns« – kann das Zufall sein?

Der Journalist Uli Hauser packt einen kleinen Rucksack, zieht sich seine alten Wandertreter an (Parallele?) und läuft einfach los – von Hamburg nach Rom!

Ich lese Auszüge daraus und lasse mich Zeile für Zeile von dem Reisebericht verzaubern, während Sascha nach wie vor kurzen Prozess macht. Hauser geht abseits der großen breiten

Autostraßen, zieht Feld- und Waldwege vor (Hat er GPS?). Auf seinem Weg trifft er auf Menschen, mit denen er ins Gespräch kommt. Sie begleiten sich gegenseitig. Zwischendurch reflektiert Hauser, teilt seine Erinnerungen. Es ist wunderbar inspirierend zu lesen – meine Vorfreude wächst. Wenn ich die Tage auch nur ansatzweise so erleben darf, dann wird's richtig gut.

Dann ist meine – kann ich sagen – »Frisur«? fertig: Haare kurz. Seiten, oben, hinten – alles ab. Sascha ist zufrieden. Ich bin voller Tatendrang. Ich will los!

Die Etappen

Etappe 0: Hamburg – Florenz, Anreise

Kann ich Deo benutzen, wenn ich ein Merinoshirt trage, oder muss ich auf Kernseife umsteigen? Wie viele Menschen sind bei Pilgerreisen wohl schon tödlich verunglückt, und muss ich mich deshalb anders von den Kindern verabschieden? Und meinte das Kristy gestern Abend wirklich ernst, dass ich mich aus der Ehe schleiche und sie Angst davor habe, dass nach der Wanderung alles anders sei?

Ziemlich mächtige Fragen für einen dünnen Mann.

Geweckt hat mich der Zeitungsbote, der mit seinem Moped mit Anhänger Meter für Meter die Straße hochfährt.

Ich bin ihm dankbar. Wollte mich sowieso noch kurz sammeln, bevor hier der tägliche Wahnsinn startet. Habe ich mal über die abergläubischen Russen gelesen. Sie nennen das »posidim na doroshku«. Bevor sie das Haus verlassen, um in den Urlaub zu fahren, setzen sie sich auf die gepackten Koffer oder auf einen Stuhl, um sich zu beruhigen. Das gilt als guter Vorbote für die Reise.

Und praktischerweise als letzte Möglichkeit, noch mal zu checken, ob auch wirklich an alles gedacht wurde.

Mein Rucksack ist fertig gepackt, Bargeld an Bord, und selbst eingecheckt bin ich schon. Nur noch anziehen und auf zum Airport.

Einen Direktflug gab es nicht, deshalb fliege ich erst nach München und von dort nach Florenz. Gegen frühen Nachmittag bin ich da.

Ich überprüfe kurz, ob die *Out-of-Office-Reply* funktioniert. Zum ersten Mal nach sechs Jahren habe ich endlich mal wieder eine eingerichtet. Ich will wirklich nicht erreichbar sein! Das hat jetzt alles zu warten. Basta!

Lieber Absender,
vielen Dank für das elektronische Briefchen.
Ob eines feinen Auslandsprojekts lese ich meine Post bis
zum 30. Mai eher unregelmäßig. Aber hier im Account
ist sie gut aufgehoben und kommt auch nicht weg –
ganz sicher!
Ich antworte, wenn ich kann, spätestens aber, wenn
ich wieder in angemessenem Rahmen in zartgelber
Tennishose und mit Heißgetränk am Rechner sitze.
Vielen Dank und beste Grüße
Christian Busemann

Ich drücke die Kleinen – große Umarmungen. »Ja, ich schicke Fotos von Tieren, die mir begegnen – ja, ich bringe euch was mit, muss aber klein sein, wegen des Rucksacks – und ja, ich nehme auch die zwei Kuscheltiere von euch mit und fotografiere sie an allen möglichen Orten.« Hoffentlich kann ich mir das alles merken, wenn ich mir sukzessive die Birne bräsig laufe.

Meine Kinder sind die ständige Reiserei gewohnt: Papa da, Papa weg, wo ist Papa? Das gehört zum gelebten Familienkanon. Gerade in diesem Jahr war meine Abwesenheit allerdings schon negativrekordverdächtig hoch. Und jetzt gehe ich auch noch auf eine Reise – nur *für mich*. Bin ich ein Egoist, oder ist das gesunder Selbstschutz, wie ich mir bei plötzlich auftretenden Gewissensbissen als Mantra aufsage? Ich brauche diese Auszeit. Sagt selbst die Heilpraktikerin. Aber jetzt, beim Tschüss-Sagen, unter den traurigen Blicken meiner Kinder, fühlt sich das alles so unnütz, vorgeschoben und albern an. Verpisser-Ich. Andere fahren doch auch mal auf letzter Rille, sind k. o. und ohne Vater und/oder Mutter aufgewachsen – muss man dafür gleich das Weite suchen?

Ich winke den Mädchen zu, wie sie mit ihren Rädern davonsausen. Kristy fährt den Lütten in den Kindergarten – seine kleinen Ärmchen klammern sich um meinen Hals: »Happ dich lieb, Papa, bis zum Mondstern und sssurükk.«

Ob er sich jemals wieder an diesen Moment erinnern wird, als »Papa pilgern« ging? Aus der Zeit, als ich so alt war wie er, habe ich meinen Vater nur schemenhaft in Erinnerung. Ich bekomme glasige Augen, die ich mit Augen-reiben-Müdigkeitsgeste vor Rufus vertusche. Er wiederum trägt seine Gefühle offen zur Schau: hängende Mundwinkel, »Vermissss dich jetztsss ssson!«. Ich streichle ihm über den Kopf, umarme Kristy, wir küssen uns. »Meld dich, wenn du da bist!« Abschiede zwischen uns sind gelernt knapp gehalten. Wir tun immer so, als sei überhaupt nichts los. Motto: Nur kein Gewese machen. Selbst wenn wir in acht Tagen unseren zehnten Hochzeitstag haben und ich weiß, dass sie die Tatsache, ihn alleine verbringen zu müssen, sehr traurig macht.

Wenn Themen, Typen, Thesen angesagt sind, münden sie heutzutage in einer eigenen Zeitschrift, um auf dem schwindenden Printmarkt zumindest mit zeitgeistiger Innovation noch mal ein paar Euro zu verdienen. Am Flughafen entdecke ich tatsächlich die Zeitschrift *Der Pilger*. Natürlich nicht ohne Kolumne von Fleißigschreiber Anselm Grün. Und siehe da: Darin ist sogar ein Artikel über den Franziskusweg zu finden – mit dem Titel »Zu Fuß durch das Herz Italiens. Malerische Dörfer, weite Täler, erholsame Stille erwarten den Pilger auf dem Franziskusweg«. Saturierte Fotos, atmosphärisch schön eingefangen. Die Sonne scheint, der Himmel ist blau. Man könnte glatt meinen, so ein Pilgerweg ist ein Sommerurlaub. »Die Hektik bleibt in der Stadt zurück« und »Jeder Ort bringt einem den Heiligen näher«.

Ach ja, der Heilige. Franz von Assisi. Die goldene Kette ist am Start. Soll Papa ja in Assisi gekauft haben. Dem werde ich auf den Grund gehen.

Normalerweise bin ich einer von ihnen. Frisch rasiert, wohlduftend, Hemd gebügelt, vielleicht sogar im Anzug, mit elegantem Weekender oder Retro-Aktentasche unterm Arm und rechtzeitig die E-Boarding-Karte aus der Wallet gewischt, um zu den Gates vorzudringen. Dann die Zeit bis zur Sicherheitskontrolle mit Telefonieren, Insta, E-Mail-Schreiben oder wahllosem Surfen überbrücken und sich schließlich in die Schlange stellen, in der weder Familien, Rentner oder erkennbar unsichere Wenig-Flieger auszumachen sind. Am Fließband alles bereits griffbereit, schneidig zwei Kistchen krallen. Kiste 1: Jacke oder Sakko plus Smartphone, Schlüssel, Geldbörse. Kiste 2: Tasche und freigelegter Laptop. Ich bin zügig. Nie sollen andere meinetwegen warten müssen.

Mich nervt es einfach, wenn einer immer noch wie ein ahnungsloser Vollpfosten eine Magnumflasche Almdudler spazieren führt, wenn seit 200 Jahren Flugsicherheitsgeschichte klar ist, dass nur eine limitierte Milliliterzahl erlaubt ist.

Ich würde direkt mit dem Entzug der Bordkarte drohen, aber jetzt ist ja easy. Kein Druck, kein Funktionieren: treiben lassen.

Bin ich wie gesagt sonst einer von ihnen, sehe ich heute allerdings aus wie die Erdkundelehrer-Version von Dirk Steffens vor dem nächsten Terra-X-Dreh mit einem Schuss Peter Wohlleben nach Echthaartransplantation: Trekkinghose, kariertes Hemd, hellgrauer Fleece und Wüsten-Wandertreter.

Ohne Handgepäck fühle ich mich leicht wie ein Joghurt-Gum und schaue doch ständig nach meinem Laptop, bis mir wieder einfällt, dass ich keinen dabeihab. Das ist bestimmt das erste Mal seit zehn Jahren, dass ich ohne mein »Büro« in den Urlaub fahre. Für den Fall der Fälle ist es immer dabei: für Schreib-Notfälle, TV-Konzept aus der Cloud kramen und verschicken, Mails schreiben, Gedanken notieren.

Pilger-Lektion

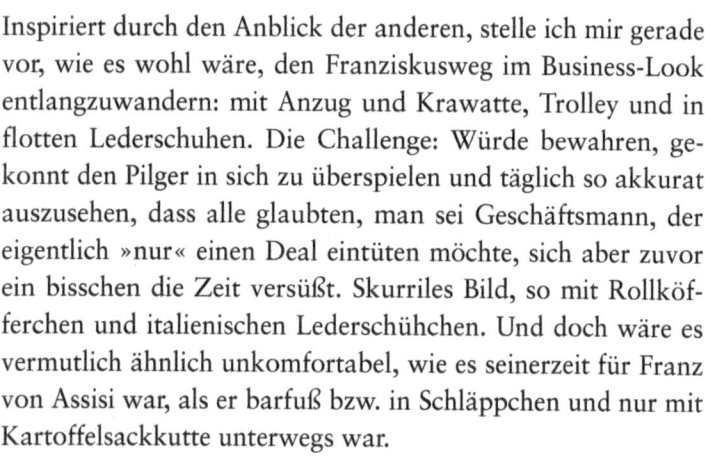

Erste Pilger-Lektion noch vor Abflug
Einfach mal den Laptop zu Hause lassen und wieder eine Leichtigkeit spüren. Viele Dinge lassen sich übers Handy regeln, wichtige Dokumente in die Cloud schieben. Und wenn es nicht geht, geht's nicht. Hey, ist Urlaub!

Inspiriert durch den Anblick der anderen, stelle ich mir gerade vor, wie es wohl wäre, den Franziskusweg im Business-Look entlangzuwandern: mit Anzug und Krawatte, Trolley und in flotten Lederschuhen. Die Challenge: Würde bewahren, gekonnt den Pilger in sich zu überspielen und täglich so akkurat auszusehen, dass alle glaubten, man sei Geschäftsmann, der eigentlich »nur« einen Deal eintüten möchte, sich aber zuvor ein bisschen die Zeit versüßt. Skurriles Bild, so mit Rollköfferchen und italienischen Lederschühchen. Und doch wäre es vermutlich ähnlich unkomfortabel, wie es seinerzeit für Franz von Assisi war, als er barfuß bzw. in Schläppchen und nur mit Kartoffelsackkutte unterwegs war.

In München habe ich Hunger, aber nichts zu machen: Die Pause zwischen den Flügen ist zu kurz und die Schlange am Panini-Stand mit dem hektischen Mitarbeiter, der einen »Ich bin neu im Team«-Button am durchgeschwitzten Hemd kleben hat, zu lang. Außerdem ist die Aussage eine Lüge. Er ist vielleicht neu, aber nicht im Team – denn da ist kein Team! Er ist allein!

In der Reihe am Gate ein erster Gruß aus Italien: italienisches Geschnatter von Mutter und Tochter, daneben der auf Durchzug geschaltete Vater. Sie diskutieren so temperamentvoll miteinander, wie man es von sich selbst nur im Umgang mit Bahnmitarbeitern, Callcenter-Agents oder Kreditkarten-Koberern kennt. Es geht offenbar um Kaffee und wer welche Kapselfarbe wählt. Sie ziehen sich Espresso am Nespresso-Automaten, was ich als Geste der absoluten Verzweiflung werten muss. Ihre Gesichter nach dem ersten Schluck bestätigen meine Vermutung.

Als ich *meinen* wässrigen Kaffee im Flugzeug serviert bekomme, frage ich mich, was der Purser getan haben muss, um seinen Job als Personenschützer oder Fotografier-Centurio vorm Kolosseum zu verlieren. Der Typ ist so lang und breit wie die Propellermaschine, in der wir sitzen. Er trägt Dreitagebart, sein lichtes Deckhaar ist abgemäht, seine Arme sind Beine! Er stolziert lässig muskelverkatert den Gang rauf und runter und schenkt so verblüffend gekonnt den Filterkaffee ein, dass sich sogar eine Art Crema als Häubchen obendrauf bildet. Vollendetes Handwerk in 10 000 Metern Höhe bricht sich bahn, während parallel dazu ein überwältigendes Muskelspiel im prallen Hemd zu bewundern ist.

Ist dieser Job für ihn ein totaler Sechser im Lotto, ein herber Rückschritt, oder einfach nur okay? Vielleicht ist es einfach seine *Arbeit*, die er nicht weiter hinterfragt!

Ich hinterfrage hingegen ALLES. Ständig. Und das ist extrem energieraubend. Wie einen Alkoholiker von der Buddel fernzuhalten oder den suizidgefährdeten Gefängnisinsassen vorm Schlupfloch in die ewigen Jagdgründe zu bewahren.

Wie glücklich bin ich mit meinem Beruf? Wie lange kann ich noch arbeiten, bevor Alter und Digitalisierung dem Quatsch ein Ende bereiten? Was ist meine Vision – kurz- und mittelfristig? Wie ernähre ich mein Rudel zu Hause in zehn Jahren? Und wie ernähren wir uns noch gesünder als gesund?

Bleib ich bei meinem bisher erfolgreichen Wirtschaftsmodell »Zeit für Geld«, oder sollte ich nicht mal einen neuen Schritt wagen, um einfach mehr Zeit für die Familie zu haben und entspannt ein Wochenende zu verleben?

Und wie steht es zu Hause? Bin ich glücklicher Ehemann oder glücklicher »Teampartner« – frei nach dem Motto: Wir sind ein tolles Team, aber Sex haben wir mit anderen? Wie stehe ich zu meiner Frau nach (fast) zehn Jahren Ehe? Was weckt sie in mir? Was fördert und was bremst sie?

Und natürlich: Vaterschaft! Immer wieder ein Thema für mich. Sowohl aus der Perspektive des Sohns als auch aus der des Vaters. Was gebe ich ihnen weiter? Welche Werte nehmen sie von mir an? Was weiß ich überhaupt von ihnen, und was wissen sie von mir? Bin ich ein guter Vater? …

Alter, das läuft aber gerade unter dem Label »mentales Übergepäck«, oder?

Kaffee ist alle, die drei Schokokekse zum Mittagessen aufgemümmelt – Landeanflug mit Regenbogen über Florenz, wenn das Rainbow-Dash sehen könnte. Ich mach ein Beweisfoto.

Nee, komm, ich lass diesen ganzen kopfschmerzenden Ego-Fragensalat hier im Flieger und nehme mir ab jetzt vor, Stück für Stück das Leben, das ich verlassen habe, zurückzuerobern. Und die Lieben, die in Hamburg hocken, gleich dazu. Maschen werden neu angeschlagen – ohne mich zu verraten oder zu verlieren.

Jetzt aber erst mal: Orientieren.

Ich stehe mit dem Rucksack am Airport-Info-Point in Florenz. In die City ist es zu Fuß doch etwas weit, um hier von leichtem Warm-up zu sprechen, außerdem sieht's nicht so aus, als sei hier ein Bürgersteig. Ich sehe nur Schnellstraßen. Dann kann ich mich ja nur schonen und für den City-Bus entscheiden: für 6 Euro zum Zentralbahnhof. Weil die mäßig gelaunte Italienerin hinterm Tresen äußerst schnell und kompetent ist und sogar Deutsch spricht, frage ich sie, wie ich morgen zum Ausgangspunkt meiner ersten Etappe nach Sant' Ellero komme. Sie dreht den Bildschirm ihres Rechners zu mir, darauf die Abfahrtszeiten der Züge vom Hauptbahnhof. Gegen 9 Uhr ist perfekt, Ticket müsste ich vor Ort kaufen. Läuft!

Nach 30 Minuten Busfahrt bin ich am ZOB, mitten im Zentrum. Menschenmengen schieben sich durch die Straßen, alle sind auf Fotosafari, hier ein Selfie, da der Must-see-Shot von der Ponte Vecchio, der Davidstatue von Michelangelo oder vom Palazzo Vecchio. Zwischendrin Straßenverkäufer mit Sonnenbrillen und aus gegebenem Anlass: Regenschirmen. Es ist schwülwarm, doch es nieselt leicht. Das Wetter in Hamburg war definitiv besser. Ist der Mai in Italien womöglich wirklich der deutsche April?

Beim staunenden Spazieren durch dieses riesige Freiluft-Museum erinnere ich mich gut an meinen letztmaligen Besuch hier in der Stadt, mit Kristy und unserer Erstgeborenen, als sie noch Baby war. Binnen eines Tages litten wir eindeutig unter dem Stendhal-Syndrom. Stendhal war das Pseudonym des französischen Dichters Marie-Henri Beyle, der im 19. Jahrhundert italienische Hotspots, wie die Franziskanerkirche Santa Croce, besichtigte. Darin befinden sich nicht nur die Gräber von Galileo Galilei, Gioachino Rossini, Michelangelo und Machiavelli, sondern auch viele kunstvolle Fresken Giottos. Das wuchtige Gesamtpaket war zu viel für Stendhal. 1817 schreibt er in seinem Reisebuch *Rom, Neapel und Florenz* (Originaltitel: *Promenades dans Rome, Naples et Florence)*: »Ich befand mich in einer Art Ekstase bei dem Gedanken, in Florenz und den Gräbern so vieler Großer so nahe zu sein. Ich war in Bewunderung der erhabenen Schönheit versunken; ich sah sie aus nächster Nähe und berührte sie fast. Ich war auf dem Punkt der Begeisterung angelangt, wo sich die himmlischen Empfindungen, wie sie die Kunst bietet, mit leidenschaftlichen Gefühlen gatten. Als ich die Kirche verließ, klopfte mir das Herz; mein Lebensquell war versiegt, und ich fürchtete umzufallen.«

Das Stendhal-Syndrom ist also quasi eine Gemütswallung mit gesundheitsgefährdenden Folgen durch kulturelle Reizüberflutung. Was vielleicht noch zu beweisen wäre, aber vermutlich jedem ab Moment X den Blick auf Kunst und die weitere Aufnahme derer zukleistert! Ich spreche aus Erfahrung.

Doch jetzt verhagelt mir eher die Menschenmenge vor dem Eingang der riesigen Franziskanerkirche, deren Grundstein der Legende nach Franz von Assisi gelegt haben soll, die Lust, mich dort anzustellen. Ich habe sie ja damals besichtigt. Und mit Rucksack scheint es mir ohnehin unpraktisch, denn möglicherweise muss ich den dann noch abgeben oder durchsuchen lassen – ist mir gerade zu viel. Außerdem neigt sich der Nachmittag dem Ende, ich will ins Hotel und habe Hunger.

Ich flaniere durch das Zentrum zu meinem Hostel, das laut Google Maps etwa eine Stunde von hier entfernt liegt. Weiter, als ich gedacht habe. Der Regen lässt nach, ich schwitze vor allem durch das Gewicht des Rucksacks stark am Rücken. Langsam leuchtet mir ein, wieso die im Pilgerführer mehrere Testwanderungen empfohlen haben, die Trageriemen schmerzen nämlich an den Schultern, der Rucksack zieht mich leicht nach hinten. Aber ist ja jetzt keine Tagesetappe. Morgen zählt.

Statt Pracht- laufe ich immer mehr Nutzstraßen entlang, bis ich schließlich nach eineinhalb Stunden in meiner Herberge eintreffe. Eine tolle Überraschung habe ich mir da organisiert. Ein Hoch darauf, Unterkünfte ohne Recherche zu buchen. Das »Hostel« ist eine abgefuckte Jugendherberge. Eine Mischung aus Kaserne und Krankenhaus. Zwei Typen lungern vor dem Eingang herum, die Tür hat keinen Knauf mehr, die Scheibe ist gesprungen. Ich betrete eine stattliche Lobby, die was hermachen könnte, wenn sie dürfte. Die Architektur würde ein Grand Hotel à la Heiligendamm erlauben. Breite Treppe, hohe Decken, Stuck. Aber schon an der Rezeption endet das Poten-

Florenz, here I come!

zial. Die Frau hinter dem Tresen lässt mich direkt 35 Euro zahlen, inklusive Frühstück morgen um 7.30 Uhr. 2,50 Euro zahle ich für ein Handtuch. Der Raum sei im ersten Stock. Sie reicht mir meinen Zimmer- und Badezimmerschlüssel und wendet sich wieder wichtigeren Dingen zu: Facebook.

Lange kahle Gänge führen zu meinem kleinen kargen Zimmer. Bett. Tisch. Schrank. Kein Fernseher und nur eine Tür. Nämlich die, die auf den kasernenähnlichen Flur führt. Mein Klo ist am Ende des Korridors. Kann mich gar nicht dran erinnern, wann ich zuletzt in einem Zimmer ohne Klo und Dusche schlief!? Das war Mitte der Achtziger, auf der Klassenfahrt in den Harz. Aber so wollte ich es ja jetzt.

Schluss mit diesen langweiligen Hotel-Standards mit ihren King-Size-Betten, personalisierten Lichtkonzepten, Minibars, Hygieneansprüchen, Flatscreens, Bädern und Frühstücksbuffets. Mal aufs Minimum reduzieren, um maximale Freude zu gewinnen. Wann die sich allerdings einstellt, bleibt eine Black Box für mich.

Ich schmeiß den Rucksack aufs Bett – auspacken muss ich ja nicht – und schaue aus dem großen Fenster. Die Psychoanstalt ist an sich ganz schön gelegen, auf einer kleinen Anhöhe, mehrere hundert Meter vom Trubel der Straße entfernt.

Auf Google wird sie von Usern sowohl als »eine schöne alte Villa« beschrieben als auch als »psychiatrische Klinik«. Sage ich doch! Letzteres bekommt einen Like von mir. Ganz ehrlich: Lage okay, aber ansonsten ist dieser seelenlose Ort einfach nur zum direkten Weiterziehen gemacht. Oder um für sich selbst zu erkennen, wie gut es einem im Leben geht.

Wenn hier zumindest aufgedreht pubertierende Schulklassen Lebensfreude versprühen würden – habe ja Ohrstöpsel dabei – oder Yoga-, Priester- und Hacker-Reisegruppen absteigen würden – aber es gibt nur ein paar düstere Männer mit ihren

Smartphones, die Facebook-Rezeptionistin und mich. Deprimierend! Ich könnte mir voll in den Hintern treten, dass ich mir nicht für die erste Nacht einen sanften Hotelstart in die Pilgerreise organisiert habe. So'n Motel One reicht ja schon. Selbst Ibis. Egal. Ich habe das Gefühl, dass einfach alles andere besser wäre.

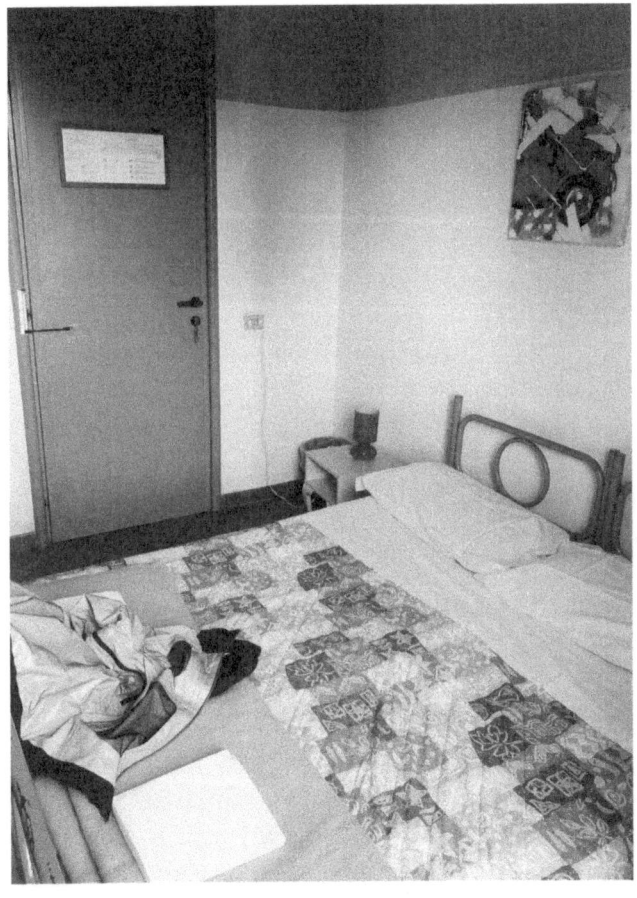

Mein luxuriöses Zimmer

Ich setze mich auf das Bett, das quietschend nachgibt und mich dank einer durchgelegenen Schaumstoffmatratze sofort einsinken lässt. Stille im Außen, kreisende Gedanken. Ich schaue auf die Uhr. Erst 30 Sekunden sind vergangen, seitdem ich sitze. Die Zeiger kleben fest. Die bewegen sich gar nicht. Vielleicht ist die Batterie alle. Nein. Es ist alles in Ordnung. Mein Takt ist nur noch nicht synchron. Wie auch, wenn es hier nichts gibt. Keine Ablenkung, keine Berieselung. Ade, ihr süßen Zeitfresser. Hier müssen wir uns wohl trennen.

Ich überlege, wann ich ins Bett gehen könnte, ohne morgen völlig überschlafen und aufgedunsen aus viel zu dicken Klüsen zu gucken. Vielleicht so um 22.30 Uhr. Vorher ist es zu früh – wenn ich gegen 6.30 Uhr aufstehen will, um mich langsam in den Tag zu schälen. Nie mehr als acht Stunden ist die Regel, besser sogar: sieben, maximal siebeneinhalb. Das ist die perfekte Zeit. Für mich.

Für einige Minuten starre ich aus dem Fenster – die Stille ist gewichen. Es zwitschert, die Wolken sind alle abgezogen, die Luft ist mild und zieht großzügig in meinen Raum.

Stille mit Wind – an stressigen Tagen wünsche ich mir genau dieses Duo, aber jetzt finde ich die Zwei absurd langweilig. Ich bin so müde und könnte direkt einpennen, aber mein Hunger hat andere Pläne. Ich besuche eine Osteria unweit von der Schlaffabrik und esse Salat und Pizza, trinke Bier und einen Espresso. Auch hier bin ich alleine, aber beschäftigt mit »achtsamem Essen«. Das habe ich mal in einem Wochenendseminar zur Persönlichkeitsentwicklung gelernt. Ist simpel: einfach nicht reden, nur aufs Essen konzentrieren, langsam kauen und wirklich alles im Mund schmecken und sämig knuspern, bevor nach 26 Kauvorgängen pro Happen, der mittlerweile Aggregatzustand flüssig erreicht hat, zum Schlucken angesetzt wird. So kriegt man mir nichts, dir nichts eine Stunde rum. Ich komme später ins Bett und sehe morgen normal aus.

Um 21 Uhr sitze ich im Fernsehsalon des Hostels. Der Fernseher ist aus. Neonröhren an der Decke schaffen es selbst hier, so eine fröhliche Atmosphäre zu schaffen wie auf einem Zahnarztstuhl. An zwei Tischen hocken die beiden finsteren Typen vom Eingang. Sie laden ihre Smartphones auf, was den einen nicht davon abhält, auf seinem Monsterdisplay einen Ballerfilm in voller Lautstärke zu schauen. Der andere skypt, hat aber Kopfhörer auf. Neben mir brummt eine Wand an Automaten – Kaltgetränke, Heißgetränke, Süßigkeiten. Die Dinger sind voll, wer soll das Zeugs auch kaufen!?

Wie lebendig-frisch es hier zugeht. Immer noch besser als alleine in der Einzelhaft oben im Todestrakt. Vielleicht ist ja diese Form der Zusammenkunft der Nationen im Kleinen die Zukunft des Kulturaustauschs: Man sitzt einfach gemeinsam in einem Raum und tut sich nicht weh, sondern duldet sich. Jeder macht seinen Kram, und wenn eine Steckdose bereits besetzt ist, nimmt man eine andere oder wartet, bis wieder eine frei ist. Entschleunigend, gewaltfrei und fern jeglicher Missverständnisse.

Bei *Signora Facebook* frage ich vorm Zubettgehen nach, ob sie mir für morgen früh ein Taxi auf 8.15 Uhr bestellen könnte. Ich müsste den Zug um neun kriegen.

»Taxi?«, wiederholt sie entsetzt und lacht so böse wie ein Horrorclown: »No! No Taxi! Bus! Linea 11.«

Pilger-Lektion

Etappe 1: Florenz – Sant'Ellero – Consuma

Durch die exorbitante Schlafdauer von außerplanmäßigen achteinhalb Stunden muss ich beim Aufwachen leider leichte Liegeblessuren feststellen. Erst dann wird mir wieder klar, wo ich bin: in meiner selbstgewählten Einfachheit und Einsamkeit.

Trübes Licht fällt durch den Spalt der runtergerockten Fensterläden, die ich am Vorabend nicht schließen, sondern nur anlehnen konnte. Langer Mann erhebt sich und rastet erst mal alles ein, was sich stundenlang eingepfercht in einem zu kurzen Krankenhausbett, 20 Zentimeter über dem Boden, ausgerastet hat. Ich laufe über den polareiskalten Steinboden zum Fenster, klappe die Läden zur Seite und spüre sofort kühlen Wind um die Nase. Gänsehaut. »Italien!?«, frage ich zynisch und blicke ausdruckslos auf den Hof, über dem gespenstische Nebelschwaden liegen.

Es ist offizieller Tag 1 meiner Pilgerreise, 6.30 Uhr. Um 22 Uhr war ich gestern im Bett und hab komatös fest geschlafen. Scheinen die Vibes in diesem Laden zu sein. In meinem Traum hätte ich Moderationstexte fertig schreiben sollen, was ich aber nicht tat. Mit Schweißausbruch und Herzrasen saß ich am Schreibtisch, wie zu einem Bild eingefroren, und reagierte nicht. Doch plötzlich steht ein gesichtsloser Moderator im Türrahmen und fragt mich, was denn los sei. Ich reagiere erneut nicht. Da greift er mich am Kragen und zischt: »Gib mir die Texte, du Arschloch, oder ich polier dir einmal kräftig die Fresse...«

Puh! Kein Scherz! Ein Erotiktraum wäre mir lieber gewesen. Aber ein Glück liegt der ganze Kram gerade so weit weg wie Hamburg von Florenz bzw. das Klo von meinem Bett. Zeit für die Morgentoilette. Ich tapere den Flur hinunter in *mein* Bad.

Erster Blick geht in den Spiegel. Der Schlafplan ist nicht aufgegangen: Ich bin verquollen, die Augen blinzeln durch fleischige Schlitze. Zweiter Blick streift durch den besenkammergroßen Raum – Klo, Waschbecken, aber wo ist die Dusche? Dass das kleine Bad nicht mal eine Duschkabine hat, ist mir gestern gar nicht aufgefallen. Ich entdecke den Duschkopf schließlich direkt über der Kloschüssel. Mühsam fummele ich eine nur schwer bewegliche Brausedüse, die nicht größer ist als ein Reinigungstab für eine Spülmaschine, in meine Richtung und schließe den Klodeckel. Wenn ich jetzt das Wasser starte, flute ich tatsächlich den gesamten Raum – aber das scheint wohl das Konzept zu sein.

Und so geschieht es auch! Nach wenigen Sekunden ist der Boden meiner Nasszelle ein italienisches Atlantis. Meine Badelatschen treiben mit der Strömung lustig umher, bis sie an der Tür hängen bleiben, wo das Wasser nun munter hindurchplätschert – auf den Flur. Mission erfüllt!

Dieser Ort ist trostlos und kalt, und er lädt nicht eine Sekunde zum weiteren Verweilen ein. Ich stopfe alles schnell in den

Rucksack und eile die Treppen hinab zum Frühstück. In einem großen, leeren Saal mit hohen Decken leuchtet in der Ecke eine kleine Stehlampe – und eine weiße Segeljacke, die ein Mann trägt, dessen Gesicht ich ob der Dunkelheit in dem Raum nicht einmal ansatzweise erkennen kann. Er sitzt da und knabbert an einem Stück Zwieback. Vielleicht hat er Bauchschmerzen, der Arme. Zwieback am Morgen.

Ich nicke ihm zu – er reagiert nicht – und stelle meinen Rucksack neben meinen gewählten Platz. »Oh, alles besetzt!«, scherze ich rüber. Er guckt nicht einmal.

»Tutti libra, also ich meine selezione libra«, haspele ich rum und merke selber, dass es nervt. Er guckt. Dennoch keine Reaktion. Ich bin mir sicher, er hat Bauchschmerzen.

Auf einem Schild über der Tür zu einem kleinen Korridor, der vom Saal abzweigt, steht »Breakfast«. Ich folge der Beschilderung und stehe schließlich am Ende eines gekachelten Gangs – vor mir ein Tresen unter einer in der Wand eingelassenen Futterluke, in der plötzlich ein gut aufgelegter, kahlköpfiger Italiener in Kochkostüm und mit Lesebrille erscheint: »Buon giornoooooo, signore!«, begrüßt er mich für Uhrzeit und Setting etwas zu überambitioniert. Aber ich hab gut reden, schließlich habe ich ja selber gerade den Segeljacken-Kollegen kaputt gescherzt.

Mit flinken Bewegungen belegt er ein kleines Tablett – mit Plastikbesteck, einer Scheibe Weißbrot, einem kleinen Döschen Aprikosenmarmelade, Butter UND: einem Päckchen Zwieback! »Café?« – ich antworte: »Si. Americano bitte, äh please, prego.« Er lächelt und schüttet eine leicht bräunliche Flüssigkeit in die Plastiktasse, die mehr an Brackwasser als an Kaffee erinnert, und verabschiedet mich mit einem posaunten »Buon appetito!«. Dann verschwindet er. Nicht mal eine Minute dauerte sein flinkes Schauspiel, und nun dackele ich etwas perplex mit meinem Tablett zurück in den Speisesaal.

Dort löffelt die Segeljacke gerade einen Joghurt aus. Er schaut kurz zu mir rüber, als wolle er mir sagen: Na, jetzt auch Bauchschmerzen, du Kasper!?

Mich interessiert stattdessen, woher er den Joghurt hat.

Klarer Fall: Heimvorteil. Und so beuge ich mich der Tatsache, hier nur »Gast« zu sein, stürze den Kaffee, verputze wie ein Mülleimer alles, was auf dem Tablett ist – inklusive Zwieback –, und verschwinde. Bella Italia kann auch ausgestreckten Mittelfinger.

Die Buslinie 11 bringt mich zum Hauptbahnhof, wo ich mir für 3,50 Euro das Bahnticket nach Sant' Ellero kaufe, dem offiziellen Startpunkt meiner Franziskusweg-Route.

Es dauert keine 30 Minuten, dann hüpfe ich als Einziger aus dem Zug.

Kein Auto, kein Mensch weit und breit.

Die Sonne scheint, es weht eine leichte Brise. Dann kann es ja losgehen! Pilgermodus on!

Erste Meter

Leiser Musikteppich: Ich schaue seitlich etwas albern hinterm Vorhang aus der Umkleidekabine hervor! Eine Grafik schiebt sich ins Bild: »Your daily dose of Pilgrim-Fashion!« Mit dem einsetzenden Beat laufe ich in aufrechter Haltung staksig im Takt mit gleichgültigem Gesichtsausdruck und hängenden Armen den Catwalk entlang. Ich habe Schwierigkeiten, mit dem Mammut-Rucksack auf dem Rücken souverän zu wirken, doch meine langen Beine machen's mit Eleganz wett. Aus dem

Off ein nasales: »Wir haben uns heute sehr auf Christian gefreut! Er hat die Woche super gearbeitet.«

Dann ein abgesetzter O-Ton im Bild, die Chefjurorin zählt begeistert auf: »Er hat zwei Jobs am Schreibtisch zu Ende gemacht, hat einen Test-Walk an der Elbe absolviert, sich für seine alten Wüstenstiefel entschieden und auch bei der Wahl seines Zimmers gestern Abend eher *editorial* statt *high fashion* gewählt.«

Nicht ohne meine religiösen Qualitäten zu erwähnen, schickt mich der zweite Juror, ein Priester – auf meine ersten Meter: »Er ist eingeschlafen mit dem Vaterunser – was vielleicht auch der Grund für seinen guten Schlaf gewesen sein könnte!« *Er grinst über seine humorvolle Anwandlung.* »Wie dem auch sei: Heute trägt Christian sein enganliegendes schwarzes Merinoshirt, das seinen Oberkörper betonen würde, hätte er darüber nicht ein klassisch zeitloses Vaude-Hemd in blau-weiß-schwarzem Karomuster gewählt. Dazu im Kontrast die schmal geschnittene schwarze Softshellhose, die seine extreme Beinlänge vorteilhaft betont und dennoch das Thema des Hemds farblich aufnimmt. Außerdem hat er sich für ein marineblaues Multifunktions-Buff-Tuch entschieden – um wahlweise den Hals zu wärmen, den Kopf zu bedecken oder den Mund zu schützen…«

Zu viel Fernsehen in der Birne, was?! Was der eine Sülze verzapft, wenn er mal 24 Stunden auf Entzug ist. Ich bin auf dem Weg zum Passo della Consuma, der laut Etappenbeschreibung direkt tausend Meter hochführt, zunächst auf asphaltierter Straße.

Sie zieht sich unendlich, längst müsste ein Straßenschild mit einer Kuh darauf kommen, an dem ich in einen Waldweg einbiegen soll, aber es passiert gar nichts. Kein Schild. Keine

Kuh. Kein Kuhschild. Ich wandere und schwitze. Vor allem den Rucksack die Steigung raufzuschleppen lässt mich schnaufen wie einen *Biggest Loser-Kandidaten* beim Spinning. Die Straße führt mich an alten Gehöften vorbei, wird irgendwann einspurig und verliert mit jedem weiteren Meter ihr Standing als ernstzunehmende Wegbefestigung. Nach einer gefühlten Ewigkeit: ein Fiat Punto. Er hindert mich am Durchkommen, steht da mit laufendem Motor, darin ein alter Italiener, der mit einem anderen alten Spaziergeh-Italiener durchs geöffnete Seitenfenster quatscht. Freundlich brülle ich »Buongiorno«, die zwei grüßen zurück. Ich will mich ungelenk am Auto vorbeiquetschen, als plötzlich zwei große ausgewachsene Gänse vor mir stehen. Nur widerwillig machen sie mir den Weg ganz langsam frei. Kein Anzeichen von Nervosität.

Woohoo, wenn hier die Action so weitergeht, schlafe ich bald im Gehen ein. Aus der Reihe *Narkotische Wanderungen* mit Christian Busemann, heute: »Die Gänse-Situation! *Zwei* Tiere im Weg *eines* Menschen.« An Spannung kaum zu überbieten. Da bringt mich ja Mare TV mehr in Wallung.

Die Umstellung von der chaotischen Hektik meines Alltags zu Hause auf das nur langsame Vorankommen in der Provinz Italiens fällt mir gerade auffällig schwer. Ich fühle mich mit meiner Ungeduld in eine Zeitlupe gepresst, die alles daransetzt, mich nicht als aufgescheuchtes Huhn in eine völlig entspannte Welt zu entlassen. Aber ich muss mich ja erst mal akklimatisieren – hier ticken die Uhren aller Lebewesen eben anders. Und wenn wir als Familie in den Urlaub preschen, brauche ich auch immer mindestens drei Tage, um die Waffen zu strecken. Alles völlig normal.

Obwohl ich nicht mehr damit gerechnet habe, taucht schließlich doch noch das Kuhschild auf und damit auch die

Abbiegung in den Waldweg. Plötzlich ist da Musik im Spiel. Auf einmal kommt der Thrill. Es geht steil bergauf, und wenn ich sage steil, dann meine ich genau das. Ich kraxele und stolpere Geröll- und Matschpfade hoch. Es hat offensichtlich viel geregnet in den letzten Tagen. Ich ackere und ächze und bin überglücklich, als ich den ersten massiven Anstieg geschafft habe. Doch dann versperrt ein monströser Laubbaum meinen schmalen Pfad!

An dieser Stelle, liebe Leserin und lieber Leser, bitte ich Sie, erneut Seite 9 und 10 zu lesen, um noch einmal meinen Heldenaufschlag im Minutentakt mitzuverfolgen. Anschließend denken Sie sich einfach eine kurze Werbeunterbrechung – und lesen dann hier weiter!

Ich starte MapOut neu, finde mich – den kleinen blauen Punkt – und den roten Streckenverlauf. Wir sind nicht so weit voneinander entfernt wie gedacht. Noch besser: Ich kann einfach hier oben weiter entlangwandern und treffe dann automatisch wieder auf die Piste.

Ich klopfe mir den Dreck so gut es geht von der Hose und hebe meine Trinkflasche auf. Wieso kommt denn da nichts raus? Ich drehe den Deckel auf und trinke aus dem Gefäß. Beim Wiederverschließen erkenne ich dann erst den kleinen Schlitz im Ventil. Sofort erinnere ich mich, wo ich das schon mal gesehen habe! Bei meiner kleinen Tochter Hanna. Sie hat als Baby die Schnuller zerkaut und dann trotzdem an den Dingern gesogen wie der Mind Flayer an seinen Opfern in *Stranger Things*. Und so funktioniert es auch. Das Ventil öffnet sich erst mit einem Biss auf den Nupsi. Damit ist auch die Kuh vom Eis. Verdursten muss ich nicht mehr.

Es wird schön. Ich wandere über dicht bewachsene Felder, an unzähligen Olivenhainen entlang, über kleine Schotterstraßen, deren Rand die typischen Postkarten-Zypressen säumen, und durchquere einen wie aus dem Nichts vor mir emporsteigenden Laubwald, der angenehm kühl ist. Welch ein Genuss, so alleine in der Natur unterwegs zu sein.

Gegen Mittag erreiche ich ein Dorf mit einem *Alimentari*, einem Lebensmittelgeschäft mit deckenhohen Regalen und einer breiten Wurst-und-Käse-Theke. Alle freuen sich, als sich der dünne Schwitzbär mit Rucksackbeule in dem Fädenvorhang im Eingang verheddert. Nach dem Entknoten lassen mich die beiden Damen an der Theke freundlicherweise vor, reden irgendwas auf Italienisch miteinander und feixen. Ich kaufe Brot, ein Stück Pecorino, zwei Äpfel und eine Banane. Dazu eine große Flasche Wasser und verheddere mich gleich wieder beim Rausgehen. Ganz sind wir noch nicht eins, der Rucksack und ich. Aus dem Laden höre ich jetzt schallendes Gelächter. Schön, wenn ich auch in Italien ungewollt für einen heiteren Moment sorgen kann.

Ich trinke einen Schluck Wasser und trage eine Schicht Sonnencreme auf, aber mache keine Pause. Essen kann ich später noch, ich muss erst ein Gefühl für die Distanzen und die damit verbundenen Anstrengungen entwickeln. Ich bin überrascht, wie sehr so ein professionelles Wandern ans Eingemachte geht. Meine gesamte Kleidung ist schon vierfach durchgeschwitzt, die Steigungen in den Oberschenkeln durchaus *bemerkbar*. Schotterpisten führen weiter rauf – plötzlich sehe ich in einer Kurve einen Rucksack stehen. Achtung, Menschen!

Ich werde nervös. Zögere und suche panisch natürliche Deckung. Treffe ich womöglich jetzt gleich erste Mit-Pilgerinnen und Mitpilger, die des gleichen Weges sind? Und was mache ich, wenn sie mit mir weiterlaufen wollen? Das geht nicht. Ich will doch meine Ruhe. Also erst mal jedenfalls.

Ich nähere mich einer Gruppe von drei Frauen, alle blond. Sie rauchen. Sympathisch in dieser hysterisch selbstoptimierten Welt. Eine ist älter, bestimmt sechzig, die anderen zwei könnten ihre Töchter sein – eine Ende dreißig, die andere Ende zwanzig. Sie lächeln und grüßen freundlich auf Deutsch! Ich auch. Die Überzahl beunruhigt mich. Ich fühle mich nicht bereit für Smalltalk und begegne der mir ureigenen Schüchternheit, die so tagesabhängig unberechenbar ist wie die Darmreaktion eines unwissend Laktoseintoleranten. Dafür verleiht Hemmung Flügel, und strammen Schrittes stratze ich an den genüsslich dampfenden Pilgerdamen vorbei, als mir eine hinterherruft:

»Gehst du auch den Franziskusweg?«

Ich drehe mich überrascht um. »Ja, wieso?«

»Dann musst du hier langgehen!« Sie zeigt auf einen schmalen, offenkundig leicht zu übersehenden Einstieg zum Trampelpfad gegenüber ihrer Raucherlounge.

»Oh, danke!«, rufe ich und taumele widerwillig ins Gespräch. Dabei sind die drei supernett. Sie haben sich vorgenommen, den Anweisungen ihres Pilgerführers nicht dogmatisch zu folgen, sondern sich einfach an den rot-weißen Markierungen zu orientieren. Immer wieder zeigen nämlich rot-weiße Schilder die Distanzen mit den ungefähren Wanderzeiten an. Und da hier viele Wege mit unterschiedlichen Nummern entlangführen, gibt es auch viele Zeichen und Markierungen. Mir erscheint das zu verwirrend – ich halte mich lieber an mein Buch im Doublecheck mit dem GPS.

Nun habe ich allerdings ein meinungsstrittiges Problem: Meine Blondinen beteuern, ihr Trampelpfad sei richtig, und meine Ochsenkühns erwähnen ausdrücklich, dass sich ihr Profil streckenweise eben nicht an die rot-weißen Markierungen hält.

Soll ich nun der Freundlichkeit der Troika folgen und sympathische Begleitung riskieren oder mich spießig an den Pilgerführer halten?

Die Angst, einen Fehler zu begehen, macht mich gerade definitiv manipulierbar. Hier im freien Gelände, auf fremdem Geläuf, fehlt mir komplett das Selbstvertrauen. Ich folge den Menschen, nicht dem Buch, meinem Gefühl und dem Schild.

Und außerdem: Wenn ich mich verirre, sind wir immerhin zu viert – vorausgesetzt die Girls folgen mir nach ihrer Zigarettenpause.

Wir verbleiben mit »Wir sehen uns in Consuma« – die drei wollen nämlich noch eine rauchen. Alles klar. Das verschafft mir einen Vorsprung von mindestens zehn Minuten.

Der schmale Pfad führt weiter ausschließlich bergauf, und es wird immer brutaler. Ich schwitze und schwitze. Was schon nass ist, kann nicht nasser werden. Es erinnert mich an Joggen im Platzregen. Innerhalb von Sekunden ist man durchnässt, jeglicher Widerstand aufgegeben und alle Hoffnung, noch einen Zipfel Trockenheit zu erhalten, verflogen. Und mit einem Mal ist man völlig frei – weil nichts mehr vertuscht werden kann, weil man sich sich selbst ausgeliefert hat und wie im Rausch mit einem Grinsen im Gesicht rennt und rennt und rennt. Flow? Flow!

Etwas hält mich allerdings von der Komplett-Auflösung ab – der Rucksack! Mit dem Wasser und den Einkäufen ist das Ding teuflisch schwer. Die Kilos drücken mies auf Rücken und Schultern. Ist das bei allen so oder nur bei mir? Muss ich mich daran gewöhnen oder was an dem Sack verändern? Vielleicht ist er einfach zu schwer. Habe ich zu viel eingepackt!?

Den Schildern folgen oder doch querfeldein?

Dann mein zweiter großer »Indiana Jones«-Auftritt nach der Sache mit dem Baum. Jetzt ist nämlich mein Weg weg. Eine Gerölllawine scheint ihn in den Abgrund gerissen zu haben. Doch da die Schneise ständig den roten Ochsenkühn'schen GPS-Faden kreuzt, muss ich entweder durch die tiefe Furche klettern oder drüberspringen. Es ist völlig bizarr. Da will man einfach nur einen Wanderweg entlangflanieren – und dann das. Nach mehreren hundert Metern ist der Spuk aber zum Glück vorbei, und ich kann die letzten Meter bergaufwärts normal wandern.

Nachdem ich den »Gipfel« und das dazugehörige Stein-männchen erreicht habe, steuere ich den wahllos aufeinander-gestapelten Steinen unterschiedlicher Größe auch noch einen bei – und raste.

Tatsächlich ertappe ich mich heute immer wieder in Gedan-ken bei meiner Frau und meinen Kindern in Hamburg. Mein Gewissen pikst. Und das macht mir das Leben schwer; lässt mich nicht so offen und frei im Kopf sein, wie ich es mir ge-wünscht hätte. Drei Kinder, eine Schubkarre an Arbeit – wie packt Kristy das alles!? Frauen sind für mich schon immer das stärkere Geschlecht gewesen – sie ist das beste Beispiel.

Ich beiße beherzt ins Brot und schneide mir mit meinem Ta-schenmesser ein Stück Käse ab. Bescheuerte Gedanken. Auch etwas scheinheilig von mir, hier in Selbstmitleid zu schwelgen, weil sie mir keinen Freifahrtschein ausgestellt, kein beruhigen-des Gefühl von »Läuft zu Hause« vermittelt hat. Warum sollte Kristy das auch tun?! Und würden nicht trotzdem Zweifel auf-treten!?

Ach, führt doch alles zu nichts. Ich sollte loslassen! Ich bin jetzt hier, nicht da. Nur zwei Wochen weg. Alles ist gut, so wie es ist.

Nein, besser: Ich arbeite dran, dass es so gut ist, wie es ist.

Das nasse Hemd lässt mich bei dem leicht auffrischenden Wind hier oben etwas frösteln, aber das ignoriere ich geflissentlich – mein Geist: *Is halt outdoor, Kollege!*

Der Stein, der mir ein Stuhl sein soll, will sich meinem Hin-tern nicht anpassen und bleibt unbequem – mein Geist: *Ich wollte ja auch außerhalb meiner Komfortzone!*

Ich stopfe und schlinge derart gehetzt, dass ich auch direkt im Gehen essen könnte, was ich final sogar tue – mein Geist: *Selbst schuld, wenn dir deine Affen im Kopf das Picknick verhageln.*

Aber die werde ich mit aller Macht verscheuchen. Ich schaff das. Wir schaffen das – Franz und ich!

Idealer Moment, ein Lebenszeichen zu versenden. Outdoor-Selfies. Ich beim Brot-und-Käse-Essen, ich mit lustiger Grimasse vor Steinmännchen, ich freudestrahlend mit Rucksack im Gehen, allerdings unscharf.

Outdoor-Selfie mit Käsestulle

Anschließend drehe ich ein kurzes Video, in dem ich den Kindern mit einem 360-Grad-Schuss zeige, wo ich bin und wie leise es ist. Ich teaser mögliche Wildschweine an, die ich zwar nicht gesehen habe, hier ob der Spuren im Dreck jedoch vermute, und sende den ganzen Kladderadatsch per WhatsApp an Kristy. Sofort blaue Häkchen, aber keine Reaktion.

Haben ja auch Besseres zu tun. Wann sie wohl antwortet? »Loslassen!«, ruft's in mir. Ach ja, stimmt!

Ich stecke das Handy weg und eile weiter. Ich weiß nicht

wieso, aber eine Pause macht mich einfach nervös. Also Abmarsch!

Nach einer Stunde relativ mühelosem Wandern ist es dann schon so weit: Ich erreiche mein erstes Etappenziel Consuma! Reduzierte Jubelselfies am Ortsschild – ohne Fanfaren, ohne Champagnerdusche, und nicht mal eine Kirche hat es ins Bild geschafft. Also von Franziskus bislang weit und breit keine Spur.

Insgesamt habe ich viereinhalb Stunden gebraucht, im Pilgerführer waren sechs Stunden vorgesehen.

Ich kenne die Wander- und Pilgerszene nicht gut genug, weiß auch, dass ich sie nicht verallgemeinern darf, unterstelle ihr aber trotzdem, und zwar ausschließlich im Guten, den Hang zum ausgiebigen Verweilen, zum Müßiggang, zum Picknicken und zum Mittagsschlaf. Dafür sind solche Touren doch da. Vielleicht schaffe ich es in den kommenden Etappen, auch etwas runterzufahren, achtsamer zu wandern und hier und da gemütliche Päuschen einzulegen und zu chillen. Offen für Neues! Offen für Entspannung! Welcome, Pilger-Busi!

Statt Kurs auf das Hotel zu nehmen, strande ich in Consuma direkt in der ersten Cafébar und ordere mir einen Café Americano und ein süßes Vanillehörnchen. Jetzt, nachdem das Ziel erreicht ist, fällt tatsächlich nicht nur wortwörtlich in Form des Rucksacks mein Ballast ab, sondern auch der Druck, heute noch etwas erreichen zu müssen. Ich genieße meine Kuchenwahl und zahle für beides zusammen 2,40 Euro. Preise wie verrechnet.

Das Hotel Miramonti ist noch einmal eine leichte Steigung entfernt. Der ältere Herr hinter dem Rezeptionstresen begrüßt mich auf Italienisch, spricht aber auch gut verständlich Deutsch. Er reicht mir den Schlüssel, weist mich auf das Abendessen um 19 Uhr hin und schickt mich in den ersten Stock. Ich habe ein Doppelzimmer mit Fernseher und Zugang auf eine riesige Terrasse. Ein paar Sonnenstrahlen schaffen es dort noch hin, aber der Himmel zieht sich zu.

Ich schlüpfe aus meinen Klamotten heraus und gehe erst mal duschen. Hast du schon mal versucht, mit nassen Händen diese kleinen Duschgel-Tütchen zu öffnen? Genau. 500 Liter später kann ich mich dann endlich mit dem Zeugs einreiben und kehre als sauberer Mensch in die Zivilisation zurück.

Ich nominiere meine andere Outdoor-Hose als Freizeitgarderobe und wähle dazu mein einziges Baumwoll-T-Shirt und mein Baumwollhemd.

Dann wasche ich bis auf die Softshellhose meine Arbeitsbekleidung des Tages mit Handwaschmittel aus und hänge Shirt und Hemd auf die Terrasse. Die Unterhose ist noch mal einsatzbereit. Aber auch die habe ich gewechselt.

Mein erster Wandertag liegt hinter mir. Bevor ich essen gehe, notiere ich meine »Learnings«:

Pilger-Lektionen

Erste Erkenntnisse

- **Vertrauen: Mut zur Lücke (Alle Wege führen nach Rom – und vorher kommt Assisi.)**
  Ich bin dem Hinweis der drei Pilgerinnen gefolgt, obwohl mich mein Buch woanders haben wollte, und es war alles gut und richtig und einfach sympathisch. Und hätte ich mich mit ihnen am Ende gemeinsam verlaufen, wäre es kein Beinbruch gewesen – wir laufen ja nicht durch die Wüste. Außerdem gibt es da auch noch die GPS-App. Mit ihr zu arbeiten war eine Spitzenidee und gibt zusätzliche Sicherheit. Gerade, wenn es

vom markierten Weg wegführt oder die Situation einen zum Ausweichen zwingt, kann man sich darüber immer orientieren und zurück auf Kurs bringen! Daumen hoch!

- **Geduld: Die nächste Gabelung kommt bestimmt!**
Bestes Beispiel: das lang erwartete Kuhschild, das nicht kam. Wegbeschreibungen können schlecht minutengenau vorgeben, wann ein Schild am Straßenrand steht. Und ist man eher der ungeduldige Typ, der in Autosekunden und nicht in Wanderminuten denkt, dann dauert es eine Ewigkeit. Und dauert es eine Ewigkeit, wird man verdammt schnell unsicher und befürchtet, sich verlaufen zu haben. Und befürchtet man, sich verlaufen zu haben, dann wird's unentspannt und stressig. Womit wir zum dritten Learning kommen:

- **Im Hier-und-jetzt-Sein ist eine Frage des Respekts!**
Mit schlechtem Gewissen durch die Gegend zu rennen bringt weder dem Team zu Hause noch mir irgendetwas. Ganz im Gegenteil: Ich bin abgelenkt, nicht voll und ganz im Moment und latent nervös und verstimmt, weil ich mir den Aufenthalt hier nicht erlaube. Das macht den Weg schwieriger, denn ich lasse mich in dem Moment nicht auf ihn ein. Zugleich ist es der Familie gegenüber respektlos, die ohne mich auskommen muss und natürlich erwartet, dass ich die Zeit in Italien nutze, um wieder fit zurückzukehren.
Also: Loslassen, im Hier-und-Jetzt sein und eintauchen – ich arbeite dran!

Vorm Abendessen treffe ich meine drei Pilgerinnen, die sich von Kopf bis Fuß derart toll aufgehübscht haben, dass ich sie niemals zur Spezies der Wanderer und Pilgerer zählen würde: Make-up, Sneakers, Jeans – in allem normale und attraktive Menschen! Wenn ich mir die anderen Outdoor-Lümmel, mich eingeschlossen, so betrachte, können wir nicht nur im Style von ihnen lernen, sondern auch im Packen unserer Rucksäcke. Denn irgendwie müssen sie diese Sachen ja mitgeschleppt haben. Die modisch Abtrünnigen sind prima aufgelegt – ein kurzes Hallo, sie hätten noch etwas gebraucht, kam ja noch ein Regen dazwischen, und dann seien sie gemütlich weitergelaufen – Guten Appetit!

Der Speisesaal ist zu einem Drittel gefüllt. Neben den drei Blondinen tauchen noch zwei ältere Damen – der Kleidung nach vermutlich auch Pilgerinnen – sowie eine etwa fünfzehnköpfige Wandergruppe auf. Ich entscheide mich für einen Tisch am Fenster mit Blickrichtung nach draußen, um beim Essen keinen Blickkontakt aufnehmen zu müssen. Ich sitze hier ja nicht freiwillig wie auf dem Präsentierteller. Außerdem habe ich mich mit meinem Handy, Notizbuch, Kindle und Pilgerführer bewaffnet – man weiß ja nie, welche Zeitfenster zu überbrücken sind. Doch ich muss mich zwischen Pasta, Salat und Brot mit Olivenöl mit nichts anderem beschäftigen – der Saal unterhält mich, weil einfach ALLE Deutsch sprechen!

Ist der Franziskusweg vielleicht eher so ein deutsches Ding, und wenn ja, warum?

Auch lässt sich für den Hobbystatistiker festhalten, dass die Frauen hier den Laden im Griff haben. Selbst die Wandergruppe, unüberhörbar aus dem Ruhrpott, besteht zu 80 Prozent aus Frauen. Ist der Franziskusweg also ein deutsches *und* weibliches Thema!?

Zumindest ist es so für den Moment, heute Abend, in der Toskana, in Passo della Consuma.

19,3 Kilometer, 30 000 Schritte

Etappe 2: Consuma – Stia

An diesem Morgen beträgt die Temperatur in Hamburg um sieben Uhr bereits 16 Grad.

In Consuma: sechs Grad. In Hamburg Kaiser-, in Consuma Waschküchenwetter. Und trotz Wäsche stinkt mein Hemd von gestern. Kein Wunder. Gegen meinen Schweiß kann Rei auch gleich dort bleiben, wo es drinsteckt: in der Tube. Der deprimierende Blick auf eine Wand aus Nebel und Wolken im Konzert mit dem meditativen Plätschern des Regens bremst meine Pilgereuphorie entschieden aus. Als Übersprungshandlung eröffne ich ein Gespräch mit Herrn Ladini, dem Besitzer des Hotels, während ich mutterseelenallein in seinem Hotelfoyer mein Frühstück einnehme. Der Americano ist exzellent, es gibt genügend Brot und Marmelade, etwas Joghurt und Saft. Zwischendurch stellt er mir ein kleines Lunchpaket zusammen. Herr Ladini schwärmt vom überall blühenden *Ginestra* – übersetzt: Ginster –, der so wunderbar süßlich rieche und immer für einen bunten Klecks im Bild sorge.

Von der Flora hangeln wir uns logischerweise über fehlende Bankautomaten in der Region Toskana – der nächste sei erst in Florenz – bis zum akuten Wetter.

Der grau melierte, feine Herr rät mir, heute nicht den vorgegebenen Weg über die Berge zu nehmen, da es zu gefährlich sei, bei diesem Wetter. Hätte schon viele Wanderer gegeben, die bei solch trüber Suppe vom Berg gerettet werden mussten. Die

Beschaffenheit der Wege im Zusammenspiel mit dem Nebel sei lebensgefährlich. Ich solle lieber an der Straße entlanggehen – was für mich nicht minder risikoarm klingt –, sie führe nach einer Weile wieder mit dem Franziskusweg zusammen. Da viele andere Pilger im Hotel ja auch Deutsch sprächen, solle ich es ihnen bei Gelegenheit bitte weiterkommunizieren. Ich nicke.

Überheblich, wie ich im ersten Moment noch bin, denke ich, lass ihn mal quatschen. Als ich die Strecke jedoch mit meinem GPS abgleiche und es draußen immer stärker regnet, finde ich sie richtig dufte.

Die beiden älteren Pilgerinnen, die mir gestern Abend im Speisesaal zum ersten Mal auffielen, grüßen zum Frühstück und wählen den Tisch neben meinem. Umgehend gebe ich wie befohlen die wichtige Botschaft ob des unbegehbaren Bergpfades weiter. Sie zeigen sich überrascht und direkt einsichtig. Wir kommen darüber hinaus ins Plaudern, und ich lerne, dass man sich unter Pilgerinnen und Pilgern duzt, also: »Gudrun und Dorothea«, »Du«. Die beiden Rentnerinnen kommen aus Österreich, laufen ebenfalls bis Assisi und sind mit dem Roodenburg als Pilgerführer unterwegs. Das Wetter kratze sie nicht, ganz im Gegenteil: Das sei angenehmer, als jetzt schwitzend unterwegs zu sein und deshalb noch früher aufstehen zu müssen. Auch eine Sichtweise.

Langsam bin ich dank des Warm-ups mit Herrn Ladini lockergequatscht und fühle mich sichtlich wohl. Was ein paar soziale Kontaktkrümel doch ausmachen können. Mit dem letzten Schluck von meinem dritten Kaffee verabschiede ich mich schließlich mit den markigen Worten: »Wir sehen uns auf dem Weg!«

Im Zimmer packe ich meinen Rucksack, verhülle ihn mit dem Regenschutz und halte an der Rezeption, um mir einen

Stempel in meinen Pilgerpass setzen zu lassen. Nummer 1 sitzt. In Florenz habe ich ihn nämlich direkt vergessen, ich Superpilger, ich!

Es regnet jetzt in Strömen. Lange Bindfäden seilen sich vom Himmel ab, der mit der Helligkeit des Tages verschwimmt, so marshmallow-fluffig, zuckerwattig und grau liegt eine Glocke über dem Miramonti. Ein lebendiges Aquarell. Hier kann jetzt wohl nur noch Regenkleidung in der Preiskategorie um 300 Euro helfen, denke ich und lächle souverän in mich hinein, während ich die Rolex unter den Regenjacken auseinanderfalte.

Ich krame dazu meine überraschend *massive* Regenhose aus, die ich mir einst in einem Hamburger Segelsportgeschäft am Hafen gekauft habe und die auch so viel wiegt wie eine Segelhose, die ich mir einst in einem Hamburger Segelsportgeschäft am Hafen gekauft habe. Dagegen ist die Regenjacke von Globetrotter-Thies nicht mal einen Cent schwer. Na gut, zwei Cent vielleicht.

Mit der schwarzen Hose, der schwarzen Jacke und dem goldbraun verpackten Rucksack auf dem Rücken fühle ich mich wie eine Superheldenfigur! Der Black Flamingo mit Unverwundbar-Schutzschild. Marvel-Heros aufgepasst – *Resistant Man is back*. Diese Hülle meint es ernst: Wasser, Projektile, Gefühle – hier prallen sie ab!

So, und mit Blick in den Himmel, auf die Uhr und die heute *abzulaufenden* Kilometer ist jetzt weder Zeit für einen Florida-Rolf-Frühschoppen noch Arno-Dübel-Hangaround – der Junge muss zurück in die Spur!

Das plätschernde Wasser am Straßenablauf vor dem Hotel weckt sofort kindliche Freude in mir. Und schon wieder ein Comeback: Wann bin ich das letzte Mal in kompletter Regenmontur durch die Wildnis gelatscht?! Bin ich das überhaupt mal?

In meiner Kindheit vielleicht. In Friesennerz und Gummistiefeln.

Im Alltag erwischen mich Regengüsse wie jeden anderen auch: immer zur Unzeit! Beim Joggen. Wenn ich gerade aufs Fahrrad steige und acht Kilometer zur Arbeit radeln will. Oder bei Open-Air-Fernsehproduktionen – immer ein schlechter Moment, mal eben reinzugehen, um sich kurz umzuziehen, während die Moderatorin oder der Moderator live im ON seine Texte braucht…

Aber so ein anständiger, hochqualitativer Platzregen macht was mit einem: Alles ist binnen weniger Minuten komplett durchnässt und klebt am Körper. Wasser schwappt aus den Schuhen, und Frisur war mal! Man sieht halt aus, als hätte man sich in voller Montur unter die Dusche gestellt. Schonungsloser lässt sich im flüchtigen Alltag der persönliche Ist-Stand doch nicht darstellen. Während intelligente Klos unsere Urinwerte messen, zeigt uns ein gewöhnlicher Regenschauer, wie beschissen wir wirklich aussehen!

Zugleich sorgt zu viel Wasser von oben für einen einzigartigen, regelrecht befreienden Augenblick: Denn die Kontrolle, dank derer wir uns in jeder Lebenslage sicher zu bewegen wissen, an der wir uns festhalten wie an einem Geländer, ist förmlich wie weggespült! Man wird zum Loslassen gezwungen. So lange, bis man sich irgendwo im Trockenen wieder aufwärmen und umziehen kann. Gut, klingt ein bisschen dick aufgetragen. Aber für heute fühlt es sich so an. Ich pilgere ja auch. Da schaut man anders auf die Dinge.

Also: Wie gut, dass es regnet!

Ich glaube, Franz v. A., mein Held, hat dem Kachelmann einen Post-it auf den Kühlschrank geklebt: »Toskana einregnen lassen – Pilger braucht Demut.« Und mit der nötigen wandere ich auch los.

Nach nur einem Kilometer Fußmarsch an der Landstraße, die sich am Berg entlangschlängelt, erspähe ich Gudrun und Dorothea vom Nachbartisch beim Frühstück. Ich weiß nicht so recht, ob ich mich darüber freue oder es ziemlich beknackt finde, schon so früh mit meinen Pilgerschwestern zusammenzutreffen. Das Gefühl spannt mich an.

Sie tragen große weite Ponchos, die so riesig sind, dass sie sogar ihren Rucksack mit abdecken, und wandern entgegen der Fahrtrichtung. Begegnet ihnen ein Auto, hebt immer die, die außen läuft, ihren Wanderstock erst signalisierend in die Luft und anschließend leicht in die Straße und markiert damit einen Sicherheitsabstand. Ich beobachte ein paar Mal, wie die Einheimischen die lebenden Pilgerinnenhindernisse mit einem eleganten Bogen umfahren oder voll in die Eisen steigen, weil sie sonst frontal in den Gegenverkehr donnern.

Ziemlich gewagte Choreografie der beiden, um im trüben Nasskalt Italiens zu spazieren.

Ach komm, Busi, Widerstand ist zwecklos! Mein Ego wähnt sich scheinbar noch gemütlich bei Ei, Kaffee und O-Saft im Bademantel gehüllt am Frühstückstisch und verbietet sich das Aufsaugen neuer zwischenmenschlicher Eindrücke. Wird plump ignoriert. Ich mache doch Fortschritte! Nach dem ersten zärtlichen Aufeinandertreffen gestern mit den drei Damen an der Weggabelung und dem Smalltalk am Morgen kann ich jetzt auf sozialem und interaktivem Terrain weiteren Boden gutmachen.

Fix hole ich die zwei bereits vor der nächsten Kurve ein.

Mit einem kecken »Da sind wir ja wieder« schließe ich mich ihnen an. Wie das Wetter und wie der Weg an dieser Stelle auch irgendwie alternativlos. Sie freuen sich über meine Gesellschaft, und zu dritt sind wir noch sichtbarer! Das macht's für uns alle sicherer.

Wir laufen noch eine ganze Weile an der Straße, bis der Regen allmählich nachlässt und wir in einen kleinen, unbefahrenen Weg abbiegen, der uns auf die eigentliche Route zurückführt – und in den Wald.

Die beiden Frauen stammen aus Salzburg. Gudrun ist die jüngere und wirkt auch jung geblieben. Mit ihren hellen Strähnen im schulterlangen dunkelblonden Haar würde ich sie maximal auf Mitte fünfzig schätzen. Aber sie ist nicht frühpensioniert. Der österreichischen Pensionierungsberechtigung nach muss sie also sechzig sein. Toll, wie frisch sie ist. Was mag wohl ihr Geheimnis sein? Gute Gene, gesunde Ernährung, ausreichend viel Schlaf, ein munteres Sexleben und ein Töpfchen Nivea-Q10-Creme? Oder einfach nur Wandern in Österreich und nicht mehr arbeiten? Sie ist Sozialpädagogin, hat mit schwierigen Kindern und Jugendlichen gearbeitet. Selber hat sie keine Kinder. Vielleicht ist das der Grund, warum sie so jung aussieht! Die Kinderlosen sehen jünger aus. Ist so!

Dorothea ist lang und dünn und trägt kurze graue Haare. Sie wirkt äußerlich älter als ihre Freundin, dafür kommt sie geduldiger und viel entspannter rüber. Sie hat etwas Verwundetes, Verletztes in ihrem Blick. Viele Jahre hat sie als Sekretärin gearbeitet und parallel und zwischendurch immer wieder als Kostümbildnerin für Film und Theater.

»Die Dorothea ist die Kreative von uns beiden«, behauptet Gudrun und lächelt ihre Freundin an. Und Dorothea? »Ach was!« Sie winkt ab. Zeigt Bescheidenheit in ihrer Haltung und ihren Worten.

Wir nähern uns über Berufe und Herkunft an, schwärmen von Hamburg, und ich berichte von der architektonisch einzigartigen Elbphilharmonie, die sie beide unbedingt sehen wollen.

Interessanterweise finden Gudrun, Dorothea und ich schnell einen Wander-Modus-Operandi miteinander: mal plaudern, dann schweigen, dann wieder plaudern.

Ich habe bei den beiden zu meiner eigenen Überraschung überhaupt nicht das Gefühl, eine Unterhaltung initiieren zu müssen. Verspüre null Druck, Themen liefern oder Anstöße geben »zu müssen«, wie ich es sonst tue, wenn ich mit Fremden zusammen bin. Das liegt bestimmt an dem Umstand, sich mitten in der italienischen Provinz getroffen zu haben, aber auch daran, dass die zwei nicht notorisch mitteilsam sind und nicht signalisieren, unterhalten werden zu wollen.

Gemeinsam und in so einer entspannten und völlig unaufgeregten Atmosphäre vergeht der Vormittag mit Spaß und Tempo, während unsere Gespräche bunte Sprenkel in die matte, blasse Natur setzen.

Immer wieder regnet es, setzt aus, regnet. Der Boden ist matschig, meine Schuhe bleiben von Zeit zu Zeit im Schlamm stecken, der sich bei mir in der verhältnismäßig stark abgelaufenen Riffelung der Profilsohle sammelt und dadurch die Schuhe von Schritt zu Schritt schwerer werden lässt. So lange, bis die Schlammbrocken in ganzen Stücken abfallen und das Laufen wieder leichterfällt.

Bei Steigungen kämpfen wir mit nassem Geröll und Felsen, auch wenn es wieder runter ins Tal geht. Da wird es sogar noch glitschiger und damit für uns alle eine zittrige Angelegenheit.

Wasser dominiert den Tag. Von oben sowieso, und schon nach wenigen Kilometern bin ich auch unter meiner Regenkleidung durchgefeuchtet. Entweder habe ich zu viel an, oder das Regenzeug ist nicht so richtig atmungsaktiv – oder beides. Die Segelhose ist es definitiv nicht. Unter der Regenjacke trage ich ein T-Shirt und ein Outdoor-Hemd – beides komplett nass – wie auch meine Hemdärmel unter der Jacke. Ich tippe auf Materialversagen – vielleicht entdecke ich aber auch meinen Körper neu und unterschätzte bislang meine Schweißdrüsen unter der Oberarmbehaarung. Mit Mitte vierzig seinen Körper nicht zu kennen – das hat schon viel Schönes als möglichen Ausgangspunkt für eine neue Midlife-Crisis-Serie bei Netflix. Ich denk mal drüber nach. Franz, jetzt bringste mich auch noch auf Ideen! Und eine Erinnerungsfunktion sendest du direkt mit: Die Regenjacke hat an der Seite und unter den Armen Reißverschlüsse – ich Idiot! Voll verpennt! Ich öffne die Luken, und mit einem Mal zieht die Hitze in meiner Klamottensauna ab, und kühle Luft strömt rein. Doch ziemlich schlaue Erfindung diese Atmungsschlitze. Ich habe sie tatsächlich bis heute für Hokuspokus gehalten.

Das Ausdünsten gefällt, es bleibt trotzdem ein nasser, klammer Marsch, und nun wird er auch noch unüberbrückbar: Ein Bach taucht vor uns auf. Kein Graben zum Rüberspringen und auch kein Fluss, der zum sofortigen Umkehren zwingt – nein, ein vielleicht drei Meter breiter, stark plätschernder Gebirgsbach, der all den Regen ins Tal spült und sich bei gutem Wetter bestimmt auf ein zartes Rinnsal zusammenzieht. Jetzt macht er aber auf dicke Hose!

»Da müssen wir rüber – hilft nichts«, sagt Dorothea, schlüpft aus den Schuhen, entledigt sich ihrer Socken, krempelt die Hosenbeine großzügig auf und geht bedächtig konzentriert durchs klare Wasser, dabei geschickt mit ihrem Nordic-Walking-Stick nach Halt stochernd. Das geht fix. Und auch die flotte Gudrun ist schnell auf der anderen Seite. Dorothea wirft mir ungefragt einen ihrer Stöcke rüber – was beim Queren Sicherheit gibt. Herrlich kalt das Wasser und so klar, verlockend daraus zu trinken. Aber die Kanister sind ja noch voll.

Meine Füße jubeln, mein gesamter Körper kühlt ab. Für jemanden wie mich, der seinen Alltag strikt am Schreibtisch und in Büroräumen verbringt, ist das hier gerade regelrecht verwegen. Eine Aneinanderreihung vieler Irrtümer, die sich in einem Bild brechen: Italien, dicke Kleidung, kaltes Wetter, kaltes Wasser, nackte Füße!

Nicht nur für Fußfetischisten wie Quentin Tarantino ein Leckerbissen, auch für mich ein abenteuerlicher Augenblick, stecken doch meine langen, platten Quanten rund um die Uhr und von Montag bis Sonntag immer in Socken und Schuhen. Sie tragen mich, sie schwitzen, frösteln, glitschen, stocken, jucken, schmerzen, krampfen, tasten – alles da unten im Schuh.

Doch wie Bohrinselarbeiter bekommen auch sie manchmal frei. Und zwar, wenn wir mit den Kindern in einen Barfußpark in die Lüneburger Heide fahren. Dort sind sie nackt und frei, und es geht durch Wasser, und sie trampeln über alle möglichen Beläge, wie Kiesel, Korken, Glas, Holz, Matsch, Stein… das hier erinnert mich gerade daran. Nur, dass ich hier nicht nur aus Spaß am Fußfühlen entlangwandere, sondern diese vermeintliche Barriere real ist, nicht künstlich angelegt, und ich sie meistern muss, um mein Ziel zu verfolgen, das Etappenziel, aber auch das unterschwellig mitreisende Ziel, mich zu entspannen. Aber wieso »müssen«? Da ist es schon wieder. Immer so gezwungen.

Ich *muss* hier rüber. Ich *muss* nach Stia. Ich *muss* mich entspannen!

Pilgerspacko, ich!

»Du kannst dir auch mit meinem Reisehandtuch die Füße abtrocknen«, ruft mir Dorothea entgegen, als ich das Ufer erreiche.

»Wow, sogar ein Handtuch hast du dabei!?«, bin ich überrascht und krame im Kopf nach der Packliste. Stand da ein Handtuch drauf? Ich kann mich nicht erinnern. Dorothea: »Das ist aus Mikrofaser – und superleicht. Ich brauche es nie, aber für solche Fälle ist es sehr praktisch!« Ich stehe im Matsch, in der einen Hand meine Wanderstiefel, die andere hält den Rucksack, damit er auf dem ansteigenden Gelände nicht umkippt und ins Wasser rollt. Es tröpfelt wieder leicht. Die Füße sind eiskalt. Alles an und um uns ist nass – aber Dorothea sorgt für ein kleines Stück Trockenheit!

Nach dem Bachlauf geht es wieder bergauf, durch kleine Dörfer, vorbei an Bauernhöfen, und schließlich rasten wir an einem verlassenen Haus – mit kleiner Veranda, die zum Unterstellen einlädt. Dorothea und Gudrun überraschen mit einem Gadget, das ich hier unter Einberechnung aller möglichen Packlisten nicht erwartet hätte! Die zwei MacGyvers unter den Pilgerinnen zaubern kleine Plastikfrischhalteboxen aus ihren Rucksäcken, in denen sie schön sauber und akkurat sortiert Käse, Wurst und Tomaten aufbewahren. Das ist nahezu genial, ich meine: unter diesen Umständen!? Mein Käse und meine Salami haben sich bereits vom Fettpapier befreit und fliegen ungeschützt im Kosmos des Rucksackdeckels herum, an sich klebend all den Dreck und Staub, der dort seit nunmehr 48 Stunden Eingang gefunden hat.

Österreich zeigt sich wenig hungrig, aber sehr großzügig, und bietet mir von all seinen Speisen etwas an – ich lehne dankend ab, traue mich aber nicht, es ihnen gleichzutun. – Die holen sich doch direkt Ehec oder die Cholera, wenn sie was von mir probieren, mindestens aber einen Gesichtsherpes.

Die Dauer unserer Rast bestimmt das schlechte Wetter. Als der Regen nachlässt, verpacken wir unser Futter, nehmen noch einen Schluck Wasser und ziehen weiter. Die Sonne taucht hinter den dicken grauen Wolken auf und auch, wenn sie es nicht durch schafft – ihr guter Wille zählt. Denn es wird heller und damit schlagartig wärmer.

Je länger wir laufen, desto offensichtlicher entpuppen sich Gudrun und Dorothea als wahre Botanikexpertinnen. Sie entdecken wilden Thymian, den sie mir zum Probieren anbieten, präsentieren Lucillen und eine Iris, zeigen Kamille, Pfefferminze – und irgendwelche Veilchen. Vom Ginster und dessen Duft sind die beiden im Gegensatz zum euphorischen Ginster-Fanboy Herr Ladini übrigens enttäuscht. Der würde in ihrer Heimat besser riechen. Für mich klarer Beweis, auf welch hohem Level die zwei spielen, weiß ich ja nicht einmal, dass es sich bei Ginster um dieses gelbe Gestrüpp handelt, das ich die ganze Zeit schon fotografiert habe. Und vielleicht sollte man dem lieben Herrn Ladini mal eine Ginsterduftprobe von den Ösis schicken – ich denke drüber nach.

Mit meinen zwei grünen Däumchen an der Seite schenke auch ich nun der toskanischen Pflanzenpracht vermehrt Aufmerksamkeit. Und selbst als Zwischenahner Junge, der auf dem platten niedersächsischen Land zwischen Feldern und Baumschulen aufgewachsen ist, muss ich dem Flora-Gott High five geben! Überall sprießt's und blüht's, lässt Wege zuwachsen, macht Dickichte dichter und Bäume noch üppiger.

Bunte Blumen, wo wir hinschauen, wie farbige Tupfer in der Welt, die wir durchwandern, die so scheint, als würde sie uns anlächeln, einladen zum Wohlfühlen. Egal, wohin ich mich drehe, lande ich vor einem Postkartenmotiv! Eine malerische Landschaft, gespickt mit unendlich vielen Details, die ich kaum verarbeiten kann, und doch sehe ich mich nicht satt daran.

Ich vereine in mir Ein- und Ausatmen, wie es ein Psychologe mir mal erklärte, ohne Gewähr dafür, hier besonders individuell zu sein. Das Einatmen stehe für den Drang, alleine sein zu wollen, von den Menschen abgekehrt, ausschließlich seinen eigenen Bedürfnissen nachgehend.

Das Ausatmen für meinen Wunsch, mit ihnen zu sein, mich sicher und geborgen unter ihnen zu bewegen, in Beziehungen zu wachsen.

Letzteres bleibt im Alltag auf der Strecke. Auch, wenn sich meine Arbeit vielleicht im Team umsetzen lassen könnte, ich habe keins. Aus welchen Gründen auch immer. Und oft liebe ich es, allein die Dinge anzugehen und zu klären, so wie ich will. Doch mindestens genauso oft bereue ich es. Was mich abhält, sind Zwang zur Kontrolle und eine immanente Scheu – oder noch schlimmer: Angst – vor Menschen.

Spreche ich mit Freunden darüber, die mich auch in Gruppensituationen kennen, schütteln sie ungläubig den Kopf. Sie meinen, ich spinne. Aber es ist genau so. Wie zwei Antagonisten eingesperrt in einem Herzen, liebe ich das Zusammen, liebe ich das Allein.

Um nicht aufzufliegen oder erkannt zu werden? Aus Angst, keine Liebe zu bekommen? Mich vor Verletzungen zu schützen? Oder, weil es besser ist, es im Leben lieber erst einmal alleine zu versuchen, um später gute Argumente fürs Scheitern und fürs Siegen zu haben? Irgendwie Psychoschrott. Da plumpst aber auch gerade eine Menge raus. Ich beschließe, den Franziskusweg als lang ersehntes Endmülllager dafür zu nutzen.

Ein rauschender Bach kann in den Ohren derart kräftig dröhnen, dass man sie sich am liebsten zuhalten würde. Hätte ich nie gedacht. Ich meine, Wasserfälle sind üppig und laut, und man muss mitunter die mitgereisten Mitgucker anschreien, um sich darüber auszutauschen. Aber so ein Dreimeterbach?

Wir spazieren gemächlich. Im Rhythmus: Sprechen, Schweigen, Zuhören.

Gemeinsam betrachten wir, machen uns aufmerksam auf den schimpfenden Vogel und den ulkig gewachsenen Baum. Wir erleben die Natur mit allen Sinnen. Immer wieder halte ich wie Gudrun und Dorothea an, um mit meinen Fingern über krustige Baumrinden zu fahren oder saftige Pflanzenblätter zu ertasten, die von beeindruckend vielfältiger Beschaffenheit sind.

In Hamburg bewege ich mich geborgen innerhalb meiner Familie. Sind alle da, überfordert mich stellenweise die Aufforderung nach Aufmerksamkeit. Meine Arbeit findet zurückgezogen mit Laptop konzentriert im Schreibzimmer statt. Werde ich darin gestört, muss ich etwas tun, was mich am allermeisten anstrengt: Farbe bekennen, ob ich straight durchziehe, den Fokus bewahre, um den Job eben abzuschließen oder mich, »grenzenlos«, wie ich immer schon war, erweichen lasse, um die Playmobil-Burg vom Kleinen wiederaufzubauen. Irgendwo zwischen Gewissenskonflikt, Pflichterfüllung, tiefster Zuneigung und erhöhter Fluchtgefahr schwingt mein Leben.

Und hier wird mir schon am offiziellen Wandertag Nummer 2 unmissverständlich klar, wie wertvoll das Glück des Miteinander-Seins überhaupt ist. Denn die erst kurze geteilte Zeit mit Gudrun und Dorothea tut mir richtig gut. Sie macht mich darauf aufmerksam, wie selbstgefällig ich bin, wenn ich es für selbstverständlich nehme, dass zu Hause immer Menschen auf mich warten, die sich darüber freuen, wenn ich für sie da bin. Wie oft ich diese Zuneigung zwischen Arbeit und Termindruck nicht sehe, vielleicht manchmal auch nicht sehen kann und will. Um mich zu schützen, um den Job gut zu machen, aber auch, weil ich das Gefühl habe, es in dem Maß einfach nicht mehr erfüllen zu können. Mein Kopf, dieser verflucht volle Kopf, blockiert die Zufahrt zu den Herzen. Zu denen meiner Lieben wie zu meinem. Was ein hoher Preis, den wir zahlen. Sie, weil sie es dulden, ich, weil ich es nicht ändere und dafür immer wieder Argumente finde. Und ich weiß nicht einmal, ob sie stimmen.

Nun stakse ich Papa in Italien hinterher, um ihm nah zu sein, um ihn zu erkennen, in Bildern, die sich mir hoffentlich auf dieser Reise erschließen, und habe bei dem Gedanken daran, wie er sein Leben lebte, plötzlich die schreckliche Vermutung, dass ich nur mir selbst folgen, nur in mich selbst hineinschauen muss, um ihn zu treffen und ihn kennenzulernen. Der Weg ist nur die Kulisse, das Setting für unser Treffen.

Wir erspähen unser Tagesziel Stia vom Berghang aus – und nur wenige Minuten später überqueren Gudrun, Dorothea und ich auf einer örtlichen Brücke den Arno. Trotz der gemeinsam gewanderten Stunden heute und meiner vielen Gedanken, die mir währenddessen gekommen sind, verabschieden wir uns etwas unverbindlich voneinander – morgen auf dem Weg würden wir uns ja sowieso wiedersehen, sind wir uns einig. Auch will ich mich nicht für ein gemeinsames Abendessen aufdrängen, unsicher, ob ich es mir selbst überhaupt wünsche.

Es ist 15 Uhr. Der Tag hat vor dem Schlafen noch ein paar Stündchen parat. Also beziehe ich ein herrlich großes Zimmer

»Biolärm« vom Feinsten: der Staggio in Stia

in der Albergo Falterona – das nach der Psychoklinik und dem *Shining*-Hotel gestern eine wahre Wonne ist. Terrakottaboden, Holzdecke, schwere alte Möbel, frisch renoviertes Bad, Blick über Stia! Mega!

Ich schlüpfe aus den Wanderklamotten, dusche, wasche T-Shirt, Unterhose, Hemd – werfe mich in meinen Erdkundelehrer-Gala-Dress und wandele weder verträumt noch ambitioniert durch Stia, das im 20. Jahrhundert durch hochwertige Wollverarbeitung bekannt wurde. Davon zeugt auch das leider geschlossene Museum, wie auch die kleine Fabrik mit angeschlossenem Shop. Aber alles dicht. Offensichtlich ist Ruhetag.

Ich blicke auf den Staggio, dem kleinen Fluss, der sich hier mit dem Arno vereint. Das Wetter bekommt einfach nicht die Kurve. Es ist grau, tröpfelt wieder – kein Bock mehr auf Flanieren. Ich setze mich in ein Café und trinke Kamillentee! Um mich richtig aufzuwärmen. Und um die Erkenntnisse des Tages zu notieren, die sich vornehmlich um praktische Erweiterungen der Packliste drehen:

Pilger-Lektionen

Ausrüstung im Praxistest

- **Billigponcho schlägt Rolex-Regenzeug**

In meiner Kindheit und Jugend spielte ich Tennis im Verein. Nie werde ich die Typen vergessen, die wie Boris Becker mit einer dicken Tennisschlägertasche auf den Platz kamen, darin: vier Schläger derselben Marke, analog zum Hersteller ihres Outfits, und dann keinen Ball übers Netz bekamen!

Daran habe ich mich heute zurückerinnert, als ich mein Regenzeug im Wert eines zweiwöchigen Kanaren-Urlaubs aus dem Rucksack pulte, während meine zwei »Schneeblumen« kurzerhand ihren 9,99-Euro-Poncho überwarfen! Das schmerzt in finanzieller Hinsicht wie auch in praktischer. Denn von der Jacke fließt das Wasser direkt auf die Regenhose, die auf meinen Wanderschuhen aufliegt, dort dauerhaft direkt auf die Schuhzunge tröpfelt, die sich dem unaufhaltsamen Wasserfluss nicht mehr erwehren kann – und schließlich für nasse Füße sorgt.

Bei den »Schneeblumen« hingegen verhüllt der Poncho Körper, Kopf und Rucksack und lässt sie so gefährlich aussehen wie zwei buckelige Riesen. Außerdem sorgt die mächtige Rückenbeule dafür, dass der Überzug das Wasser nicht so eng am Körper abfließen lässt, sondern großzügig davor.

Ach, und den Rucksackschutz kann man sich dank Poncho eigentlich auch sparen! Wobei, wenn es nur mal ein bisschen tröpfelt...

- **Frischhaltebox**
  Ergänzend zur Packliste aller Franziskusweg-Wander-
  führer und der, die noch kommen mögen: Eine kleine
  Frischhaltebox für mehr Würde, Hygiene und Ordnung
  beim Transport von Speisen ist für mich das *Gadget Of
  The Year*. Außerdem verhindert sie unnötigen Müll.

- **Rucksack – eine Frage der Kraft oder der Einstellung?**
  Mein Rucksack, mein Rätsel! Er bleibt in den täglichen
  Top 3 meiner Gedankenwelt!

  – Platz 1: direkte Eindrücke Land und Leute
  – Platz 2: meine Familie, mein Leben und ich
  – Platz 3: Schmerz durch Rucksackriemen!

  Neidisch blicke ich auf meine Pilgerkolleginnen und
  -kollegen, die eins mit ihrem Tragegepäck sind, frei von
  jeglichen Beschwerden. Für sie ist der Transport ihres
  Hab und Guts nicht mal ein klitzekleines Thema.
  Was habe ich denn falsch gemacht? Ist er wirklich zu
  schwer, oder ist es die Einstellung? Vermutlich lässt
  sich dieser Bandsalat an Riemen und Trägern neu justieren, um das Tragen zu ertragen! Jetzt bräuchte ich so
  einen Thies von Globetrotter an meiner Seite, der mir
  das Teil auf den Punkt anpasst. Italien wird aber doch
  auch Outdoor-Läden haben? Ich bleibe am Ball.

- **Kleidung – eine Frage der Ehre**
  Am Zielort wieder in Funktionskleidung durch die Gegend zu streifen ist vielleicht praktisch, aber beküm-

mert mich jetzt schon. Dabei bin ich überhaupt kein Fashion-Eumel. Mich stört es jedoch, durch meinen Look direkt als Wanderer enttarnt werden zu können. Kein Italiener setzt sich mit Trekkinghose und Wanderstiefeln ins Eiscafé. Ich habe ohnehin das Gefühl, dass Outdoor-Kleidung in Italien entweder nicht angekommen oder durch alle Prüfungen des guten Stils gerasselt ist. Italien trägt kein Goretex! Italien leidet unter einer Fleece-Allergie und hüllt seine Menschen in edle Stoffe mit schicken Schnitten. Richtig so! Liebe Italiener, es tut mir jetzt schon leid, was ich euren gestrengen Modeaugen antun muss! Scusate! Mi dispiace! Beim nächsten Mal würde ich mir definitiv eine Jeans oder Chino gönnen und leichte Turnschuhe.

Sie will 5 Euro von mir für die zwei Kamillentees! Klar, welcher Honk wagt auch ein exotisches Kraut zu bestellen, das kein einigermaßen zurechnungsfähiger Barista freiwillig anrührt!? Hätte ich auch vorher draufkommen können!

Ich zahle und beschließe heute Abend Geld zu sparen und im Zimmer zu essen. Statt Roomservice besorge ich mir im Supermarkt etwas frisches Gemüse und Obst, Brot, Wurst, Käse und einen Joghurt.

Um 19 Uhr sitze ich an dem kleinen Schreibtisch in meinem Zimmer – esse, schweige, esse, blicke aus dem Fenster und denke nicht darüber nach, was war und was noch kommt. Ich bin nicht gehetzt. Ich bin ruhig. Ich bin einfach.

So kann es doch bleiben.

17 Kilometer, 27 286 Schritte

Etappe 3 & 4: Stia – Camaldoli – Badia Prataglia

Ich bin bekennender Freund des Morgens. Klare Gedanken und eine fröhliche Entschlossenheit sind dann so frisch wie warme Brötchen und kommen direkt aus dem Grübel-Backofen unterm Deckhaar! Und der war schließlich die ganze Nacht fleißig.

Es hilft nichts: Ich muss loslassen!

Die Formel im Kopf, mit der ich heute aufgewacht bin, ist so einfach wie raffiniert:

Weniger Funktionshosen + weniger Sonnenmilch = weniger Gepäck = weniger Gedanken = weniger Schmerz!

Erscheint das logisch? Mir schon!

Ich dusche und denke, ich bin verschwenderisch. Zweimal pro Aufenthalt. Einmal nach Ankunft, um Blut, Schweiß und Tränen abzuwaschen, und einmal nach dem Schlafen am Morgen, um erfrischt und gut riechend in den Tag zu gleiten. Im Spiegel sehe ich heftige, blutunterlaufene Striemen an meiner rechten Schulter, die den Charme einer amtlichen Opus-Dei-Kasteiung versprühen. Nein, so geht es wirklich nicht weiter!

Ich verabschiede mich kurzerhand von der bislang nur ein einziges Mal benutzten Sonnenmilch, indem ich sie im hohen Bogen vom Bett in den Papierkorb werfe, und werde die eine eher ausgelatschte Funktionshose zurücklassen. Jaja, ich weiß, es ist insgesamt kein großer Aderlass, aber siehe meine Formel: Alles hängt miteinander zusammen. Und obwohl es mich schmerzt, muss ich das tun. Jetzt wird's leichter. Auf dem Rücken definitiv.

Weniger jedoch auf den Rippen. Bei DEM Frühstück! Es

gibt nämlich neben vielen italienischen Kleinigkeiten allerlei Kuchen, dazu trinke ich wieder exzellenten Americano und bin plötzlich überrascht, alte »Bekannte« anzutreffen, die sich nach und nach im Frühstücksraum einfinden: die fünfzehnköpfige Wandergruppe aus dem Miramonti!

Einer scheint mich wiederzuerkennen und grüßt etwas verhalten, aber immerhin. Die anderen verstopfen gut aufgelegt das Frühstücksbuffet. Eine Wandergruppe voller Morgenmuffel gibt es wahrscheinlich gar nicht, oder? Die sich morgens kleinlaut und latent griesgrämig geben, idealerweise einfach nur anschweigen, maximal nach dem Zucker fragen. Das wäre doch mal was. Aber natürlich finden sich erwartungsgemäß auch unter diesen nordrhein-westfälischen Pilgern die typischen Scherzbolde und Ulknudeln wieder. »Was isst der Dalai Lama zum Frühstück? Buddha Brot!«

Drei lachen sich schlapp, während ein anderer schon einen Konter parat hat: »Chuck Norris haut sich zum Frühstück zwei Pfannen in die Eier.« Er erntet irritierte Blicke. »Kennt ihr nicht die Chuck-Norris-Witze?« Achselzucken.

Der Erzähler lacht sich selber noch etwas vor und wendet sich wieder etwas zu gespielt locker dem Joghurt zu.

Zeit zu verschwinden.

Die fleißige Hotelbiene strahlt, als ich beim Bezahlen meinen Aufenthalt lobe und betone, wie sehr es mir in ihrem Haus gefallen hat.

Ich werfe den wenige hundert Gramm leichteren Rucksack auf den Rücken und decodiere eher zufällig das System »Reisegruppe«, die sich nun direkt im Eingang versammelt. Ich lasse mir nichts anmerken, lausche: »Ich fahre nach Camaldoli – wer dann keine Lust mehr hat, kann bis Bada Prataglia mitfahren – schmeißt ihr eure Säcke dann jetzt bitte hinten rein!?

Der Uwe fährt schon direkt nach Prataglia. Der macht Pause. Will da jemand mit?« Zwei Hände gehen nach oben. »Soll ja auch ein bisschen Urlaub sein, oder!?«, sagt der Faulpelz. Die Frau daneben nickt.

Alles klar. Eine organisierte Tour mit Autos. Heißt: Wandern, während das Gepäck zum nächsten Ort gebracht wird. Gleichzeitig selber die Möglichkeit haben, aufs Auto umzusteigen, wenn man mal keinen Bock hat. Ob die mich noch bis Assisi begleiten werden?

Äpfel, Möhren, Käse, Wurst und Nüsse sind noch vom gestrigen Abend da, zusätzlich habe ich etwas Kuchen und Zwieback mitgenommen. Den Gang zum Supermarkt kann ich mir also schenken und direkt losgehen.

Der Himmel zeigt Blau, die Sonne nimmt bereits früh Platz in der ersten Reihe und wärmt. Von den potenziellen Co-Pilgerinnen und -Pilgern ist niemand zu sehen, also auf, frohen Schrittes! Es soll heute auf dieser Etappe auf 1300 Meter hochgehen und zugleich die schönste Strecke der Woche werden, die durch einen Nationalpark führt. Es beginnt mit schmalen Wanderpfaden durch dichtes Grün, vorbei an prächtig blühenden Blumen und knackig grünen Pflanzen, wohin das Auge blickt. Du musst dir vorstellen, nirgendwo ein Auto zu sehen und zu hören, nichts Technisches, Künstliches, von Menschen Erschaffenes, nur ein leichter Wind, singende Vögel und immer wieder kleine plätschernde Bäche. Die Meditations-App Calm hat in der kostenfreien Version ihr Soundfile »Gebirgssee« garantiert hier aufgenommen.

Dann passiere ich ab und zu alte zerfallene Bauernhöfe, eingerahmt und mittlerweile auch bewohnt von der Natur.

Zwischendurch kann ich einen Blick ins Tal erhaschen; mir bewusst werden, wie ich aufsteige.

Vorbei an verlassenen Bauernhöfen

Der Rucksack schmerzt heute weniger, weil ich zwischen linker Trageschlaufe und Schulter meinen dünnen Fleece und zwischen rechter Trageschlaufe und Schulter mein Halstuch gestopft habe. Die Polsterung wirkt. Die am Tag oft um physische Einschränkungen kreisenden Gedanken sind damit vom Schirm. Genügend Platz also um… ganz doll zu vermissen! Meine Kinder, die Süßen. Wie gerne ich sie jetzt bei mir hätte. Stattdessen diese Plackerei hier, Berg rauf und rauf und rauf – und, huch: Da sind ja Gudrun und Dorothea!

Nach kurzer unaufgeregter Begrüßung – was soll da auch passieren – wandern wir wie selbstverständlich zusammen und pendeln uns fix wieder ein.

Das Tempo der beiden ist angenehm und konsequent konstant. Ob auf ebener Strecke, Berg rauf oder runter. Gudrun erzählt, dass sie eigentlich immer auf Tour ist. Zuletzt ist sie die Nordroute des Jakobswegs gelaufen. Gibt's die? Ich dachte, es gibt nur einen. Aber damit liege ich falsch. Der Jakobsweg ist ein ganzes Streckensystem (siehe auch S. 286 ff), wie ich erfahre.

Streiften wir gerade noch durchs satte Grün, kraxeln wir plötzlich in einem kargen Setting wie aus einem Italo-Western: sandig, staubig, felsig, inklusive toter Ringelnatter, die mitten auf dem Weg liegt. Wir rasten, bevor es wieder in den Wald geht, der sich als wunderschöner Märchenwald herausstellt, in dem Feen, Trolle und Elfen leben. Ich kann es nicht beweisen, aber das Gegenteil eben auch nicht. Es ist ein unglaublicher Wald mit moosbewachsenen Buchenwurzeln, die aussehen wie riesige aufgeblasene Brokkolis oder die Füße von Baumbart aus *Herr der Ringe* sein könnten. Und das Moos zieht sich noch ein, zwei Meter hoch, bevor das Braun der Stämme zu erkennen ist. Wunderschön! Und mucksmäuschenstill.

Nur ganz leises Plätschern eines parallel zum Weg verlaufenden Baches untermalt diese »Achtsamkeits«-Kulisse wie aus dem Bilderbuch; und vor uns lauter Wildschweinspuren. Scheint eine ganze Rotte zu sein. Die Chance auf ein Aufeinandertreffen mit den Paarhufern scheint allmählich erdrückend hoch. Doch auch ohne Obelix in den eigenen Reihen zu wissen, lasse ich mir nichts anmerken.

Gegen frühen Nachmittag erreichen wir das Eremo di Camaldoli – und stehen vor verschlossener Pforte. Noch 90 Minuten soll es dauern, bis sie wieder öffnen, was leider nicht ins Timing passt. Wir holen uns einen Kaffee aus der Klosterapotheke mit angeschlossenem Café und setzen uns auf die Bank davor.

Vor verschlossenen Pforten (mit Totenkopf) – das Eremo di Camaldoli

Die Einsiedelei ist die Keimzelle des Kamaldulenser-Ordens – eine Splittergruppe der Benediktiner – und führt in das Jahr 1012 zurück. Der heilige Romuald bekam der Legende nach das Gelände, auf dem das Kloster errichtet wurde, von einem

Grafen aus Arezzo geschenkt. Romuald baute mit seinen Brüdern im Geiste fünf Klosterzellen, etwa 300 Meter unterhalb der heutigen Einsiedelei.

Ich wage kurz einen Blick über die Mauer. Wenn ich es nicht besser wüsste, könnte man denken, hier stünde ein Robinson Club für Mönche, denn das Kloster besteht aus zwanzig Steinhäusern, die über gepflasterte Wege verbunden und jeweils mit Schlafzimmer und Gebetsraum ausgestattet sind und auch gut als Bungalows für urlaubsreife Touristen dienen könnten.

Aber, wie dem auch sei, hier soll der gute Franziskus etwa einen Monat verbracht haben, bevor er weiterzog.

Das wollen Gudrun und Dorothea allerdings jetzt auch: weiterpilgern nach Camaldoli City und sich eine Unterkunft suchen. Ich hingegen habe mir vorgenommen, eine weitere Tagesetappe dranzuhängen, um am späten Nachmittag Badia Prataglia zu erreichen.

Zum einen finde ich, dass die Distanz von elf Kilometern zu wenig für einen Tag ist, zum anderen will ich schneller in Assisi sein, um dort einfach mehr »Papa-Zeit« zu haben. Das müsste ich gewiss noch organisieren, wenn ich früher als geplant ankomme, aber nun mal keinen Stress. Ich plane nicht, ich pilgere.

Und so darf ich direkt wieder steil aufsteigen, um damit heute zum x-ten Mal meine Montur komplett durchzuschwitzen. Lavendelfrische bekomme ich da nicht mehr rein, nur ein maximal aggressiver Weihrauch, aufgeschnappt bei den ganzen Kirchenbesuchen, könnte die Rettung für das schweißverseuchte Gewebe sein. Hoffnung und geruchsfreie Merinowolle sterben zuletzt.

Buchen so weit das Auge reicht, die Zweite! Wieder darf ich durch einen Märchenwald stapfen, diesmal bin ich allein und genieße ihn deshalb viel intensiver. Wäre jeder Schritt Teil eines Gebets, ich wäre darin versunken. Ich behalte einen Rhythmus, atme drei Schritte ein, drei Schritte aus, löse mich – so wie »Billy Elliott« im Tanz – in dem monoton-meditativen Abrollen des Fußes auf dem weichen Waldboden Meter für Meter auf.

Ein kleines unwichtiges Lebewesen bin ich, unter all diesen Riesen. Es ist ihr Haus, es ist ihr Tempel, ich bin ihr Gast, dem der Atem stockt. Rauscht der Wind durch die Spitzen, oder ersticken ihre dichten Kleider jedes Geräusch? Natürliches *Noise Cancelling*.

Die Stille ist ergreifend. Sie ist so absolut. Das macht mir Angst. Ich höre alles von mir: mein Rucksack-Schnalzen, das geknickte Ästchen unter meinem Schuh, das Reiben des Hosenstoffs auf meiner Haut, mein pochendes Herz mit seinem blubbernden Blut, meinen ächzenden Atem, meine wimmernden Schultern – ich bin ein ganzes Orchester, das sich vor seinem eigenen Lärm fürchtet. Und vor Wildschweinen, deren Spuren ich plötzlich wieder vor mir sehe.

Der Wald, der im weiteren Verlauf neben Buchen auch Kastanien, Tannen, Eschen und Linden featured, nimmt kein Ende, und ich gestehe: Ich will endlich ankommen. Es kann noch so schön sein, irgendwann geht es mir trotzdem auf den Zwirn. Die Lektion in Demut vor der Natur habe ich vollends genossen, jetzt darf es gerne eine Dusche sein – im kleinen Berg-Wald-Dorf Badia Prataglia, das mich nach so viel natürlicher Dunkelheit mit freundlicher Spätnachmittagssonne begrüßt.

Häuser im Alpenstil, umrahmt natürlich von Wald. Es gibt ein Waldmuseum und mit dem Arboreto Carlo Siemoni eine

Art Dauer-Gartenschau mit 139 Baumarten aus verschiedenen Ländern – mit kalifornischen Riesenmammutbäumen oder Sicheltannen, der japanischen Zeder, die auch als heiliger Baum verehrt wird. Neben den imposanten Dickpflanzen wurde hier auch die Fauna reichlich beschenkt: Es gibt unter anderem Hirsche, Widder, Wildschweine und – ja, Wölfe!

Aber jetzt gibt es erst mal die Pension Giardino, meine Unterkunft, die sich nicht einigen kann, ob sie eher Jugendherberge oder Hotel sein will. Innen wie außen ist alles etwas in die Jahre gekommen, um nicht zu sagen: ausgelatscht und zerrockt. Mein Zimmer im ersten Stock wirkt wie aus den Siebzigern, und das ranzige Badezimmer hat sicherlich auch mal bessere Tage gesehen, aber – und das ist die Hauptsache – es ist sauber. Pilger sind hier gut aufgehoben, außerdem soll das Essen gut sein. Habe ich gelesen. Wird aber heute nichts, erklärt mir der Wirt, es kämen noch sechzig Schülerinnen und Schüler an – eine Klassenfahrt –, da sei alles ausgebucht.

Na Mahlzeit. Davon abgesehen, dass sie mich um einheimische Kochkunst bringen, legen die sich bestimmt auch nicht erschöpft um 22 Uhr ins Bett. Aber nun spieß mal nicht so rum, Busewurst – du hast erstens Ohropax und dich zweitens doch schon auch ein bisschen entspannt.

Mein Zimmer ist vorsichtshalber arschkalt, nicht, dass ich mich noch wohlfühle. Ich nehme eine heiße Dusche, wasche und hänge die Tagesklamotten auf Bügel nach draußen, auf den Balkon – hier drinnen würden sie nur Gefahr laufen, einen Gefrierbrand zu bekommen. Ob ich das erste Kältebrand-Opfer in einem Trekkinghemd wäre? Meine Frau würde sagen: Es gibt alles. Also nicht.

In Wollsocken und Badeschlappen, in grüner Schöffel-Wanderhose und wuchtigem hellgrauem Fleece – mein Ausgeh-Fleece sozusagen – steige ich hinab ins Epizentrum der permanent mahlenden Kaffeemühle und bitte die Dame am Tresen um einen Café, mit dem ich mich noch mal kurz in die Sonne vor die Albergo setze und mir ein paar Notizen zum Tag mache.

Dort hockt bereits ein etwa Dreißigjähriger, leicht filziger Typ mit einem noch größeren Wanderrucksack als ich, trinkt Cappuccino und schreibt fleißig auf losen, in der Mitte gefalteten Din-A4-Seiten.

Ich setze mich an den Tisch daneben und quatsche ihn an. Er ist Student und wandert täglich, solange es hell ist. Erst wenn es dämmert, sucht er sich eine Unterkunft bzw. schlägt er sein Zelt auf!

Er möchte lieber offen, flexibel sein, schauen, wie weit er am Tag kommt und wo er landet. Je nachdem nimmt er sich dann mal ein Hotelzimmer oder fragt Anwohner, ob er bei ihnen schlafen oder auf dem Grundstück zelten darf. Bisher habe er schon bei einer Familie in der Garage geschlafen und bei einem Pfarrer im Garten gezeltet. Der hätte ihm dann spätabends sogar noch eine kleine Kirchenführung geboten, was megainteressant gewesen sei. Manchmal trampt er einige Kilometer, um schneller voranzukommen. Auf diese Weise des Reisens erlebe er täglich neue Abenteuer, und die schreibe er nun auf, um sie für sich in Erinnerung zu behalten. Zweieinhalb Wochen hat er Zeit – dann geht sein Studium weiter.

Wir sitzen beide an unserem kleinen Tisch auf der Terrasse mit Blickrichtung zur Straße, während immer wieder der süße schwarz-weiße Mischlingshund des Wirts angedüst kommt und uns auffordert, Tannenzapfen zu werfen, die er mit einem Affenzahn apportiert.

Wir reden und werfen, reden und werfen. Und bleiben doch beide anonym, null motiviert, Namen auszutauschen, wissend, dass diese Begegnung flüchtig bleibt.

Ich finde es klasse, wie er reist, ja, beeindruckend und extrem spannend. Mir wäre es momentan zu viel, erkläre ich, und ein *noch* größerer Schritt aus der Komfortzone, aber wagen würde ich es auch gerne mal.

Er kennt Reisen nicht anders – wie auch die einzige Sache, die ihn stört: »Jeden Abend esse ich in meinem Zelt Brot mit Schmierkäse. Immer wieder: Brot mit Schmierkäse! Aber das hält sich am besten und sättigt! Und Duschen ist auch eher selten, das geht nur alle paar Tage! Daran habe ich mich aber gut gewöhnt. Ist ja eh nicht so gut, zu viel zu duschen...«

Jetzt hoffe ich mal, er hat sich die Schweißdrüsen rausoperieren lassen oder bleibt einfach immer alleine in seinem Zelt, mit seinem Schmierkäse. Apropos Schmierkäse: Wir wünschen uns einen weiterhin guten Weg, denn er will noch ein paar Kilometer abreißen, bevor er sein Lager aufschlägt, und ich möchte essen! Es zeigt sich hier offenkundig die feine Trennlinie zwischen Soft-Pilger und Profi-Pilger. Die, die frühlingsfrisch im eigenen Zimmer gebettet nächtigen, und die, die das Pilgern als Grenzgang denken, als 360-Grad-Erfahrung.

Wenn sich sechzig, möglicherweise arg pubertierende, Schüler ankündigen, in meinem Hotel zu schlafen – was tue ich dann wohl? Richtig, einfach nicht da sein!

Ich greife mir mein Notizbuch und mein Kindle und gehe auf Jagd. Hungrig streife ich durch den menschenleeren Ort. Ich gehe die Hauptstraße rauf und runter, hier mal eine Seitenstraße rein – doch die meisten Lokale sind geschlossen. Vielleicht Ruhetag? Vielleicht öffnen sie aber auch erst später.

Doch in einer Bar mit kleinem Restaurant brennt Licht und blinkt ein Open-Schild im Fenster. Ein schlichter, unauffälliger Laden, wie man ihn überall in Italien sieht – mit Decken-Neonröhren und einem Verkaufstresen neben der Theke mit Paninis und süßen Cornettos. Hier trinken sie schon frühmorgens Kaffee und abends ein Glas Wein. Die Bar geht über in einen ruhigeren Raum mit Holztischen, aber demselben Lichtkonzept!

Ich bin der einzige Gast. Alle Tische sind frei. Würde man mich dabei filmen, wie ich mir einen Platz aussuchen darf, würde ich mit meiner Entscheidungsfreude eines Koma-Patienten sofort als verhaltensgestört abgestempelt werden. Wieder einer dieser verstrahlten Pilger, die nicht ohne Grund über 500 Kilometer wandern.

Schließlich nehme ich den Tisch mit Blick vom Tresen weg, in den leeren Raum hinein. Hauptsache keinen Blickkontakt mit Fremden beim Essen. Das macht mich nervös.

Die freundliche Besitzerin preist ihre selbstgemachten Nudeln mit Wildschwein an. Ich bin kein ausgewiesener Wildschweinesser, Fleisch sowieso eher selten, aber sie ist so begeistert davon, dass ich es wage. Dazu Salat und Wasser. Ich denke an die Wildschweinspuren heute im Wald, an Asterix und Obelix und das Wildschweingehege im Klövensteen in Hamburg, das ich regelmäßig mit den Kindern besuche. Meine schweineverliebte Tochter Hanna wäre zutiefst beleidigt, wenn sie wüsste, was ich hier gerade bestellt habe.

Mitten auf Gedankenkarussellfahrt – ich wäge gerade ab, welche Form der Wildschweinbegegnung mir aktuell eigentlich am liebsten wäre: harmlos auf dem Teller oder aggro von Auge zu Auge – setzt sich eine junge Frau an den Tisch mir schräg gegenüber. Ich schätze sie auf Ende zwanzig. Sie sieht deutsch aus, hat ebenfalls einen E-Reader als Tarnung dabei und zieht die verräterische Jack-Wolfskin-Jacke aus. Sie lächelt mir zu und widmet sich der Karte.

Eine Pilgerin aus Deutschland, das ist mir auf den ersten Blick klar.

Und genau so ist es. Es dauert nicht mal zehn Minuten, und schon sitzen wir gemeinsam an ihrem Tisch. Alles andere wäre bei Gott auch albern gewesen. Alleine im Restaurant zwei gestrandete Pilgerseelen – *Lost in Badia Prataglia* – das ist Stoff für eine wahre Romanze, die so nur in Filmen beginnt.

Nur, dass wir beide uns nicht hoffnungslos ineinander verlieben, sondern gegenseitig unsere Wunden lecken. Sie heißt Kati, ist 33 Jahre alt und Ärztin in der Klinik, in der alle meine Kinder zur Welt gekommen sind – in Hamburg-Altona.

Das verbindet natürlich – doch wir funken auch so, lachen viel und sind beide überraschend offen und ehrlich miteinander. Die Gespräche gehen tiefer, nachdem wir über die richtigen Rucksackeinstellungen (»Guck doch mal bei YouTube, da gibt's Anleitungen, wie man den Rucksack korrekt einstellt...«) und Katis Ordnungsliebe (»All meine Sachen im Rucksack sind in unterschiedlichen Zipperbeuteln verpackt. So ist es ordentlich, und wird der Sack mal nass, bleibt alles trocken«) gesprochen haben.

Vor einer Woche ist ihr Freund zu ihr in die Wohnung gezogen, den sie erst vor drei Monaten kennengelernt hat. Alles passiert, nachdem sie bereits ihre Pilgerreise gebucht hatte.

»Komisches Gefühl abzureisen, wenn der andere einzieht«, sagt sie mit glasigen Augen.

Sie ist schwer verliebt, voller Sehnsucht. Muss sich jeden Tag zwingen, ihn nicht anzurufen, um auch mal mental hier anzukommen. Ganz fragil ihr Zustand. Sie weiß nicht, ob sie die Tour emotional durchstehen wird, plant sie doch, den ganzen Weg bis nach Rom zu gehen.

Eigentlich wollte sie diese Auszeit, um runterzufahren, abzuschalten, einfach nur zu wandern, gut zu essen, viel zu lesen und Italien mit allen Sinnen zu genießen.

Zum Nachdenken hat sie sich nicht viel vorgenommen – um leicht zu reisen. Wenn es ihr gelingt, will sie gerne ihren Glauben wiederfinden, der ihr abhandengekommen sei im Laufe des bisherigen Lebens. Früher sei sie mit Gott verbundener gewesen, öfter in die Kirche gegangen, das hat aufgehört. Mit dieser Reise startet sie einen Glaubensneuanfang. Weil ihr im Alltag, obwohl sie sich stark und selbstbewusst fühlt, oft Halt fehlt. Jemand, an den sie sich mit ihren Gefühlen und Gedanken wenden kann, der ihr Trost spendet und Kraft. Ob das nun ein Gott oder eine Energie sei – für Kati egal. Ich scherze: »Irdisch kann dafür nun ja auch dein Freund sorgen!« Sie grinst: »Ich sag ja, ich habe die Reise für mich gebucht, bevor ich ihn kennengelernt habe. Dadurch hat sich meine Glaubenssuche schon verändert. Es geht weniger um Geborgenheit als um Transzendenz, den Glauben an ein großes Ganzes in Verbindung mit dem eigenen Sinn.«

Wir sprechen über das »einfache, gute Leben«, wie es hier gerade möglich ist, und merken, wie komplex alles für uns in Hamburg abläuft. Wie viel Freiheit mit diesem Rucksack entsteht, einfach loszulaufen, ohne Rechenschaft abzulegen und nur die eine Verantwortung für sich selbst zu tragen. Ein großes Geschenk.

»Wobei ich aktuell beim Genießen ständig heulen muss. Ist auch doof«, muss Kati selber über ihre Sehnsucht lachen.

Sie pausiert morgen, bleibt in Badia Prataglia, fühlt sich körperlich erschöpft, will viel liegen, sich ein bisschen das Dorf anschauen und vor allem *nicht* zu Hause anrufen. Stattdessen hat sie Dringenderes auf dem Zettel: »Ich brauche dringend eine Haarkur. Die Zotteln auf dem Kopf deprimieren mich!«

Und ich brauche jetzt dringend Nachtruhe. Wir waren und blieben die einzigen Gäste. Nur für uns ließen die freundlichen Besitzer ihr Lokal geöffnet. Es ist halb zwölf, dreieinhalb Stunden haben wir gequatscht – wir sagen Tschüss, nehmen uns kurz in den Arm.

Ich wünsche Kati weiterhin einen guten Weg – und drücke die Daumen, dass sie durchhält! Vielleicht treffen wir uns ja wieder. Wenn nicht auf dem Weg, dann vielleicht in Hamburg. Möglich ist das allemal.

21,8 Kilometer, 36 047 Schritte

Pilger-Lektionen

Gesellschaft vs. Einsamkeit

- **Zusammen**
  Nach einem solchen Tag mit unterschiedlichen Begegnungen bin ich völlig euphorisiert. Meine Schneeblumen am Morgen, der Schmierkäse-Filzpilger am Nachmittag und abends die supersympathische Liebeskummer-Ärztin. Ich erlebe eine neue Freude an Begegnungen, weniger Furcht davor und lerne, wie bereichernd die Gespräche für mich selbst sind. Welch Qualität es hat, seine Eindrücke zu teilen, sich über die guten und schlechten Dinge auszutauschen und das Gefühl zu entwickeln, mit anderen anzuknüp-

fen; in Resonanz zu gehen. Neben der Freiheit vermutlich das größte Geschenk für mich, hier auf dem Weg.

- **Allein**
Ich, das kleine Licht, im mächtigen Reich der Natur.
Ehrfurcht flößt es mir ein, pilgere ich allein durch die
Gegend. Welch kleines Rad wir als einzelne Person in
der Natur drehen und was wir uns anmaßen zu tun,
kaum sind wir Teil einer Gruppe oder einer ganzen
Nation.
Tatsächlich empfinde ich mein tägliches Betreten
dieser liebenswerten großzügigen Landschaft als nicht
statthaft. Hier hat niemand etwas zu suchen. Hier ist
alles schön, ruhig, friedvoll und im Einklang. Meine
Route impliziert für mich lediglich die sporadische
Erlaubnis, diesen Boden zu betreten, vorausgesetzt
ich komme und gehe als Gast, der den Ort so hinterlässt, wie er ihn vorgefunden hat. Und daran halte ich
mich. Jetzt denke ich, das ist doch für jeden selbstverständlich. Aber ist es das wirklich?

Etappe 5: Badia Prataglia – La Verna

»Freunde, heute gibt's Franziskus satt! All You Can See! Eine
Franziskus-Bude zum Fingerlecken und Wundfotografieren!
Und ich will ehrlich sein: Ich bin schon mächtig nervös. Deshalb
packt die Säcke, schlüpft in die Stiefel – wir marschieren los!«
    Ich rufe vom Balkon der Albergo Giardino hinunter zu den
Hunderten von Pilgerinnen und Pilgern, die sich barfuß auf
der Terrasse versammelt haben. Um sie herum liegen mit Klei-

dung und Waschartikeln gefüllte Zipperbeutel! Sie jubeln, recken ihre Wanderstöcke in die Luft, und eine schreit: »Spring, Busi! Wir fangen dich auf!« Ich winke ab und überliste mich dann doch selbst: Mit einem enormen Sprung, ohne Anlauf, hüpfe ich rigoros vom Balkon. Wie durch ein Wunder lande ich auf einem Teller und bleibe in einer Lache aus brauner wohlriechender Brühe kleben. Mit einem Mal taucht ein Wildschwein darin auf, zwickt mir in die Seite und fragt lächelnd: »Und du glaubst echt, wir hören das nicht, wenn du ungezügelt furzt?«

»Ich weiß nicht…«, fasel ich, als ich aufwache. Und weiß es doch, ich Sau! Dieser Tag beginnt nicht mit einer Lüge! Ich entschuldige mich noch völlig benommen beim Wildschwein für jedwedes Flatulieren während des Waldbadens und begreife erst dann, wo ich bin.

Sonnenlicht fällt in meinen »Kühlschrank«. Ich habe mir in der Nacht drei Wolldecken genommen und meinen Fleece übergezogen, um nicht den Kältetod zu sterben.

Das Bett wurde definitiv für Zwerge gemacht, und die Ladung Wildschwein hat mir den Rest gegeben. Meine Innereien haben über Nacht richtig ackern müssen, um mich wieder halbwegs menschenähnlich erwachen zu lassen. Da war nix mit Ausruhen, geknechtet wurden sie. Das Resultat: Ich bin ziemlich fertig. Kati macht's richtig mit ihrer Pause!

Überhaupt achtet sie total auf sich. Sie trinkt während des Wanderns exakt drei Liter, läuft ausschließlich 90-Minuten-Einheiten und legt dazwischen ausgiebige Pausen ein, in denen sie jeweils eine Banane vertilgt. Frage mich bei dieser Sorgfalt allerdings, warum sie so erschöpft ist? Wohl vom nicht ganz unempfindlichen Übergepäck durch Bananen und Wasserkanister. Ach, und durch die Gefühle. Sie sind das schwerste Gepäck für uns alle.

Die sechzig italienischen Kinder gehen nicht nur spät ins Bett, sie haben wie die Erwachsenen auch keinen Hang zum ausgedehnten Frühstück. Der Speisesaal ist leer, die Tischdecken mit einmassierten Saft- und Marmeladenhörnchen-Resten komplett ruiniert, im Hintergrund krächzt Musik, begleitet von starkem Rauschen. Irgendein kleiner Strolch hat garantiert den Radiosender verstellt. Zum Frühstück bekomme ich eine Literkanne frischen Americano, und ich frage mich, ob sie wissen, welch Monster sie damit füttern. Ich mampfe Weißbrot mit Marmelade, während ich mich vom halluzinogenen Radiosound einlullen lasse. Läuft da Zucchero? In Verbindung mit dem Industriezucker meines Frühstücks und der Kanne Kaffee, wallt alles in mir. Wie im Rausch zahle ich mein Zimmer und wandere los. Ich will früh in La Verna sein, um noch ordentlich was zu sehen – ist schließlich ein absolutes Highlight dieser Reise, habe ich mir von meinem *Ochsenkühn* sagen lassen! Und die Etappe dorthin führt das Etikett: »Geht ans Eingemachte.«

La Verna ist das Felsenkloster, in dem Franz von Assisi die Wundmale Christi empfangen haben soll. Dazu aber später mehr, wenn es so weit ist.

Das Wetter ist top! Die Sonne scheint, der Wind ist kalt. Aber zum Warmwerden und -bleiben sind liebenswerterweise wieder Steigungen bis zum Abwinken im Unterhaltungsprogramm. Ein Glück! Gerade heute erwarten mich lächerliche 17 Kilometer, 1000 Höhenmeter geht es rauf, 800 runter.

Ein wunderschöner Weg bahnt sich durch ein potenzielles Desktopmotiv nach dem anderen – auch heute! Beeindruckend, wie abwechslungsreich die Settings sind; als würde meine Route durch unterschiedliche Welten führen.

Unberührt ursprünglich der Bewuchs im Nationalpark, den ich nach Badia Prataglia weiter durchstreife. Schier endlose

Steigungen, gefolgt von kurzen entspannenden Abstiegen, zehren an mir. Begleitet werde ich von meinen neuen Lieblingen, den gelben Ginsterblüten, die mich bei Laune halten. Es geht entlang zwischen Eichen und Buchen, meterhohen Farnen. Und mit einem Mal wechselt das Geläuf: Nun fordern Felsen heraus, wird der Untergrund sandig und staubig. Und ehe ich michs versehe, zuckle ich plötzlich über eine Heidi-Alm. Schizophrene Landschaftswechsel – leidet die Natur hier am Tourette-Syndrom?

Das einsame Pilgern – ich treffe keine Menschenseele, weder direkt oder in der Ferne – tut mir gut. Ich fühle mich von der Welt aufgenommen und getragen, höre auf, bewusst zu handeln oder mich ständig steigern zu wollen, bekomme nur, nehme nichts und bin doch ganz in ihr.

Die Zeit vergeht zäh. Der Augenblick ist sichtbarer, dafür aber auch quälender, wenn niemand ihn teilt. Ausgiebig Platz, über persönliche Zustände zu grübeln. Zum Beispiel über Platz 1 meiner Nervliste: sinnlose Schmerzen durch den Rucksack! Franziskus wird mir dabei auch schlecht helfen können. Hat er eigentlich eine Tasche mit sich herumgetragen? Vermutlich nicht, besaß er doch nur, was er am Leib trug.

Na, so geht es jedenfalls nicht weiter! Eine Stelle an der rechten Schulter hat gestern geblutet. Deshalb muss ich dringend Katis Rat befolgen, sobald ich wieder ein stabiles WLAN habe, und mithilfe eines YouTube-Videos die Einstellungen meines Rucksacks ändern.

Seit heute Morgen bilde ich mir ein, einen Begleiter zu haben: einen Kuckuck. Ich bin seit einer Weile unterwegs und wo es mich auch hintreibt, höre ich: »Kuckuck.«

Ich habe irgendwo gelesen, dass noch heute Menschen daran glauben, dass einem ein kräftiger Geldsegen ins Haus steht, wenn man während des Kuckucksrufs auf seine Börse klopft. Was ich andauernd mache. Auch soll man anhand der Anzahl der Kuckucksrufe erfahren, wie viele Jahre (oder Jahrzehnte) man noch zu leben hat. Gerade weiß ich nur, wenn das so weitergeht, komme ich heute schon als Millionär in La Verna an – mit dem Lebensjahresvorschuss eines Methusalems.

Neben dem piepsigen Brutparasiten brummt und summt es überall um mich herum! Liegt bestimmt am sonnigen Wetter. Alle emsig am Schaffen: Bienen, Käfer, Fliegen, Mücken, kleine Schmetterlinge. Ständig braust ein kleines Flugobjekt an der Nase vorbei, mit seinen eigenen Angelegenheiten beschäftigt, völlig desinteressiert an meinen Ausdünstungen und Blutkonserven. Wie in der Luft, so allerdings auch auf der Erde. Was mich bisweilen nervöser macht. Huschenden Schatten folgt kurzes Geraschel im Strauch. Ein Gecko, Vogel, Fuchs, Wolf oder eine Schlange? Habe ich gerade einen Schatten bemerkt, ist er schon davon. Vielleicht formiert sich hinterm Vorhang ja ein Tierclan, der nur den richtigen Zeitpunkt abwartet. Ich bleibe wachsam.

Ich habe wie aus dem Nichts plötzlich einen kruden Gedanken: Was würde eigentlich passieren, wenn Papa noch leben würde? Ja, wenn er uns alle an der Nase herumgeführt hätte, um seinen Medizinertraum, seine wahre Berufung, zu leben. Statt fürchterlicher Wohlstandskrankheiten in Deutschland, wollte er immer die behandeln, die wirklich Hilfe brauchen – und das sind die notleidenden Kinder in der Dritten Welt.

Nach unserer Volljährigkeit sah er sich nach Peru auswandern und anpacken. Das ist vielleicht der Franziskus-Faktor in ihm gewesen. Er war bescheiden, zufrieden und gab mehr, als er hatte. Bis zur völligen Erschöpfung.

Was wäre also, wenn er sich wie einst viele Anhänger von

Franziskus von seiner Familie losgesagt hätte, um seinem wahren Auftrag zu folgen? Irgendwie tröstlich, der Gedanke.

Der letzte Abschnitt zum Kloster ist unbequem, obgleich er durch einen mystischen Wald mit grün bewachsenen, riesigen Findlingen führt, die sich türmen und überall kleine Höhlen formen. Ich bin verlockt, die eine oder andere zu inspizieren, doch dummerweise macht der Untergrund Ärger. Der Boden ist derart schlammig, dass ich mich von einer trockenen und festen Stelle zur nächsten nur durch ungeschickte Sprünge und lange spackige Ausfallschritte vorwärtsbewegen kann. Es ist glitschig, es ist morastig, es ist eine Schlammschlacht. Alles andere als barmherzig. Bei diesem Schneckentempo klopfe ich garantiert erst in der Nacht an der Klosterpforte.

Laut meiner imaginären Naturburschenfibel für Amateurpilger habe ich mir in einem solchen Fall einen Stock als Stütze zu suchen und finde auch einen 1,50 Meter langen, recht massiven Kameraden, der leider etwas zu stark gebogen ist, aber auf jeden Fall was hermacht – notfalls als XXL-Schlagstock oder Thron für ein Eichhörnchen zum Pfahlsitzen.

Ich taufe ihn Benno. Neben dem anonymen Kuckuck von jetzt an mein Begleiter.

Benno lässt sich wahnsinnig gut in den weichen Belag rammen und macht mich zum pilgernden Poledancer, der elegant über die Matschepampe schwebt!

Wie schön, sich mit solch hanebüchenen Situationen herumzuschlagen, die wirklich so gar nichts mit meinem sonstigen Leben zu tun haben und mich immer weiter von Hamburg wegtragen.

Je weiter ich mich La Verna nähere, desto öfter taucht das ginstergelbe »T« an Bäumen auf. Das Taukreuz, Symbol des Franziskanerordens. Franziskus soll es als Segenszeichen benutzt haben, aber auch als Unterschrift. An alle Fälscher: Hier habt ihr leichtes Spiel!

Das Taukreuz, das Symbol der Franziskaner, weist den Weg

Mit jeder Kurve hoffe ich das Kloster zu erreichen, und dann ist es endlich so weit: Vor mir thront La Verna auf einem etwa 50 Meter hohen Felsen – und das Erste, was ich denke: Och nö, nicht noch weiter hoch! Die letzten Schritte sind aber dann doch schnell geschafft – dank extra angelegter Stufen.

Das ab 1348 erbaute Kloster mit Basilika liegt am Südwesthang des Monte Penna auf mehr als 1100 Metern und ist eine der angesagten Franziskaner-Rekrutierungsschmieden. 1216 wurde hier mit dem Bau der Kapelle Santa Maria degli Angeli begonnen, nachdem Franziskus Maria erschien und ihm die zu errichtende Kirche beschrieb. Einige Treppenstufen hinab befindet sich die Grotte, in die Franziskus sich regelmäßig zurückzog und betete.

Auf dem Gelände sind viele kleine Kapellen, darunter auch die der heiligen Wundmale, die an der Stelle errichtet wurde, an der Franziskus am 17. September 1224 nach intensivem Fasten eine Vision hatte: Er sah einen Seraph, einen sechsflügeligen Engel an einem Kreuz, der laut Franziskus' Ordensbruder Leo »ihm das Geschenk der fünf Wunden Christi machte«. Als Franziskus schließlich erwachte, soll er tatsächlich an Händen, Füßen und an der Seite Stigmata getragen haben. Bewiesen ist das nicht, Erklärungen dafür gibt es viele, aber er ist damit der erste anerkannte Fall von Stigmatisation.

Es lässt sich außerdem das »Bett« von Franziskus besichtigen, eine kalte, feuchte Steingrotte, und auch ein von Franziskus getragener Habit.

Das erste Mal in meinem Leben werde ich heute Nacht in einem Kloster schlafen. Ich streife kurz an der Basilika vorbei, an dem meterhohen Holzkreuz auf der Klostermauer, von der man einen prächtigen Ausblick ins Tal hat, und melde mich an der Rezeption. Kein Mönch, eine Mitarbeiterin. Sie erklärt mir, wo mein Zimmer ist und dass es nach der Messe Abendessen gibt. Ich solle mich einfach im Speisesaal einfinden.

Meine Kammer ist puritanisch. Bett, Schrank, Kreuz an der Wand. Aber ich habe ein eigenes Badezimmer – und kann erst einmal duschen und wie immer waschen! Anschließend reinige ich draußen meine völlig verdreckten Wanderstiefel, aus deren Profilsohlen ständig Schmutzbrocken abbrechen, die schon sämtliche akkurat gebohnerte Flure versaut haben. Es sich mit Gott in dessen Haus zu verscherzen halte ich für extrem gefährlich, suche aber trotzdem nicht die Beichte, sondern einen Feger, mit dem ich alles auf einen Haufen und zur Seite kehre – Amen, und raus aus der Nummer!

Danach streife ich ausgiebig durch die gepflegte Klosteranlage und liebe alles daran. Es gibt in jedem Winkel etwas zu besichtigen, ob es die besagten kleinen Kapellchen sind, mitunter so winzig wie Schuhkartons, oder eben die Orte, an denen Franziskus wirklich gewesen ist. Es sind nur wenige Touristen da, weshalb ich in Ruhe schauen und in die Zeit zurückreisen kann, versunken in die inspirierende Persönlichkeit von Franziskus. So einen selbstlosen Helden könnten wir heute gut gebrauchen – mahnte er doch schon vor 800 Jahren: Achte alle Lebewesen, achte die Natur und die Kraft der Elemente, nur dann kann es gelingen, nachhaltig unsere Existenz zu bewahren!

Ich nehme an der Abendmesse teil, und obwohl mir die klassischen katholischen Choreografien nicht geläufig sind, die zum festen Ablauf gehören, überraschen mich vor allem die Kurzweil und die muntere Interaktion – denn ständig wird mitgesungen und -gesprochen und -gebetet. Die jungen Mönche können indes nicht nur wunderschön ihre Stimmchen erheben – sie sehen auch toll aus. Das ist kein Quatsch, wirklich: wie Models. Schon bei meiner Ankunft sind mir junge, lässige Typen Anfang zwanzig mit Sonnenbrillen und Smartphones aufgefallen, die die Basilika mit Blumen schmückten und einen Technikcheck des Mikrofons vornahmen. Sie trugen Zivil: Jeans, Poloshirt, Sneakers, eben ganz normal. Ich vermutete, sie seien aus einer der nächstgelegenen Ortschaften und einfach kirchenaktiv. Doch von wegen! Jetzt sitzen sie hier in Mönchskutten und erwarten morgen ihre Mönchsweihe, wie mir mein Sitznachbar erzählt. Nicht, dass ich ihn verstehe, aber Google Translator tut das! Na, da gibt es bestimmt einige Seelchen außerhalb der Klostermauern, die den zölibatären Boys nachweinen, sofern sie es denn durchziehen.

Das Kloster La Verna

Mein Magen knurrt mit dem letzten Segen. Maßvoll, still und andächtig – so soll laut dem heiligen Benedikt im Kloster gegessen werden. Mal sehen, was die Franziskaner in dieser Hinsicht draufhaben. Ich schließe mich einer Traube von weiteren Besuchern an, darunter offenbar Familienangehörige der Novizen, und folge ihnen zum Speisesaal. Es ist nicht das Refektorium, sondern die offizielle Besucherbar, in der eine Flut an eingedeckten Vierertischen auf uns wartet. Auf jedem steht eine selbstabgefüllte Flasche Rotwein und eine Karaffe Wasser, dazu ein Korb Brot. Als ich mich gerade hinsetzen will, fragt mich ein freundlicher Herr nach meinem Namen. Nach meiner Antwort weist er mir einen anderen Tisch zu. Okay, das läuft hier offenkundig wie bei einer Datingshow – man wird gematcht. Also hoffe ich, dass der Franziskaner-Algorithmus keinen Quatsch macht, und setze mich erwartungsfroh auf meinen Platz.

Nach fünf Minuten kommt der Erste: Typ Anwalt oder Arzt – mit Ralph-Lauren-Longsleeve, Hornbrille, Jeans, Bootsschuhen, und frisch rasiert ist er auch noch. Auf den zweiten Blick erinnert er mich an einen etwas zu dick geratenen Jörg Kachelmann mit 65.

Er sei Pilger und spreche kein Englisch – zack, das war's. Ich lächle, huste ihm ein paar Brocken Italienisch entgegen, würze englische Vokabeln dazu – er versteht mich nicht, wir schweigen. Um uns herum füllen sich die Tische, an denen prompt beste Stimmung herrscht. Fehlen nur noch Luftschlangen und Konfetti. Tja, Sprachen verbinden.

Zu meinem Glück folgen zwei weitere Italiener, die, wie ich verstehe, im Nachbardorf wohnen. Warum sie dann hier zum *mangiare* sind, raffe ich nicht. Vermute mal, sie sind Freunde des Hauses, wenn es so was gibt. Geht mich aber ja auch nichts an.

Einer von ihnen fragt mich, ob ich Italienisch spreche. Ich verneine. Auch nicht ein bisschen? Nein. Macht mich fast misstrauisch, sein Nachfragen. Die wollen doch nicht so eine arme Pilgerwurst *dalla Germania* in die Pfanne hauen?

Ich werde es nie erfahren, denn daraufhin plappern alle ungezügelt auf Italienisch durcheinander und würdigen mich keines Blickes mehr. Nicht, dass sie dabei unfreundlich wären. Sie schenken mir Wasser ein, reichen mir Brot und fragen, ob ich nicht doch ein Glas Wein möge. Doch ansonsten sitze ich völlig bizarr wie ein unbeteiligter Vierter an diesem kleinen Tisch und labe mich als stummer Mitesser an ihrer Sprachmelodie, ihren zuweilen theatralischen Betonungen und ihrer wilden Mimik. Das macht Spaß, denn das Mittendrin-und-nicht-dabei hat eine sehr entspannende Wirkung: Ich »muss« mal wieder nichts tun.

Im Abseits der Aufmerksamkeit esse ich völlig unbeobachtet und mit großem Appetit.

Als Starter wird Minestrone serviert, der Hauptgang besteht aus Möhren, Rote Beete, Tonno, Käse und Frittata. Ständig steht einer mit Tabletts neben uns und legt nach. Alles schmeckt frisch und superlecker. Zum Abschluss gibt's Obst.

Nach dem Essen verabschiede ich mich – nicht, dass es einen interessiert – und maile noch, im einzigen mit WLAN ausgestattetem Raum nebenan, zwei bis drei potenzielle Übernachtungsmöglichkeiten für die nächsten Tage an.

Pilger-Lektionen

Weitere Erkenntnisse von unterwegs

- **Walking-Stick**

  Wer keinen dieser Trekkingstöcke hat oder mitnehmen will – kein Problem: Die Wälder sind voller Äste in geeigneter Breite, Länge und Form. Die sehen nicht nur »natürlich gut« aus, sie erzeugen auch keinen Müll und sind garantiert konsumfrei und klimaneutral. Schon heute hat er sich als essentieller Buddy bewiesen; als Typ zum Anfassen, der mich gerade in schwierigen Zeiten stützt. Ich bin mir sicher: Jeder, der will, findet auch seinen Stock. Er wartet auf dich!!!

- **Bartwuchs**

  Für so ein ausgewachsenes Bartmonster wie mich, bin ich nach fünf Etappen von meinem aktuellen Pubertätsflaum regelrecht schockiert – wo ist mein George-Michael-Gedächtnis-Bart? Wächst Bart im Urlaub langsamer? Haben folglich tiefenentspannte Männer weniger Bartwuchs? Und: Was sagt das über Reinhold Messner aus?

- **Gewichtsreduzierung**
  Enger kann ich den Gürtel nicht schnallen: Ich nehme
  ab! Trotz Bergen an Weißbrot, Pasta und süßen Teil-
  chen verbrenne ich Kalorien wie der Bentley Benzin.
  So ein Persilschein kommt natürlich einer inoffiziellen
  Fressansage gleich – das passt aber irgendwie nicht zu
  Franziskus, Pilgern und Panikabbau. Der asketische
  Gedanke schwingt mit. Auch bei mir, obwohl ich ihn
  nicht überstrapaziere. Richtig gefuttert wird nur morgens, um gestärkt in den Marathon zu gehen, und
  abends. Und immer nehme ich, was kommt.

- **Gewichtsreduzierung, die Zweite**
  Ich Knalltüte habe ein T-Shirt und ein Longsleeve in
  der Albergo in Badia Prataglia vergessen. Merke also:
  Du verlierst so oder so Gewicht – ganz von alleine!

Ich liege um 22 Uhr im Bett und schaue auf das Kreuz an der
Wand.

Im Zimmer nebenan höre ich Stimmen, die Sprache erkenne
ich nicht.

Es herrscht eine ganz eigene Atmosphäre im Kloster. Hier ist
es wie in einer Telefonzelle mit nur einer Verbindung: der zu
Gott! Ständig wird er angewählt – in geschlossener Einkehr, in
der Liturgie, im Gesang, Zwiegespräch und Gebet. Aber dann
wird der Hörer auch wieder deutlich aufgelegt: Es folgen schallendes Gelächter von gut gelaunten Mönchen und Nonnen,
reger Austausch, fleißiges Arbeiten, vertieftes Studium, große
Freude am Miteinander. Einatmen und Ausatmen – da ist es
wieder. Es hat hier ein Zuhause, das irgendwas in mir wachkit-

zelt. Ich finde das unwahrscheinlich attraktiv und reizvoll, ohne dass ich es mir für mich vorstellen könnte. Jetzt zumindest.

Stille zieht ein und legt sich auf die Flure. Offensichtlich auch bei meinen Nachbarn.

Ich blicke wieder auf das Kreuz und falte wie selbstverständlich meine Hände, schließe die Augen und spreche die ersten Worte eines Gebets aus meiner Kindheit. Das habe ich lange nicht getan. Noch vor dem Ende schlafe ich ein.

19,1 Kilometer, 30 878 Schritte

Drei weitere Etappen

Etappe 6: La Verna – Pieve St. Stefano – 18,8 Kilometer und 33 116 Schritte
Etappe 7: Pieve St. Stefano – Sansepolcro – 24,4 Kilometer und 39 598 Schritte
Etappe 8, Sansepolcro nach Lama – 20,9 Kilometer und 33 469 Schritte

Ich *wandere* weiter. Das schreibe ich bewusst. Denn während La Verna mich persönlich im Glauben berührt hat, sind die nächsten zwei Abschnitte eher geprägt von körperlicher Ertüchtigung bei Orientierungslosigkeit und einem Besuch aus Übersee plus Rucksackshowdown. Aber der Reihe nach.

Das Wetter wird besser. Mehr Sonne, mehr Celsius. Das hebt meine Grundstimmung ungemein. Nun laufe ich nur noch im Hemd und ärgere mich gleichzeitig darüber, meine Sonnenmilch voreilig entsorgt zu haben. Abends glüht der Kopf, morgens sehe ich dafür wieder ein Stück sonnengebräunter aus.

In den letzten Tagen fotografiere ich die sich permanent gegenseitig übertrumpfenden Landschaftspanoramen, eigenartige Pflanzen, bunte Blumen und die wechselnden Bodenbeläge im Kontext meines Wanderschuhs: Schuh im Matsch. Schuh auf Kiesel. Schuh auf Sand. Schuh auf Wiese. Schuh neben Kuhfladen. Schuh an Bachlauf. Und so weiter. Der Mangel an künstlichen Motiven macht erfinderisch. Sowieso! Ich entwickle permanent zwischen Auf- und Abstieg, Pause und kleinem Geschäft Ideen für einen *Next Level Franziskusweg*. Werde ich alle nach Ankunft in Assisi dem Tourismusverband pitchen. Es fehlt zum Beispiel ein mobiler Massageservice, der einen mal so richtig schön für zehn Minuten volley nimmt und wiederherrichtet. Ich würde auch eine Art ADAC für Rucksackpannen begrüßen, der jedem Vollpfosten zur Hand geht, bei dem die Rückentonne falsch hängt, kneift oder überfüllt ist.

Und niemand hätte bestimmt etwas gegen eine offizielle Zeckenkontrolle durch Dritte, um nicht alleingelassen zu sein, wenn die Frage aufkommt: Was zwickt da eigentlich zwischen den Pobacken seit meinem Streifzug durchs Gestrüpp?

Und von denen gibt es einige auf den Etappen. Böse sind vor allem die mit Dornen, und es stellt sich mir die Frage: Was war zuerst – der Weg oder die Rosensträucher? Auf der Strecke von La Verna nach Pieve Santo Stefano ist das nicht eindeutig, ich gerate nämlich vom Pfad ab. Der Pilgerführer will mich der Beschreibung nach im Dickicht halten, das GPS bestätigt das. Aber da ist kein Weg, nur Rosen. Zweimal gehe ich falsch, schlage mich schließlich mit Piksen, Zwicken und Reißen durch und komme wieder auf den ursprünglichen Kurs.

Auch später, als es von einer Teerstraße abgeht, folge ich einem falschen Weg. Der richtige war zugewachsen. Das ist alles für sich genommen nicht schlimm. Doch in der Hitze, unter Belastung und dem Unwissen, wie lange die Tagesetappe sich noch zieht und was sie Weiteres parat hält, steigt die Nervosität. Ich fürchte, in der Natur verlorenzugehen – in dieser über viele Kilometer langen menschenleeren Übermacht nicht zu bestehen.

In <u>Pieve Santo Stefano</u> gibt es das Piccolo museo del diario, in dem die Geschichte Italiens und seiner Menschen über private Tagebücher erzählt wird. Mein Highlight: Die von einer Frau auf einem Bettlaken niedergeschriebene Lebens- und Liebesge-schichte. Ganz emotional, ganz besonders. Ich bin eine Stunde mit englischem Audio-Guide von Raum zu Raum gegangen – be-eindruckt von den Büchern, den Schriften, der visuellen Aufberei-tung. Ein liebevolles Museum, dass ich hiermit gerne weiteremp-fehle. https://www.piccolomuseodeldiario.it

Immer das, was fehlt, ist besser, mindestens aber eine erfri-schende Abwechslung. Das bemerke ich, nachdem ich end-lich wieder lange Passagen auf Asphalt laufen darf. Die glatte Beschaffenheit bringt definitiv Urbanität in den Wildwuchs, verwandelt den Survival-Trip unverzüglich in einen seriösen Groß-Spaziergang. Eine Teerstraße veranlasst mich zur An-nahme, sie sei nicht einfach nur aus Jux und Dollerei hier hin-gewalzt worden, sondern mit einer gewissen Absicht. Und sie steigert ungemein die Aussicht auf das Erreichen einer mögli-chen Raststätte. Kurz: Ich habe gelernt, Asphaltstraßen wieder mehr zu schätzen. Allerdings auch, dass man sie nicht *über*-schätzen darf. Denn bis auf einen entspannten Gehkomfort er-füllen sie oftmals keine meiner Erwartungen: Sie führen irgend-wohin und nur selten zu einem Café.

Dafür überzeugt mich mein neues Timing. Statt morgens um sieben Uhr zu frühstücken, um gegen acht Uhr auf der Piste zu sein, bin ich jetzt mindestens ein ganzes Stündchen später. Meine Pausen am Tag sind kurz – folglich kann ich von den im Pilgerführer angesetzten Wanderzeiten mehr als eine Stunde abziehen und erreiche meinen Zielort immer noch mit ausrei-chend Zeit für Sightseeing und Eintauchen. Dieses neue Timing beschert mir eine neue Bekanntschaft: Laureen und Maurice, beide Rentner aus Kanada, die ich beim Frühstück kennenlerne.

Die beiden folgen der Route eines nordamerikanischen Wandergurus. Sie seien länger nicht mehr »gehiked«, nach dem »Camino«, dem Jakobsweg. Der wäre leichter, man passiere mehr Dörfer, könne mehr in Cafés abhängen, und mehr Menschen träfe man auch. Maurice fragt, ob ich mit Trekkingstöcken laufe, denn sie würden insgesamt 20 Prozent der Leistung ausmachen, und ich frage mich: Hat er mich mit meinem Holzknüppel schon durch den Wald stapfen sehen?

Am Ende des Tages, nach dem Durchstreifen einer *Gladiator*-artigen Landschaft, an Zypressen vorbei und allerlei Getreidefeldern – es ging durchs Tibertal – treffen wir uns zufällig in Sansepolcro auf der zentralen Piazza wieder. In diesem kleinen Städtchen, gegründet im 10. Jahrhundert, leben an die 16 000 Menschen. In den engen Gassen reihen sich Häuser mit alten Fassaden aneinander, überall wuseln Touristen und Einheimische, denn neben den Cafés, Restaurants und vielen kleinen Geschäften ist gerade Weinfest.

An den Trubel muss ich mich erst mal gewöhnen, waren die letzten Tage doch eher leise.

Maurice und Laureen stellen mir Dagmar und Beate vor, die eine komprimierte Version des Franziskusweg gehen, eine Tour in sieben Etappen. Assisiweg? – Nie gehört. Maurice und Laureen sind verwirrt: Ständig würden Deutsche mit unterschiedlichen Büchern hier herumlaufen, ob wir uns nicht mal auf eins einigen könnten und was denn nur mit uns los sei?

Wir lachen. Und noch mehr, als Maurice und ich unsere künftigen Strecken vergleichen und feststellen, dass sie bis auf zweimal immer einen anderen Zielort haben und es in ihrem nächsten nicht mal eine Unterkunft gibt.

Fröhlich gehen wir auseinander – sicher in dem Wissen, uns das nächste Mal in Umbrien zu treffen. Denn Sansepolcro war die letzte Station in der Toskana.

Es sollte auch die letzte Station sein, die ich unter Rucksackschmerzen erreiche. Noch in der Nacht »binge« ich auf meinem Smartphone Videos zu Rucksackeinstellungen und lerne: Der Rucksack ist erstens falsch gepackt, und zweitens hängt er zu hoch. Ich packe um, verstelle die Riemen und setze das ganze Tragekorsett tiefer, damit er meiner Körperlänge angepasst sitzt. Beim Probewalk in meinem kleinen Hotelzimmer in Unterhose und T-Shirt, feiere ich meine Maßnahmen mit albernen ruckartigen Tanzeinlagen und einem Pilger-Freestyle-Rap. Meinen Tag beende ich schließlich als Mörder und töte mit einem gekonnten Kopfkissenwurf eine Mücke. Das erste Lebewesen, dessen Licht ich auf dieser Reise ausgeknipst habe. Ich fühle mich unwohl.

Ein Kurs im Rucksackpacken

Die Faustformel dafür ist denkbar simpel: **schweres Gepäck** immer **körpernah im Rucksack** positionieren, damit der Schwerpunkt des Rucksacks möglichst nah am Schwerpunkt des Körpers liegt. Sind sie zu weit auseinander, ist es mühsamer, den Sack zu schleppen!
Dieser sollte vollgepackt **maximal 25 Prozent deines Körpergewichts** haben, sonst wird es zu hinkelsteinig, ohne in den Zaubertrank gefallen zu sein.
Und so ist das von Experten formulierte Packranking, von unten nach oben:

- alles, was **leicht** ist (zum Beispiel Schlafsack, Regenjacke, etc.) ganz **unten**, bzw. im Bodenfach verstauen.
- **mittelschwere** Sachen wie Hemd, Hose, dicke Socken sind nach **oben außen** zu packen.

- die **schwere** Abteilung wie Zelt, Waschbeutel, Essen, Trinken, iPad, Bücher, Hantel, **körpernah in Schulterhöhe** einräumen.

Um perfekt im Tetris-Style die Bausteine parken zu können, empfehlen sich dünne wasserdichte Packsäcke – wir erinnern uns an Katis Zipperbeutel. Damit ist Ordnung gewährleistet, und die unterschiedlichen Gewichte lassen sich gut austarieren.

- Kleinzeugs wie Taschentücher, Taschenmesser, Stifte oder Sonnenbrille freuen sich auf ein Zuhause im Rucksackdeckel.

Je nach Streckenverlauf empfiehlt sich ein **anderer Schwerpunkt**, damit der Rucksack deinen Bewegungsablauf unterstützt und dich nicht runterzieht.
Beim Wandern auf flachem Geläuf sollte der Schwerpunkt daher weit oberhalb der Hüften sein. Heißt: Die richtig schweren Sachen sind körpernah auf Schulterhöhe.
Geht es größtenteils rauf, musst du gar klettern, ist es ratsam, den Schwerpunkt etwas tiefer, in Höhe des Bauchnabels anzusetzen, heißt: das schwere Zeugs dort innenliegend einzuräumen.

Der »Filz-Schmierkäse« hatte an seinem Rucksack noch allerlei Gedöns hängen. Das ist bei einer Tour, wie ich sie unternehme, nicht notwendig. Grundsätzlich sollte also all dein Zeug in dem Rucksack Platz finden. Nur wenn es nicht anders geht, lassen sich leichte Teile wie Zeltstangen, Alukochtopf oder Jakobsmuschel auch außerhalb befestigen.

Der **Lackmustest** eines jeden Rucksackwanderers, bevor es losgeht: Zieht dich das Teil beim Gehen, Klettern und Steigen nicht in die falsche Richtung, ist alles perfekt verpackt.

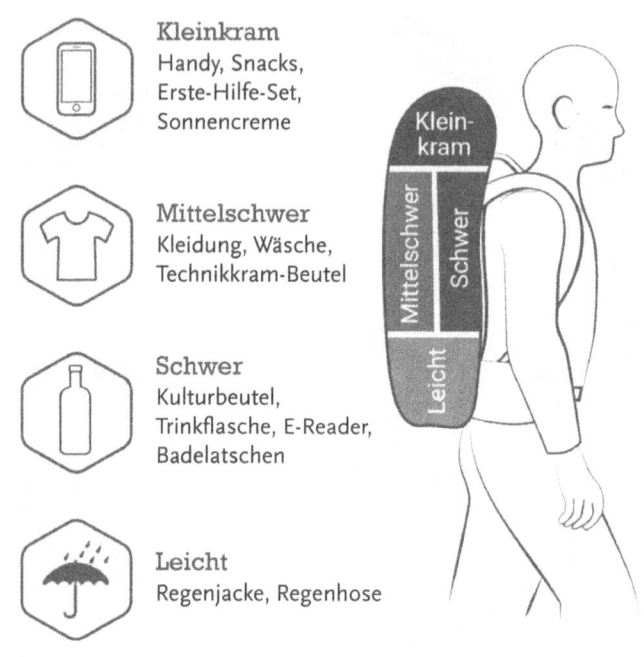

Kleinkram
Handy, Snacks,
Erste-Hilfe-Set,
Sonnencreme

Mittelschwer
Kleidung, Wäsche,
Technikkram-Beutel

Schwer
Kulturbeutel,
Trinkflasche, E-Reader,
Badelatschen

Leicht
Regenjacke, Regenhose

Wer eine Leiche verschwinden lassen muss – Anmerkung: die Mücke blieb an der Decke kleben –, ist mit dem toskanischen Grenzgebiet zu Umbrien wirklich gut beraten. Keine Menschenseele weit und breit, zahlreiche Ruinen plus ideale Aufbewahrungsmöglichkeiten wie Wassertanks, Viehtränken oder Steinöfen – dumpfe Mörderseele, was willst du mehr?

Aber das sind nur lausige Fantasien eines alten Aktenzeichen-XY-Ede-Zimmermann-Guckers.

Der Gedanke an Mord ereilt mich auch auf einer kurzen Autofahrt in einem blauen Ford-Focus-Kombi. Während ich neben einem wildfremden Italiener im Auto sitze, ohne wirklich verstanden zu haben, was er vorhat, frage ich mich: Bist du gerade »naiv unvorsichtig« oder »offen optimistisch«? Ist das Gottes Plan oder das Leben – oder vielleicht beides?

Er redet, ich verstehe nichts. Ich rede, er versteht nichts. Wir gucken aus dem Fenster. Dann passieren wir das Ortsschild von San Giustino – dieser Ort steht nicht in meinem Pilgerführer, denke ich –, und kurze Zeit später halten wir vor einem Reisebüro. Er bedeutet mir, ihm in den schmalen Gang am Haus entlang zu folgen, bis wir vor einer weißen Tür halten. Dahinter verbirgt sich eine komplett eingerichtete Wohnung mit Küche, Bad, Schlaf- und Wohnzimmer!

In gebrochenem Englisch erklärt er mir, dass ich hier schlafen könne. Morgen früh gibt's Frühstück bei seiner Mutter, nebenan, und ob ich denn Ei mag? Oh ja!

Wenn ich Bock auf einen Kaffee hab, solle ich mir einfach einen nehmen, morgen würde er mich dann nach dem Frühstück abholen. Er klopft mir auf die Schulter und geht.

Rückspultaste. Als ich im Hotel in Lama ankomme, begrüßt mich ein Mann meines Alters mit dunklen lockigen Haaren an der Rezeption. Er dreht sich gerade eine Zigarette. Mit dem Dreitagebart, seinem zerknautschten Gesichtsausdruck und dem Hemd aus der Hose, wirkt er wie ein etwas runtergekommener italienischer Ermittler, der sich eigentlich schon im Feierabend wähnt, jetzt aber doch noch mal raus zum Tatort fahren muss.

Im klangvollsten Italengisch rattert er was von »scusi«, »Hotel is full«, »Gruppo di pellegrini tedeschi«, »spontaneamente« und »drink molto birra« herunter.

Ich schließe daraus: Er hat mein Zimmer einer außerplanmäßig größeren Pilgerreisegruppe gegeben! Aus Deutschland. Die viel Bier trinkt.

»Come, I have other place for you.«

Und dann bin ich ihm wie ein Lemming ins Auto gefolgt. Und erst während der Fahrt fürchtete ich den Tod. Ich wusste ja nicht einmal, ob er wirklich fürs Hotel arbeitet. Er saß ja nicht *hinter* dem Tresen, er stand *am* Tresen.

Vielleicht ein Missverständnis? Eine Szene wie aus *Ödipussi*. Als Loriot als Paul Winkelmann bei einem in der Hotellobby herumstehenden Herrn ein Getränk bestellt, weil er ihn versehentlich für den Kellner hält.

Nun, alles ist gut gegangen. Sogar viel besser als gedacht. Und am nächsten Tag gab es dann wirklich Ei. Das erste Mal seit zehn Tagen.

Kloster Montecasale
(auf der Etappe: Sansepolcro – Lama)

Ein aus dem Jahr 1192 von Kalmadulensern gegründetes Kloster, das als Einsiedelei 1213 an Franziskus abgetreten wurde. Die

Ordensbrüder blieben bis 1268 hier, danach übernahmen die Augustiner, und seit Anfang des 16. Jahrhunderts sitzen die Kapuziner-Mönche im Drivers Seat!

Gut zu wissen: Im 13./14. Jahrhundert herrschte ein Marienkult um das Bild der Madonna mit Kind. Und: Das Gebäude ist ein Vorzeigeexemplar für »arme Architektur«. Heißt: Die Materialien stammen allesamt aus der Gegend, und die Bauweise ist inspiriert von der Lebensweise der Mönche.

Kleine Zwischenbilanz

Es ist Halbzeit. Etwas mehr als die Hälfte ist geschafft. Was lief gut, was ist verbesserungswürdig, und was sind notwendige Erkenntnisse, die ich mit dir teilen möchte, neben den Erfahrungen in den Tagebucheinträgen? Ich beginne mit den Basics:

Proviant für den Tag

Meiner Meinung nach genügen nach einem guten Frühstück: ein Apfel, eine Banane, unterschiedliche Nüsse und gerösteter Mais (salzig), den man in vielen Supermärkten in kleinen abgepackten Portionen für 99 Cent kaufen kann. Außerdem noch ein, zwei Proteinriegel – falls es körperlich doch überraschend fordernd wird. Diese Snacks sind meine empfohlene Tagesration.

Anfangs hatte ich immer Brot, Wurst und Käse dabei. Vom Buffet habe ich verpackten Zwieback oder Kekse mitgenommen, mir auch mal 'ne amtliche Stulle geschmiert. Doch am Ende: alles nicht gegessen. Sehr romantisch, der Gedanke auf einer Decke zu sitzen, ins Tal zu blicken und mit dem Taschenmesser eine fette Scheibe Salami abzuschneiden.

Mein Ablauf gab solche Momente bislang jedoch nicht her.

Unterkunft – Lotterie für deine Nacht

Wer den Franziskusweg geht und wie ich die Unterkünfte, die im Pilgerführer ausgewiesen sind, aus der Hüfte und mitunter kurz vor knapp akquiriert, wird feststellen:

- irgendwas geht immer,
- manchmal auch nur eine einzige Übernachtungsmöglichkeit
- und: Keine gleicht der anderen!

Deshalb ist die Pilgerei hier in Italien allein schon wegen der Schlafmöglichkeiten ein nicht enden wollendes Happening.

Oft liegt's an den auffällig liebenswürdigen Betreibern oder den Co-Pilgern, die mit einem einquartiert sind. Oft ist es aber auch einfach nur das Zimmer mit charmantem Schönheitsfehler: Mal ist der Fernseher weg, mal lässt sich die Duschkabine nicht öffnen. Ein andermal ist der Raum eigentlich der ehemalige Hauseingang, in dem jetzt ein Bett steht, oder das Bad, das größer ist als das eigentliche Zimmer, hat keinerlei Vorhänge und liegt direkt gegenüber einer Mietskaserne.

Und natürlich sind all diese entzückenden, aber teilweise verschlissenen Herbergen oder extrem sauberen und atmosphärisch einzigartigen Klöster bezaubernd. Kein Zimmer ähnelt dem anderen, jede Übernachtung birgt eine kleine Geschichte für sich. Ich muss sagen: Auch das macht diese Reise aus.

Meine Morgen-Mittag-Abend-Routine: Erwartungslosigkeit

Unser Leben besteht darin, Erwartungen zu haben. Erwartungen, dass es unserer Familie gut geht, dass uns jemand einen Auftrag für ein neues Projekt erteilt, dass wir gesund sind, dass es morgens weitergeht und abends Netflix läuft. Große und kleine Erwartungen implizieren Ziele, setzen auf Zukunft, unter Druck, fordern heraus, wollen, dass Leerstellen ausgefüllt werden, die Dinge mindestens so bleiben, wie sie sind, oder aber sich bessern. Immer ist jemand in Erwartung – entweder wir selbst oder jemand anderes, im Zweifel die Gesellschaft.

Auf dem Franziskusweg erwartet man maximal, dass ich meine Rechnungen begleiche, meine Erwartungen hingegen sinken analog zu jedem gewanderten Kilometer. Alles funktioniert hier besser, wenn ich einfach NICHT erwarte! Aus »Gelingenmüssen« wird »Nehmen, was kommt«. Ungeplantes ist mir willkommen! Körperlicher Schmerz, geschlossenes Café, kaputter Duschkopf, falscher Weg, fremder Pilger. Erwartungen sind Gift für den Franziskusweg. Es gilt, den Reiz des Unvorhersehbaren auszukosten, um gleichzeitig nicht in Dauerschleife enttäuscht zu werden. Es ist nie »Wetter«, es ist zu heiß, zu kalt, zu warm, zu nass, zu windig.

Ungeschriebenes Gesetz: Ist das Regenzeug gerade mühsam aus dem Rucksack rausoperiert, scheint schon wieder die Sonne.

Tönt der Pilgerführer, die Tagesetappe sei »leicht«, arbeite ich mich trotzdem an der Steigung ab, oder es quälen mich andere Wanderbegleiterscheinungen: Gedanken, Hüfte, fehlende Toilette.

Und mit dem Erreichen des Hotels öffnet sich die Box der Pandora, und ein neues Abenteuer beginnt.

Ohne Erwartungen entsteht Raum für Erfahrung und viel Platz für Gedanken: Aus allen Hirnwindungen kriechen sie hervor, bereit für eine Audienz.

Ich denke an Menschen, die mir lieb sind. An meine Arbeit. An meine Kindheit. An schmelzendes Eis am Stiel im Freibad. Wie sich die klebrige orange Flüssigkeit erst an meinen Fingern sammelt und dann langsam auf meine nackten Beine tropft. Es schert mich nicht, und ich wische einfach mit der Hand drüber. Sehe meine nassen Haare am Kopf kleben, meine kleine Badehose und den dicken Bauch darüber. Ich strahle vor Glück und bin verfressen. Würde am liebsten noch das Eis der anderen Kinder essen.

Auch heute bin ich noch verfressen. Es sieht nur keiner mehr, weil ich so lang und dünn bin. Aber der Busi ist da drin. Und der hat sich nicht geändert.

Ich sehe, wie er die Stiefmütterchen auf dem Grab gießt, den bläulichen Granit mit Wasser überschüttet, damit er sauber glänzt und der Name von Papa gut zu lesen ist. Er sitzt danach allein in der kleinen Kirche und fragt Gott, wann Papa wiederkommt. Das macht er einen Sommer lang. Dann hat er es aufgegeben. Es geht einfach besser, ohne Erwartungen.

Der Pilger in mir

Es ist wie in der Krippe: Der eine braucht länger, der andere kürzer für die Eingewöhnung. Doch nach einer Woche Impressionen, Begegnungen und qualmenden Socken bin ich drin. Ich lächle freundlich, esse reichlich und habe eine Pilgerversion meiner selbst angenommen: demütig, staunend, dankbar. Ich mag mich in der Vorstellung, ein Pilger zu sein, in Kirchen zu sitzen, an die Wände und Decken zu starren. Ich will die Figuren und Fresken verstehen, den Segen, die Lieder und Gebete, um Teil des Klubs zu sein, obgleich ich weiß, dass ich es niemals werde. Wie im Zoo schaue ich durch die Stäbe und bin mal berührt und mal entsetzt. Ich verbringe dort immer eine gute Zeit, doch wenn ich gehe, ist sie auch schon wieder vergessen. Das würde mir hier auch passieren, stünde nicht alle zwei Meter wieder eine andere Kirche am Wegesrand. Das hält einen im Loop. Ein kostenloses Training in Einkehr.

Ich bete täglich, uneins darüber, wie intensiv mich das Vaterunser wirklich durchfährt. Teilweise spule ich es so mechanisch runter wie das lästige Aufsagen eines Gedichts in der Schule. Hier habe ich entdeckt, dass jedoch das eigentliche Zwiegespräch erst nach dem offiziellen Anruf beginnt. Das Formelle ist nur der *Door-Opener*, das Einwählen in die Telko mit Gott. Durch die Luke geklettert, weiß ich manchmal nicht, was ich sagen soll, dann schwebe ich in einem kleinen, dunklen Raum. Er hat keine Tür, einen Dielenboden und nur zwei Wände, die immer in meinem Rücken sind und mir ein Gefühl von Geborgenheit geben. Ich hocke mich in den Schneidersitz und blicke in die Dunkelheit. Sie macht mir keine Angst. In ihr ist es mir wohler als im Schein.

Und manchmal sprudelt es dann aus mir heraus. Was mich umtreibt kommt auf den Tisch, all das Durchdachte, Undurchdachte, Angedachte – und keiner antwortet. Aber eine Reaktion folgt. Ein kleiner Impuls durchdringt meinen Körper und braucht Stunden, teilweise Tage, um schließlich als ausgereifte Erkenntnis in den Kopf einzudringen und mich zum Handeln zu bewegen.

Diese Entdeckung, vielleicht ist sie auch eine *Wieder*entdeckung, ist ein großes Geschenk. Noch vor der Ankunft in Assisi stelle ich fest: Ich bin hier, weil es genau jetzt richtig ist.

Mitpilgernde soll man nicht aufhalten

Der Weg ist jetzt mein Weg. Die anfängliche Nervosität zwischen uns ist verflogen. Ich gleite gelassen in den Tag, habe einen neuen Takt zwischen Distanz und Aufwand. Ich gehe alleine, ich gehe mit anderen. Wir sprechen. Wir schweigen. Geben uns Sicherheit, Gesellschaft und bleiben in freundlichem Abstand. Ein Algorithmus würde uns niemals so matchen, das hat das Leben ihm einfach voraus. Und doch funktionieren wir als Einheit gut.

Wir stellen uns dieser großen Anstrengung zusammen und jeder für sich. Vielleicht nur bis morgen, vielleicht bis zum Ende. Sicher bleibt, wir werden diesen Weg immer mit den Menschen in Verbindung bringen, die uns hier begegnen und die uns auf eine ganz andere Weise kennenlernen, wenn wir es erlauben.

All diese Entscheidungen

Der Alltag steckt voller Entscheidungen. Aus den Millionen von Möglichkeiten müssen wir andauernd einordnen, abwägen, entscheiden. Je größer die Anzahl der Optionen, desto kleiner ist meine Lust, eine Wahl zu treffen. Klingt alles toll, finde ich alles super, möchte ich alles haben – wie soll ich entscheiden? Ich bin blockiert. Dann wünsche ich mir sehnlichst ein schlichteres Leben, mit weniger Auswahl und vorgegebener Struktur. Ein bisschen so wie als Kind. Anziehsachen wurden rausgelegt. Was und wann es zu essen gab, entschied meine Mutter. Und wenn sie nachmittags keine Zeit hatte, wurde ich einfach verabredet. Machen wir uns nichts vor: Erwachsensein ist anstrengend. Es ist die große Freiheit mit Pferdefuß: In einem unbegrenzten Vergnügungspark, der alles erlaubt, muss man sich täglich zurechtfinden, geerdet, vernünftig, stets in der Lage, es selber zu tun, zu lösen, zu entscheiden – hier die Verantwortung, da die Konsequenz.

Zurück zum einfachen Leben geht es hier auf dem Pilgerweg. Nur ein Rucksack, eine beschränkte Menge an Kleidung und Proviant, einfache Unterkünfte und ein klares Tagesziel – das reicht schon. Völlig reduziert, ohne Zusätze und jegliches Chichi. Der Entscheidungsmuskel hat Urlaub. Von der Sonnenliege aus muss er lediglich kurz den Finger heben – ob Pizza oder Pasta, mit Co-Pilgern laufen oder ohne – und kann sich wieder hinlegen!

Route und Ziel stehen fest – alles, was zu tun ist: Atmen, Laufen, Essen –, die Profis fügen noch hinzu: Beten! Das ist die Rückkehr zur Einfachheit und der gelebte Pepsi-Slogan »Reduce To The Max!«

Schluss mit der »Qual der Wahl« und ab ins Spa für Entscheidungsmüde!

Alles andere machen wir wieder zu Hause.

Ich bin (nicht) erreichbar

Out-of-Office-Reply, Handy aus – *digital detox* par excellence! Statt lahme Mails zu beantworten, lieber ordentlich marschieren. Aus dem Bürohengst ist ein Naturbursche geworden. Allerdings: mit Anschluss. Diesmal nicht bezogen auf meine Mitwanderer, sondern auf meine Erreichbarkeit. Die herrscht streckenweise telefonisch, morgens und abends checke ich Mails. Dazu habe ich mich entschlossen, weil ich als Vater von drei (kleinen) Kindern anspielbar sein will – um zu wissen, dass es ihnen gut geht, telefonische Seelsorge zu leisten oder im Falle eines Falles kurzfristig zum Flughafen zu düsen. Das fühlt sich gut für mich an, aber natürlich muss ich den Tag über mit dem Akku hausieren und das Handy dann sowieso zwischenzeitlich in den Flugmodus stellen.

Wer übrigens meint, da in der Pampa sei doch eh nur eingeschränkter Empfang – weit gefehlt: E-Netz geht eigentlich immer.

Mails checken ist notwendig. Ich habe die Out-of-Office-Reply wieder rausgenommen, weil ich die meisten Unterkunftsanfragen per Mail rausjage. Ich habe einen Copy-and-Paste-Text, aktualisiere immer nur das Datum meiner Übernachtung und fertig. Das funktioniert ausgesprochen gut. Antworten folgen meistens innerhalb weniger Stunden. Außerdem fühle ich mich als One-Man-Show besser, wenn ich weiß, dass das

Berufliche läuft, keiner Texte oder Antworten auf dringende Projektfragen erwartet und grandiose Aufträge von mir direkt angenommen werden können. Das passiert in meinem Beruf nämlich oft per E-Mail oder WhatsApp.

Ein E-Mail-Check-Verbot würde mich daher echt beunruhigen, geradezu stressen.

Es funktioniert aber ja auch so. Meine Kontaktsperre ist deine Kontaktsperre – tippe ich keinen Stein an, machen es die anderen auch nicht. Nur ein bisschen vielleicht, aber das ist eher zu vernachlässigen. Die runtergefahrene Kommunikation zeigt Wirkung. Wie auch der gen null tendierende Medienkonsum. Ich höre keine Musik, keine Podcasts, kein Hörbuch. Ehrlich gesagt nicht einmal vorsätzlich – ich habe es einfach vergessen. Und das ist doch wohl das beste Zeichen für Entspannung!

Spuren lesen

Habe ich mich erst mal in meinem Wanderrhythmus eingependelt, denke ich nicht mehr darüber nach, wo es zwickt, wie sich die Knochen anfühlen, ob der Rucksack zu schwer ist oder wie weit der Weg noch ist – heute und überhaupt. Also, wenn alle täglichen Störfeuer erloschen sind, ich im Takt mit mir selbst bin und Schritt für Schritt voranpirsche, entsteht mein Pilger-Flow, der mechanisch gleichmäßige Bewegungsablauf parallel zum Atem, in größter Gedankenlosigkeit. Der Blick schweift nicht in die Ferne, sondern ruht sanft auf der wechselnden Beschaffenheit des Weges. Spätestens bis Spuren vor mir mich aus dem meditativen Zustand reißen. Tiere in der Nähe: Hufeisen (Pferd, Esel), Tatzen (bitte kein Wolf) oder zwei scharfe Zacken (bitte kein Wildschwein!)

Je nach Gemütszustand lösen bereits fremde Profilsohlenabdrücke mit Walking-Sticks-Löchern drum herum Unruhe in mir aus. Wie frisch die Spur ist, erkenne ich an der Qualität des Abdrucks. Ist er gut erhalten und satt, bedeutet das: Die Erzeuger sind unmittelbar vor mir. Was mich zu einer Reaktion zwingt. Sollte ich mich lieber etwas zurückfallen lassen, um mir meine Ruhe zu bewahren, oder suche ich Kontakt? Dann hätte ich jetzt Gelegenheit, Anschluss zu finden und meine Bedürfnisse als soziales Wesen zu befriedigen.

Wie auch immer ich entscheide: Das Spurenlesen bietet mir die Option einer neuen Story. Ob gut oder schlecht, scheiß drauf, sie ist einfach da. Und es liegt an mir, ob ich sie erleben will oder nicht.

Das Wetter

Ich finde es wichtig, über das Wetter zu sprechen, weil es maßgeblich unsere Stimmung beeinflusst. Ich bin im Mai unterwegs. In Hamburg stets ein Wonnemonat, in dieser Region kann er unterschiedlicher nicht sein. Von den Einheimischen höre ich, dass es hier im Sommer richtig heiß wird mit bis zu 40 Grad. Da ist es geradezu absurd, dass ich gerade im nicht enden wollenden toskanischen Landregen stehe.

Als ich meiner Tochter am Telefon einmal berichte, dass es im Moment wie aus Kübeln schüttet, ist ihre spontane Reaktion: »Oh, toll, ich würde gerne bei dir sein. Ich liebe es, im Regen zu spazieren.«

Kein Wort des Mitleids, dass Papa in Italien weggespült wird, während man selber im T-Shirt im Garten sitzt. Und wieso auch? Für sie gibt es ja gar keinen Grund! Ganz im Gegenteil: Sie freut sich für mich, ist vielleicht sogar ein bisschen neidisch!

Das hat mich nachdenklich gestimmt. Regen braucht meiner Meinung nach kein Mensch. Meine Stimmung ist daher eher mürrisch.

Die ganze Kostümierung wird nass, das muss dann auch noch alles irgendwie trocknen – und mit den Heizungen haben sie es ja hier nicht so. Also mit den eingeschalteten Heizungen.

Doch dank des völlig unbedarften Ausspruchs meiner Tochter, versuche ich, mich auf die andere Seite zu stellen, die Perspektive zu wechseln – denn, was juckt's mich eigentlich? Ich kann hier doch rumlatschen wie ein streunender, stinkender, pitschnasser Straßenköter, und es interessiert keine Sau! Außerdem hab ich sonst nichts zu tun.

Die Bäume jubeln, die Bauern, die Tiere, die Regenjackenhersteller, die Indoor-Spielplätze – alle happy. Die Insekten legen eine kleine Flugpause ein, und die Äste freuen sich über Gäste, die sich schutzsuchend unter sie stellen. Der Rest der Welt bleibt drinnen. Jetzt kann sie mir endlich mal allein gehören!

Das Prasseln der Tropfen auf Rucksack und Kapuze ist glatt romantisch, die Schuhe hinterlassen einen makellosen Profilabdruck, und sie dürfen ruhig auch mal in Matsche treten und darin tiefer versinken, als es ursprünglich geplant war.

Haben wir es als Kinder nicht alle toll gefunden, stundenlang mit Gummistiefeln in Pfützen zu tanzen und herumzuspringen und den Regen mit dem Mund aufzufangen?

Sehe selten Erwachsene, die das noch tun. Wahrscheinlich nie der richtige Zeitpunkt, um nass zu sein. Aber hier. Wenn mir Regen geschickt wird – kalter oder warmer – und dazu noch eine leise Brise, genieße ich es! Nehme es voll wahr. Labe mich daran. Schon in wenigen Stunden sitze ich wieder in irgendeinem B & B oder im Hotel und trockne meine Sachen, wenn nicht auf der Heizung, dann vielleicht mit einem Föhn.

Zurück im Alltag, werde ich andauernd wieder drinnen hocken und mich an diese Momente sicher wohlig zurückerinnern.

Vermutlich sogar mehr, als wenn nur eitel Sonnenschein geherrscht hätte.

Eine frühere Nachbarin von mir hat bei Regen immer gesagt: »Every raindrop is a kiss from heaven!« Damals habe ich noch mit den Augen gerollt.

Hindernisse

Immer wieder will der Weg, dass ich mich besonders anstrenge. Dann stimmen Beschreibung und Realität nicht zusammen. Zeit ist ins Land gegangen, Stürme haben gewütet, und Menschen haben ihn durch ihr Tun oder Nicht-Tun verändert.

Wie auf der ersten Etappe, als ein umgeknickter Baum den schmalen Pfad versperrt hat.

Wie es dann weitergeht, kann der Pilgerführer nicht beantworten. Das gilt es, selber herauszufinden. Und manchmal braucht's 'ne Weile. Scheitern inbegriffen.

Einmal hat ein umgewehter Baum mit seiner Kraft sämtliche Dornenbüsche mitgerissen, die den Weg verstopften. Durch den Regen war der Boden nass und morastig. Auf der Ebene der Büsche ging es folglich nicht weiter. Die einzige Alternative sah vor, ein steiles Stück wieder hinabzusteigen, um dann einen Schlenker zu machen, der wieder raufführt. Bei festem Boden kein Problem. Aber Absteigen auf diesem Ibiza-Schaumparty-Glitschuntergrund – das dauert und ist nicht ungefährlich.

Sacht mit dem Stock vortasten – wo ist fester Boden? Ist der Rucksack auf dem Rücken zu hoch, passe ich nicht hindurch, aber ich habe auch nicht die Kraft, das Teil rüberzuwerfen. Es klingt absurd, aber ab und zu komme ich mir vor wie ein Kind, das gerade nicht die hellste Kerze am Baum ist und den Ausweg nicht findet.

Aber nach Minuten, Stunden, Tagen, kreisenden Hubschraubern, Leuchtraketen und Vivaldis *Vier Jahreszeiten* finde ich aus dem Schlamassel raus. Bin glücklich, zufrieden und motiviert. Ich habe Mut bewiesen, mich vielleicht überwinden müssen, einen extragroßen Kraftakt benötigt oder konnte das Hindernis geschickt umschiffen. Was es auch war: Ich habe es gelöst, und das stärkt mein Selbstbewusstsein.

Die »Prüfungen« lauern hier überall, und ich habe die große Zuversicht und das tiefe Vertrauen, sie alle zu bestehen! An dieser Stelle: schönen Gruß in den Dschungel.

Etappe 9 & 10: Lama – Bocca Serriola – Pietralunga

Ich mag gerne weiches, sabschiges Rührei. Am besten wackelt es noch nach, wenn der Teller serviert wird. Paolos Mutter kann das zwar nicht ahnen, landet aber einen Treffer. Ich zähle ihre omelettähnlichen Rühreifladen zu den am besten zubereiteten Eiern, die ich in mehr als vierzig Jahren gegessen habe. Ziemlich viel Pathos für einen noch diesigen Morgen in Lama.

La Mamma hat mir ein Buffet auf den Tisch gestellt – inklusive Wursterzeugnisse, die selbstgemacht und nach Rinderhoden aussehen. Zwei dicke Fleischbälle, dunkel, grob. Bäh! Dafür greife ich lieber doppelt beim selbstgebackenen Kuchen zu. Wir verstehen uns prächtig. Ich lobe andauernd per Google Translator: »Das schmeckt lecker.« – »Ha un sapore delizioso.« Sie freut sich und zupft an ihrer Strickjacke. Dann geht sie wieder in die Küche nebenan, während ich mich im Wohnzimmer mit jedem Bissen heimischer fühle. Selten so gelassen in den vier Wänden einer Fremden gegessen.

Zurück im Apartment packe ich den Rucksack. Mittlerweile geht das wirklich fix, und mit den neuen Packanweisungen steckt nun auch ein System dahinter. Doch jedes Mal bin ich dabei ein wenig aufgeregt. Mit Kribbeln im Bauch und leichter Unruhe. Weil wie aus dem Nichts plötzlich Bedenken aufsteigen. Schaffe ich den heutigen Tag? Überlebe ich diese Tour? Ist hier wohl schon mal jemand in der Einöde verschüttgegangen?

Futtert der Angsthase morgens Rührei, dreht er offensichtlich durch. Besser loslaufen!

Paolo ist pünktlich und fährt mich von San Giustino zurück zum Hotel in Lama. Er weiß Neues von der Pilgertruppe zu berichten. Sie hätten noch die ganze Nacht durchgetrunken. Das sei in Italien anders, meint er. Es werde zwar sehr gerne Wein, auch sehr viel Wein getrunken, aber so wegsaufen würden sich Italiener nicht. Hier gelte eher Genuss!

Ich reaktiviere den aufgeklärten Journalisten in mir, wir reden über die Fünf-Sterne-Bewegung und Lega Nord, und Paolo schüttelt den Kopf. Nein, das sei nicht seine Regierung, und über Conte könne er nur lachen!

»Völlig absurd, wer in Italien Regierungschef werden kann!«, schimpft er. Ich sollte mir die Menschen in Italien einmal genau anschauen.

»Passen sie und diese Regierung zusammen?«, fragt er ironisch. »Aber ihr habt sie doch gewählt – irgendwas muss doch dran sein …«, entgegne ich. Doch dann ist unsere Zeit um. Paolo muss seinen Dienst an der Rezeption wieder antreten, und ich habe ja schließlich auch noch was vor.

Posteuphorisch vom Frühstücksgelage mache ich mich auf die 18 Kilometer lange Etappe nach Bocca Serriola. Was wie eine Mafia-Splittergruppe klingt – »Ich frage jetzt zum letzten Mal: Sind Sie Mitglied der Bocca Serriola?« –, ist eine winzige Siedlung im Nirgendwo Umbriens. Denn nun ist Schluss mit der Toskana – jetzt geht es hier weiter. Allerdings ohne nennenswerte Änderungen im Gelände – bislang: Steigungen, Schotterpisten, Felsenlandschaft, Waldpfade, und der obligatorische Bachlauf darf selbstverständlich auch nicht fehlen.

Nach der Überquerung drückt die Blase, die ich nonchalant in den Wicken leere, als ich plötzlich lautes Gebrabbel höre.

Um die Ecke biegen rund zwanzig sichtlich und hörbar gut aufgelegte Wanderinnen und Wanderer – Paolos Partypilger? Die Schar ist zügig unterwegs, und viel schlimmer: Sie müssen mich beim Entleeren gesehen haben. Ich tue so, als hätte ich sie nicht bemerkt, greife meinen Wanderstock und flitze los.

Es geht natürlich bergauf, als ich hinter mir höre: »Ah, ii-ihhh, ohhhh – naiii, hier muss mal wo au die Schu ausziehe ...« Gemurmel. Lautes Lachen. Unmissverständlich handelt es sich bei der Gruppe um Schwaben, die ich durch die Bachquerung abhängen kann. Ich fühle mich dadurch allerdings auch wie ein Verfolgter, ich will nämlich auf keinen Fall mit ihnen zusammentreffen. Am Ende würde es mir noch so gut gefallen, dass ich mich dem Tross anschließe und nicht mehr alleine laufe – und das ist nicht der Sinn der Sache.

Also verkneife ich mir die Pause und laufe eiskalt weiter.

Gegen Mittag erreiche ich bereits mein Tagesziel: Bocca Seriola. Es gibt zwei Häuser: mein gebuchtes Refugio zum Übernachten und eine Bar.

Das Refugio steht etwas verloren im Wald, umringt von hohen, dunklen Bäumen. Mit einer ganz langsamen Kamerafahrt drauf zu, ließe es sich als perfekte Kulisse eines Psychothrillers inszenieren. Ich finde es grauenvoll hier. Oder ist es eher meine Fantasie, die für mein Unbehagen sorgt? Nirgendwo eine Menschenseele. Wie ein Lost Place. Nur dass dieser Place nicht lost ist, sondern buchbar.

Statt des Vermieters treffe ich auf ein Schild an der geöffneten Tür: »For Pilgrims OPEN – I come back at 16 o'clock.«

Bei mir ist es aber erst *13 o'clock* – English for runaways.

Ich stiefele hinein und schaue mich um: eine große offene Gemeinschaftsküche mit wuchtigem Esstisch und ein Kamin – das kann ja gemütlich werden. Leichenteile ließen sich hier verbrennen, Beweise vernichten. Da ist aber keine Asche zu sehen.

Durch eine Tür geht es in den Trakt der Schlafzimmer – die sofort Florenz-Gefühle in mir wecken: Doppel- und Mehrfachzimmer mit unbezogenen Betten. Ich erspähe ein großes Gemeinschaftsbad und weiß jetzt, wo der Hase läuft – nämlich bloß weg aus diesem Refugio. Ich verdrück mich einfach, ohne Bescheid zu geben. War eh nur so eine unverbindliche »Komm vorbei«-Antwortmail vom Vermieter, Platz sei immer. Der nimmt jeden, der kommt.

In dem besagten zweiten Haus, der Bar, bestelle ich mir einen Kaffee und will mir überlegen, was ich tue. Ich könne hier schlafen, bietet mir der freundliche junge Mann hinter dem Tresen an. Er spricht ungewöhnlich gut Englisch, und nach kurzem »Woher kommst du? Wohin geht's du?« erklärt er, er sei schon mal in Berlin gewesen, das er mir auf einer Europakarte an der Wand zeigt. Ich nicke und schwärme: »Fantastic city!« Doch das interessiert ihn nicht. Er zeigt mir einfach weitere Hauptstädte Europas. Als würde er mir eine Stunde Erdkundeunterricht geben. Schlimmer wird es, als er anfängt, mir sämtliche Hügel, Berge, Erhöhungen Italiens zu benennen und irgendwo auf der Karte zu zeigen. Dabei vertut er sich ständig und versucht, sich zu korrigieren. Die Situation gerät völlig aus dem Ruder, als er nun von mir die Hügel, Berge, Erhöhungen Deutschlands benannt bekommen möchte.

Unauffällig prüfe ich, ob irgendwo Kameras angebracht sind und ich den Typen aus dem Fernsehen kenne. Der ist doch nicht ganz schussecht. Fehlt nur, dass Guido Cantz gleich hinterm Vorhang hervorkriecht.

Ich zeige auf die Uhr, bedeute ihm, heute noch weiterwandern zu wollen, zahle meinen Kaffee und flüchte von diesem seltsamen Ort. Anders kann man Bocca Serriola nicht nennen. Und wenn Franziskus, der Gute, mir Zeichen sendet, dann hat er es hier wirklich so was von eindeutig getan. Danke, Bro!

Die Entscheidung ist damit gefallen – ich gehe eine weitere Etappe. Nach 18 Kilometern von Lama hierher, jetzt weitere 16 nach Pietralunga – so weit die Füße tragen und das Frühstück von la Mamma reicht. Mann, diese Eier!

Ich picke mir aus dem Pilgerführer eine Übernachtungsmöglichkeit raus, ein Agriturismo, rufe an und bin erfolgreich. Zimmer frei im La Cerqua.

Aktuelle Meldung aus der Zipperlein-Abteilung: linke Kniekehle schmerzt, wenn ich beim Gehen in die Streckung komme. Bestimmt Verschleiß. Ansonsten keine Auffälligkeiten. Wasser ist noch genug an Bord. Die Strecke sieht laut Buch auch keine schrägen Experimente vor, viele Schotterwege und Teerstraßen sind zu erwarten.

Nach 30 Minuten steht wie aus dem Nichts ein alter Italiener am Wegesrand. Er blickt in den Himmel – und schaukelt seine Hand, wie man es macht, wenn man Unsicherheit andeuten will. Er zeigt auf die dicken schwarzen Wolken am Horizont. Es sind Gewitterwolken, die auf uns zukommen und wie Pinsel die Landschaft mit Finsternis überziehen. Donnergrollen und Blitze. Auch das noch. Die nächste Prüfung, das nächste Zeichen oder einfach nur scheiße, dass der Kachelmann jetzt nicht hier ist? Der hätte mir gleich gesagt: Bleib bei dem Irren und seiner Europakarte, denn in einer Stunde geht die Welt unter.

Es wird unwirtlich und unwirklich. Wie in einem Computerspiel wandere ich stundenlang alleine durch die Finsternis. Der Regen hält sich noch zurück. Stattdessen wird die Kulisse immer bedrohlicher. Vor dem Gebrüll des Donners lauert eine erdrückende, dichte Stille, so wie sie tief im Wald herrscht. Von nirgendwo ein Geräusch, kein Zirpen, kein Zwitschern, keine Motorsäge – nichts, nur meine Schritte auf dem Schotter, die viel lauter klingen als sonst. Als würde die Welt kurz Luft holen, bevor der nächste Ausbruch kommt. Und er kommt. Und wie. Es poltert und kracht im Himmel, und so alleine, mitten in der Natur ausgesetzt, muss ich zugeben: Ich fürchte mich! Da ist er wieder, der Angsthase.

Meine Mutter erzählte mir irgendwann mal, ich sei eher ein ängstlicher Junge gewesen. »Angst bei« hätte ich dann immer gesagt, wenn mir Menschen oder Situationen Angst machten.

So auch jetzt: »Angst bei.«

Ein Fuchs prescht 20 Meter vor mir aus dem Gebüsch.

Er dreht sich kurz zu mir um – ich bin ihm natürlich nicht geheuer – und verschwindet.

Irgendwann hat man im Himmel offensichtlich das Wetter-Petting satt und lässt es nach immerhin vier Stunden richtig rausschießen. Ausgerechnet 1000 Meter von meinem Agriturismo entfernt, stehe ich unter einem Baum – und darf eine einstündige Sintflut erleben. Das reicht jetzt aber an Gottesgeschenken.

Als der Regen leicht nachlässt, jogge ich zu meiner Unterkunft und erreiche sie völlig erschöpft, mit schmerzenden Füßen, der schreienden linken Kniekehle und mal wieder pitschnass – das Paradies!

La Cerqua läuft jedem gemütlichen Wellnesshotel auf dem Land den Rang ab. Absolut stilsicher und rustikal eingerichtet.

Ein Zimmer mit altem Bauernschrank und massivem dunklem Holzbett. Außerdem hat es frisch renovierte baumstammähnliche Dachbalken, ein modernes Bad mit begehbarer Dusche, und zu allem Überfluss ist das Abendessen auch noch komplett selbstgemacht und das beste bislang und überhaupt: Ravioli aus Kichererbsenmehl mit Trüffel, Salbei und Parmesan.

Dann Saltimbocca und selbstgemachte Kräutersauce, Erbsen, Möhren und Salat.

Und zum Dessert: warmen Aprikosenkuchen und eine Tasse Kaffee.

Luxus in Pietralunga

Anfang und Ende reichen sich die Hände! So lecker und sättigend, wie es morgens begann, so endet es auch. Über 30 Kilometer dazwischen.

Vorhin schreibt mir eine der Schneeblumen – nachdem ich den beiden gesagt habe, wie weit ich gelaufen bin: »Du bist doch gedopt.«

Richtig! Und je näher ich Assisi komme, desto höher wird die Dosis.

Pilger-Lektionen

Pilgergruppen und der Umgang damit

Mehrköpfige Pilgergruppen begegnen einem immer
wieder auf dem Weg. Ich berichtete. Anfangs die aus
NRW, mit dem Witzbold beim Frühstück. Oder die
Sauftruppe von Paolo, die mir mein Zimmer wegge-
nommen hat. Möglicherweise waren das die Schwaben
am Bach, aber es sind ja einige auf Tour.

Auffällig: Sie sind alle relativ flott unterwegs und oft
gut ausgestattet mit Trekkingschuhen, -hosen, -sticks
und -Tagesrucksäcken! Sie müssen natürlich als Horde
auch ihre Etappe schaffen und profitieren davon, dass
ihr eigentliches Gepäck mit dem Auto zum nächsten
Stopp gebracht wird.

Die Begegnung mit einem solchen Tross ist schwierig.
Allein durch ihre bloße Existenz trampeln sie jegliches
Innehalten, in Gedanken verlorenes Pilgern, meinet-
wegen auch »Lustwandeln« oder das hier viel zitierte
»Beten mit den Füßen« brutal nieder.

Und wenn sie erst mal auftauchen, ist es gar nicht so
leicht, sie wieder loszuwerden.

Drei Szenarien.

- **Fall 1: Pilgergruppe vor einem**
  Langsam heranpirschen, ein Gefühl für ihr Tempo
  entwickeln, sich darauf einschwingen und dann die
  eigene Geschwindigkeit anziehen, um in den Überholm-
  odus zu wechseln. Wichtig, um mögliche Kontaktanbah-
  nungen zu unterbinden, sehr zügig an der Gruppe vor-
  beisprinten – oder auf einen ihrer kurzen Boxenstopps

lauern, um dann den Überholvorgang zu vollziehen, mit einem kurzen freundlichen Gruß in die Menge.

• Fall 2: Pilgergruppe hinter einem

Je nachdem, wie schnell du unterwegs bist, kann es dir passieren, dass du die Pilgergruppe im Nacken hast. Ich gebe wie oben beschrieben in dem Fall lieber Hackengas, um nicht von ihnen überrollt zu werden. Vorteil: Ruhe im Karton. Nachteil: Ich fühle mich gehetzt. Das muss und soll nicht sein. Deshalb: Es ist üblich auf dem Weg, offen darüber zu sprechen, ob man alleine oder zusammen laufen will. Bei zufälligen und interessanten Begegnungen gehört es sich daher zu fragen, ob man die nächsten Kilometer gemeinsam laufen möchte oder nicht.

Im Falle des Zusammentreffens mit einer Pilgergruppe ist es also keine Ungehörigkeit, klar zu formulieren, lieber alleine laufen zu wollen.

• Fall 3: Pilgergruppe ausklammern

Um sich erst gar nicht in die unterschiedlichen Problemsituationen zu katapultieren, empfiehlt sich die Variante des »taktischen Manövers«. Die setzt allerdings voraus, einen Überblick zu haben, wann sich wer auf den Weg macht. Entsprechend schiebt man sich entweder davor oder gönnt sich noch mal einen Extrakaffee, um somit die Abreise zu verzögern. Gleiche Taktik bietet sich auch an, wenn man mit anderen Pilgern nicht zeitgleich loslaufen will. Dass man sich trotzdem unterwegs trifft, ist damit keinesfalls ausgeschlossen. Und am Ende sind diese (un)zufälligen Begegnungen doch auch irgendwie gewollt!

Zum Abschluss dieser Pilger-Lektion noch ein oft unterschätzter Dienst, den Pilgergruppen leisten, die vor einem wandern: Sie haben die wirklich gut begehbaren Wege bereits herausgefunden, weshalb man selber nicht von Schlammpfützen überrascht werden muss, wenn rechts daneben das Gras platt getreten ist und offenkundig verrät, dass hier die stabile Ausweichroute entlangführt!

30,5 Kilometer, 43 840 Schritte

Ich glaube, mein Schritttracker spinnt. Er zeigt mir definitiv weniger an, als ich gelaufen bin. Aber was spielt das für eine Rolle?

Eben.

Etappe 11: Pietralunga – Gubbio

»Du hast dein Problem zu Hause gelassen«, sagt meine Frau in einem kurzen Telefonat. Der Empfang ist wie der Inhalt: unbefriedigend. Der Kleine würde sie ständig nachts wecken, und sie könne nicht mehr einschlafen. Sei ohnehin alles gerade nicht so einfach: Kinder, Job, und irgendeiner sei immer krank. Dazu dieser schlechte Empfang. Ich höre zu, tröste, bin Seelsorger – lenke ihre Perspektive auf die guten Seiten des Lebens: drei (ansonsten) gesunde, wunderbar unterschiedliche Kinder – lustig, lebendig und wild. Ein kleines Häuschen, Urlaub machen, wie wir wollen, ein schönes Auto – ich zähle unaufhörlich materielle Annehmlichkeiten auf, ohne zu benennen, was wirklich im Leben zählt: Liebe und Zeit! Was nützt denn alles ohne Liebe und ohne Zeit?!

Pietralunga-City liegt auf dem Weg von meiner Unterkunft zum Tagesziel Gubbio.

Ich habe eher schlecht geschlafen – ich vermute, es war die Quantität, nicht die Qualität der Abendspeisen –, selbstredend ausgiebig und abermals vorzüglich gegessen. Ich verstehe, wieso der Franziskusweg ständig als mit »Genuss mit allen Sinnen« bezeichnet wird. Runtergebrochen: mega Natur, mega Essen. Und deswegen verstehe ich auch, dass man von so einem Trip mit fünf Kilo mehr auf den Hüften wiederkommen kann. Das ist natürlich widersprüchlich zur Person Franziskus, aber wir leben ja auch in schizophrenen Zeiten.

Pietralunga hat über 2000 Einwohner und ist sehr alt, wie zahlreiche Funde und römische Ruinen zeigen. Ich streife durch den mittelalterlichen Ort – vorbei an der Pieve Santa Maria aus dem Jahr 1279 – und lande in einem Supermarkt. Meine Zeit ist knapp. Ich muss mich mit Wasser eindecken, denn die Etappe heute gehört mit angesetzten 29 Kilometern zu den längsten des Weges.

Am Rande: Neben meiner Camel-Bak-Flasche, in die 0,75 Liter Leitungswasser passen, habe ich immer eine 1,5-Liter-Flasche Wasser aus dem Supermarkt in der Seitentasche. Wenn neu mit Kohlensäure, wenn schon einige Tage am Start, dann ständig mit Leitungswasser aufgefüllt. Aber so habe ich meistens über zwei Liter Wasser dabei. Denn es gibt Etappen, auf denen es nirgendwo einen Supermarkt oder eine Bar gibt – auch wenn diese eher selten sind.

Die Route erlaubt heute weniger Navigation und mehr Meditation. Leichte Wolken sorgen für angenehmes Wanderwetter – kein Wind. Ich bin nachdenklich, sicher initiiert durch das misslungene morgendliche Telefonat. Was bedeutet mir meine Ehe? Nie zuvor war ich so lange mit ein und derselben Person liiert. Sind wir noch zusammen, weil wir drei Kinder haben, weil wir uns lieben oder idealerweise beides? An manchen Tagen kann ich darauf nicht antworten. Heute zum Beispiel.

Kleine Pilgerbeschäftigungen

Während des intensiven Mit-sich-alleine-Seins auf dem Weg bietet die Natur kleine kreative Ablenkungen, wie zum Beispiel:

Zapfen-Golf

Immer wieder passiere ich Abschnitte, in denen zahlreiche Tannenzapfen liegen. Ich suche mir ein Ziel und schlage mit »Benno« einen der Zapfen dorthin. Bei Lust und Muße versuche ich, mit einem weiteren Zapfen dann den aufgestellten Score zu unterbieten.

Wegweiser aus Stöcken legen

Für nachfolgende Pilger lässt sich an verwirrenden Weggabelungen aus Stöcken ein kleiner Pfeil als Wegweiser auf den Boden legen. Ich bin bislang selber einigen dieser Pfeile gefolgt und den anonymen Tätern immer sehr dankbar gewesen.

Steintürme bauen, auf die folgende Wanderer auch ihre Steine legen können

Ich lege immer auf jeden Steinhaufen einen Stein. Jetzt baue ich selber welche bzw. lege ich die ersten Stapel.

Tier des Tages

Meiner großen Tochter habe ich versprochen, jeden Tag ein Foto von einem Tier zu schicken, das mir auf dem Weg begegnet. Von Ameise über Katze, Gecko, Hund und Pferd war schon alles dabei – den Fuchs habe ich leider nicht erwischt, genauso wenig die Schlange.

Blumensammler

Prächtig blühende Blumen begleiten mich auf dem Weg. Meine Schneeblumen haben mir viele von ihnen vorgestellt – seitdem fotografiere ich täglich einzelne Modelle. Vielleicht treffe ich die beiden ja noch mal wieder, dann können sie mir erklären, was ich da fotografiert habe. Wahrscheinlich irgendwelche Blüten von Zweitliga-Moosen oder -Flechten, ich Pflanzenexperte.

Leise wandere ich durch die Natur. Ich begegne weder lauten Geräuschen noch irgendeiner Menschenseele, fühle mich komplett allein auf diesem Planeten. Bei der Fülle an Schönheit könnte man glauben, hier sei doch alles in Ordnung, zugleich wird mir bei jedem Schritt unmissverständlich klar, wie wertvoll und wie schützenswert unser Haus ist.

Assisi rückt näher, die Gedanken an meinen Vater nehmen zu. Was wird das alles eigentlich bringen? Ich meine, es wird in Assisi nicht mehr aussehen wie zu seiner Zeit. Es gibt dort niemanden, der ihn kennt, und wenn doch, wie sollte ich das herausfinden? Papa war katholisch, ich bin evangelisch – wieso überhaupt? –, und hatte zu dieser Pilgerstätte alleine wegen seines Glaubens eine intensive Beziehung. Was werde ich von dort mitnehmen können?

Ein Freund, dem ich vor der Reise von meinem Plan berichtete, einfach nur mal an dem Ort nachzuspüren, allein in denselben Räumen zu sein, in denen mein Vater saß, wusste sofort, was ich meine. Er hatte selbst seinen Vater verloren und besuchte anschließend dessen Lieblingsplätze, um ihm nah zu sein. Unterschied: Er kannte seinen Vater.

Bleibt mein Karl-Heinz aber nicht für immer ein Fremder für mich? Oder wird sich das tatsächlich mit dieser Reise ändern? Was ich allerdings ändern sollte, ist mein Anreisedatum – ich bin nämlich früher dort, wenn ich so weitersprinte.

In Gubbio schreibe ich Christa, »unsere Frau« in Assisi!

Kurz vor Gubbio: Blitzregen setzt ein. Ich flüchte in eine Tankstelle, mümmel alten Sandkuchen von Paolos Mutter, trinke Kaffee und stiere auf das Wandtattoo: »Imagination is more important than knowledge.« Klingt wie die Antwort auf meinen zuvor geführten inneren Dialog. Möglicherweise reicht doch meine Vorstellungskraft aus, um die Lücke in mir zu schließen. Assisi wird mich zumindest inspirieren; mir Kulisse sein, in die ich mir Papa hineindenke und ihn durch sein Städtchen begleite. Ein Schulterblick, um zu begreifen, wer er war. Und wer ich bin.

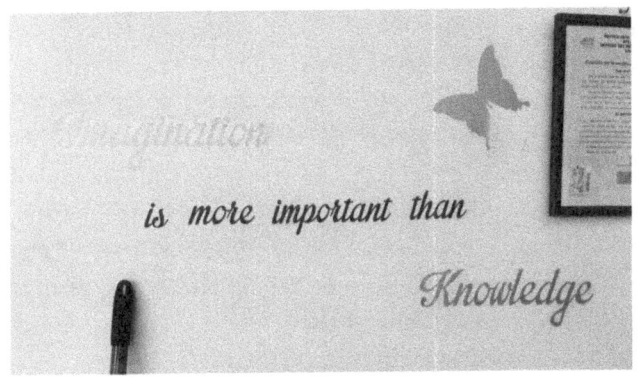

Pilgerweisheit in der Tankstelle

Die Barista singt laut zu den italienischen Chart Hits im Radio und fegt dabei das kleine Café. Zwei Songs, die ich jetzt schon ein paar Mal irgendwo aus Radios habe dudeln hören, finde ich so gut, dass ich sie von Shazam erkennen lasse und zur Playlist hinzufüge. Daraus wird die *Pilger Playlist* für später. Hoffe, ich denke dran.

»Ich bin psychisch am Ende – ich sag's lieber gleich ...«, sagt Kerstin, die gerade am Geländer an einer Autobahnüberführung steht und pausiert. Ich bin ganz überrascht von diesem erfrischend offenen Einstieg.

»Willst du lieber alleine gehen?«, frage ich.

»Auf keinen Fall. Die Hunde machen mich kirre! Lieber habe ich noch ein Happen Fleisch neben mir – dann fällt den Biestern die Auswahl schwerer«, grinst sie.

Kerstin ist Mitte dreißig, Sozialarbeiterin aus dem Schwarzwald und hat eigens für den Franziskusweg ihren Job geschmissen. Allerdings nur, weil ihr Arbeitgeber ihren Wunsch auf Auszeit nicht genehmigen wollte.

Und sie hat mächtig Angst vor Hunden. Vor allem vor den freilaufenden Modellen.

Die seien ja überall. Womit sie definitiv recht hat. Auf jedem Hof sitzen mindestens zwei Köter. Und hier in Umbrien sind sie größenwahnsinnig, sprinten knurrend und bellend hinter den Wanderern her, bis diese ihr Revier wieder verlassen haben.

Als alter Hundefreund und langjähriger Hundebesitzer ruft das bei mir nicht mal ein müdes Lidzucken hervor. Ich gehe einfach weiter, rede dabei auf die Hunde ein, die spätestens von mir ablassen, wenn sie merken, dass der schlecht gekleidete Outdoor-Lachs keine Angst vor ihnen hat. Aber, wer Hunde fürchtet, für den muss das die Hölle sein. Wie für Kerstin.

Hundstage

Ich weiß, dass die Jungs einfach nur ihren Job machen! Und der heißt: Verteidigung. Und weil ihnen außerdem langweilig ist und sie einfach Bock drauf haben, wollen sie mich auch noch aus ihrem Sichtfeld verjagen! Können sie haben.

Kommen die Kapeiken jedoch auf mich zugedonnert, ignoriere ich ihr Gebelle und Geknurre, rede mit sanfter Stimme auf sie ein, verändere dabei aber nicht mein Gehtempo.

»Ja, feini, wer bist du denn? Toll machst du das.« Und so weiter.

Wenn mir einer wirklich querschießt, und das sind meistens die kleinen Wadenbeißer, schaue ich ihn kurz an, bücke mich kurz nach einem Stein und schaue ihn wieder an – mehr nicht. Das zieht. Die Kerle halten Abstand.

Und als letzte Verteidigungsinstanz habe ich den guten alten Benno. Der wäre für meinen Schäfer-Husky-Mix damals eher ein Zahnstocher gewesen, aber für die kleinen Kampfhamster hier ist er ein Baum.

Wir erreichen gemeinsam Gubbio, das schon vor Betreten der Stadt ein römisches Amphitheater auffährt.

Gubbio, in der Antike »Iguvium« genannt, gehört zu den ältesten Städten Umbriens und blieb im Laufe der Jahrhunderte top in Schuss. Eins der Highlights im mittelalterlichen Zentrum ist der Palazzo dei Consoli – der Kommunalpalast. Er ist besonders, weil er 1332 in einer extremen Hanglage errichtet wurde und weil er die Iguvinischen Tafeln (lateinisch: Tabulae Iguvinae) beherbergt. Diese sieben Bronzetafeln mit religiösen Inschriften wurden 1444 in Gubbio entdeckt und stammen teilweise aus dem 3. Jahrhundert vor Christus.

Gubbio, eine der ältesten Städte Umbriens

Kerstin hat noch keine Unterkunft. Sie schläft meistens in Pilgerschlafstätten, selten in Hotels, dafür reiche ihr Geld nicht. Trotz Hundeangst will sie bis Rom marschieren. Als sie mein Smartphone sieht, verrät sie mir, dass sie sich schon ein paar Mal verlaufen hätte, trotz Wanderführer. »Ich habe kein Smartphone oder GPS, um zwischendurch mal zu checken, wo ich eigentlich bin«, sagt sie und zückt einen alten Handyknochen aus der Tasche. »Aber so lerne ich eben Leute wie dich kennen, die mir dann den Weg zeigen«, grinst sie.

Pilger-Lektionen

Pilgertypen

Im Laufe der Tage und der zahlreichen Begegnungen auf den Etappen lassen sich unterschiedliche Pilgertypen diagnostizieren! Eine kleine Handreichung.

- *The real* Pilger: Glaubt, *kann* Bibel, Beten. Versteht Terminus und kennt die komplette katholische Messe-

Choreo inklusive Songlist etc. Rein äußerlich nicht zu trennen von dem:

- Pilger *plus:* Hat so viel Interesse an der ganzen Kiste, dass er nahezu allwissend wirkt – fragt ständig, liest begleitende Texte, aber es fehlt ein klares Bekenntnis. Ist er Fisch oder Fleisch? Eindeutig ist nur: Er ist Christ.
- Pilger *explorer:* Dieser Typus weiß oft nicht, an wen er glauben soll und wie das konkret abläuft, würde aber sehr gerne mitmachen. Hat überraschend viel zu Themen wie Meditation, Yoga oder Waldbaden zu sagen, da kann Gott oder die *Energie* – ohne Schuldbegriff –, ist ja klar, nicht so weit sein. Grün ist Leben. Und Leben Gott. Durch Gott. Oder nicht? Da kneifen sich neue Kirchendenker und moderne Wissenschaftler bestimmt in den Oberarm. Sie sind unsere ...
- Urknall-Pilger: Sie klassifizieren wir hier zwar als »Pilger«, sind aber eigentlich keine, sondern Wanderer. Teils richtige Naturmädels und -burschen von der »Globetrotter«-Universität. Ach, die gibt es ja gar nicht ...
- Pilger*shipper* / *Elite*pilger: Die Zunft der Pilgerinnen und Pilger mit amourösen Absichten. Tatsächlich habe ich eine Deutsche kennengelernt, die dreimal den Franziskusweg gegangen ist und heute mit einem ihrer Ex-Herbergsväter zusammen ist.

Alle Versionen gibt es in hardcore, normal und soft.

- Hardcore: reduziert, Selbstversorger und -hotelier – mit Zelt und Schlafsack, wenig Kasse. Haltung: Fasten!

- <u>Normal:</u> entspannt, will Anstrengung, kauft im Supermarkt, geht essen, schläft in Hotel wie in Kloster. Haltung: easy!
- <u>Soft:</u> nobel, geht nur essen, hat Lunchpakete vom Hotel, Rucksack wird zum nächsten Ziel gefahren. Haltung: Urlaub!

Im Zentrum treffen wir auf Dagmar und Beate, die mir bereits in Sansepolcro begegnet sind, aus Bayern stammen und die komprimierte Fassung des Franziskuswegs gehen: den besagten Assisiweg. Sie seien heute Morgen mit dem Bus nach Gubbio gefahren, weil sie keinen Bock mehr hatten zu wandern. Auch das ist pilgern, denke ich: Einfach mal nicht zu pilgern. Ich ertappe mich dabei, mit welcher Struktur und Routine ich hier täglich mein Programm durchziehe, um straight und ja nicht zu spät meinen Tageszielort zu erreichen. Die beiden bringen mich zum ersten Mal auf den Gedanken, vielleicht einen Gang runterzuschalten und mit weniger Druck in diese freien Tage in Umbrien zu gehen.

Wir verabreden uns alle zum gemeinsamen Abendessen, und ich beziehe mein Quartier. In meinem Hotel – einem frisch renovierten gotischen Bau – bekomme ich ein Turmzimmer mit Fenstern in drei Himmelsrichtungen und einem kleinen Sekretär. Ich blicke über Gubbio, bis die Sonne untergeht.

Ich denke an meine Frau und an unser doofes Gespräch am Morgen. Als sie abnimmt, klingt sie wie ausgewechselt. Auch sie hatte einen guten Tag, sitzt noch im Garten, vermisst mich. Liebe und Zeit, wie oft sie fehlt in unserem Alltag, klage ich. »Ja, lass uns mehr Inseln füreinander einbauen«, sagt sie. Wir legen auf. Zufrieden.

Morgen nehme ich auch den Gang raus. Mache mal Pause von mir!

Franziskus und der Wolf

Diese Geschichte ist eine der berühmtesten Legenden über Franziskus, und sie spielt in Gubbio. Was auch der Grund ist, warum der Weg hier entlangführt.
Es heißt, dass ein Wolf jahrelang sein Unwesen in und um Gubbio trieb; Tiere und Menschen tötete. Trotz Warnungen der Bürger

suchte Franziskus, so ungeschützt wie er immer gekleidet war, das Gespräch mit »Bruder Wolf«. Sein Vorschlag: Er würde künftig regelmäßig von den Menschen Gubbios gefüttert werden, um nicht mehr Hunger zu leiden, müsse aber im Gegenzug das Räubern einstellen. Deal! Der Wolf wurde auf friedliche Weise im Dialog gezähmt und lebte noch einige Jahre glücklich im Wald. Und wenn er kam, um sich sein Essen zu holen, bellten nicht mal die Hunde, so harmonisch waren alle miteinander.

24,9 Kilometer, 40 420 Schritte. Der Schrittzähler
spinnt wirklich.

Etappe 12: Gubbio – Valdechiascio

Gubbio lernt mich als Kulturbanausen kennen. Ich schlafe ausgiebig, ich frühstücke ausgiebig und besuche am Vormittag den einzigen Selbstbedienungs-Waschsalon des Städtchens, statt der nächstbesten historisch wertvollen Kathedrale.

Doch genau so, wie man in einer Kirche erst in die Tiefe eintauchen kann, wenn jemand mit Expertise einem die Wandgemälde erläutert, bedarf es auch im Waschsalon jemandes, der einem die Bedienungsanleitung erklärt.

Unbeholfen versuche ich, mir per Google Translator die einzelnen Arbeitsschritte zur sauberen Wäsche zu erarbeiten, doch dann weiß mich eine italienische, etwa 1,30 Meter kleine Fee zu retten. Die niedliche Oma verstehe ich zwar genauso wenig wie das Schild, doch was sind schon Worte, wenn einen jemand wild gestikulierend und recht resolut unterweist!

Sie klappert mit mir die einzelnen Stufen ab: Geld einwerfen, Pulver aus Automaten nehmen, ins Fach schütten, Wäsche reinwerfen, Temperatur bestimmen! Fertig!

Die eine Stunde Waschzeit verbringe ich in einem Café unweit vom Salon. Die Sonne scheint. Es ist Sommer-T-Shirt-Wetter. Ich aale mich in den Strahlen in absoluter Verbindung mit der Natur. Ihr täglich so intensiv ausgesetzt zu sein heißt auch, in Beziehung mit ihr zu gehen. Mit ihren kleinen liebevollen Gaben und überraschenden Rüffeln umgehen zu lernen, sich ihnen anzupassen, um das jeweils Beste daraus zu machen.

Sonnenstrahlen tanken und die morgendliche Wärme genießen – wie Frederik die Maus. Das Nichtstun im Nichtstun. Natürlich Quatsch, bei dem täglichen Geschufte, aber es heute Morgen eben mal nicht zu tun, »wanderfrei« zu nehmen – das ist tatsächlich eine neue Erfahrung. Als Kati, die Ärztin aus Altona, mir abends beim Essen erzählte, am nächsten Tag ausruhen zu wollen und nichts zu tun, weiß ich noch, für wie unvorstellbar ich das für mich selbst gehalten habe, weil: ausruhen wovon? Von dem bisschen Wandern?!

In Gubbio, so kurz vor dem Ziel, verstehe ich, was sie meint. Und jetzt weiß ich es gerade sehr zu schätzen, keinen Bock zu haben, bewusst zu rasten, in Vorfreude auf lauter frische Klamotten! Auch tägliches Wandern wird Routine. Da kann so ein freches »Nee, heute nicht mit mir« nicht nur für Fruchtzwerg-Freunde so wertvoll sein wie ein kleines Steak.

Ich sammle meine Wäsche ein, streife durch Gubbio und erkenne: Gubbio ist die Stadt der Stars! Allein an zwei Restaurants hängt außen ein Foto von Schauspieler Terence Hill bei Dreharbeiten vor Ort. Vor einem Restaurant sind sogar noch die Filmrequisiten ausgestellt – inklusive Beweisfoto. Ich kann nicht anders und werfe kurz die Recherchemaschine an: Nein, es ist alles noch viel besser. Wie ich herausfinde, hat Mario Girotti, so sein richtiger Name, in Gubbio nicht nur gedreht – es ist sogar sein Wohnort! Seit über zehn Staffeln steht er hier für die italienische Serie *Don Matteo*, in welcher er einen Ermittler spielt, vor der Kamera! Ich werde geradezu euphorisch – ich meine: Terence Hill, Italo-Western- und Komödien-Held meiner Kindheit. Allein die ganzen *Bud Spencer und Terence Hill*-Filme – ich habe sie wirklich ausnahmslos alle gesehen. Vielleicht sitzt er ja gerade hier irgendwo?!

Unverhoffte »Begegnung« mit einem Helden aus Kindertagen

Doch nicht nur Terence Hill ist hier ein Star – offensichtlich hat jeder, der hier ein Geschäft oder Restaurant betreibt, besondere Qualitäten, die ihn in den erlauchten Kreis der Prominenz heben. So hat sich ein Koch sämtliche Zeitungsartikel über sich – und das sind einige – ins Fenster gehängt. Und auch der Porzellanmaler präsentiert ein Best-of seines persönlichen Pressespiegels, nur wenige Meter weiter!

Sympathisch, dieses stolze Prahlen. Ich mag es, wenn Menschen, die was draufhaben, es auch zeigen, ohne dabei unangenehme Affen zu sein. Aber natürlich nur, sofern sie auch halten, was sie – beziehungsweise die Artikel – versprechen.

Wer wirklich gar nichts von sich im Fenster hängen hat, ist der Barbier auf dem Weg zurück zu meinem Hotel, in dem noch mein Rucksack steht. Warum nicht zur frischen Wäsche auch ein frisches Gesicht? Es wäre das erste Mal in meinem Leben, mich von jemand anderem als mir selbst rasieren zu lassen.

Mein erster Gedanke dabei: Nie war ich einem fremden Mann so ausgeliefert wie ihm.

Mein zweiter Gedanke: Wieso mutiere ich zu Hause regelmäßig zu Scarface, nachdem ich meinen Nassrasierer mit Drei- bis Fünffach-Klingen – laut Werbung »hinter Gittern« – angesetzt habe, während der Maestro hier mit nur einem einzigen Messer alles porentief und fein säuberlich absäbelt und, statt Spuren, eine weiche Babyhaut hinterlässt? Hier blitzt die Klasse eines Handwerks auf und watscht mal eben en passant das eigene Bestreben nach DIY-Rasur ab.

Das Gefühl, das mir mein Barbier für fünf Euro beschert, lässt sich am ehesten mit dem Begriff »Wiedergeburt« beschreiben.

20 Minuten lang pinselt er mich immer wieder mit Rasiercreme ein, setzt sein Rasiermesser an und legt Stück für Stück haarloser, glatter, straffer Haut frei. Ich habe definitiv niemals in meinem Leben so jung ausgesehen – gut, vielleicht etwas übertrieben, aber während ich hier in Italien langbutscher auf jeden Fall.

Nachdem mir also ein Babypopo im Gesicht gewachsen ist, massiert er mir ein beißendes orangefarbenes Aftershave aus einer etikettenlosen Literflasche in meine Haut ein. Dessen olfaktorische Blüte ist meilenweit gegen den Wind zu riechen und wird mich bestimmt noch den restlichen Tag begleiten. Aber sei's drum: Bei so vielen misslungenen Duftnoten in diesem Wanderzirkus um mich herum kann so eine würzige Holz-Moschus-Wolke definitiv als ein erfrischendes Statement meinerseits und dankbare Alternative zum Altschweiß in all den atmungsaktiven T-Shirts verstanden werden.

Mit neuem Gesicht und frischer Wäsche kehre ich zu meinem Hotel zurück, um meinen Rucksack zu holen. Wider Erwarten erkennen sie mich dort trotz neuem Look immer noch – kleiner Downer –, und so verpacke ich alles und wandere los; nicht ohne dann doch noch eine Kathedrale aufzusuchen, die Chiesa di San Francesco della Pace di Gubbio. Sie liegt auf dem Weg, ist aber verschlossen. Ändert sich auch nicht, nachdem ich einmal drum herumwandere und an jeder Pforte rüttle – deshalb ein Hinweis an alle künftigen Pilger in guter Besichtigungsabsicht: Einige wirklich sehr sehenswürdige Kathedralen und Klöster sind gerne zwischen 12 oder 13 und 15 oder 16 Uhr geschlossen. Ein paar Mal bin ich in die Verlegenheit gekommen, es nicht rechtzeig geschafft zu haben, und musste dann unverrichteter Dinge enttäuscht weiterwandern. Also, wem es eine Herzensangelegenheit ist, der sollte sich im Vorfeld sicherheitshalber informieren, wie die Öffnungszeiten sind. Mag Common Sense sein, ist beim Planen der Tagesetappen aber tatsächlich schlau und notwendig.

Ich verlasse schließlich am frühen Nachmittag das süße historische Städtchen mit dem mittelalterlichen Charme – und begebe mich auf eine der kürzesten Tagesetappen des gesamten Weges. Zwölf Kilometer Strecke, laut Pilgerführer fünf Stunden Wanderzeit – heißt also: Etwas über drei Stunden strammer Fußmarsch sind vorgesehen – fern von bemerkenswerten Hügeln, Wäldern oder Bächen.

Und so ist viel Platz für anderes. Für allerlei Ungewöhnliches, wie zum Beispiel die Fleischerei L. Minelli, die mir schon nach wenigen Metern ins Auge sticht. Ob es jemals einen weib-

lichen Gesangsstar gegeben hat, der parallel zu seiner Welt-
karriere eine Fleischerei betrieben hat? Beatrice Egli aus der
Schweiz stammt aus einer Fleischerfamilie – vielleicht wäre sie
nach Liza Minelli dann der zweite.

Ich wandere durch eine Siedlung. In einem eingezäunten
Reihenhausgarten steht ein alter sonnenstaubiger Fiat 500 im
Schwungfeld einer Hollywoodschaukel. Wieso steht das Auto
dort? Will Papa nicht, dass die wilden Kinder sein kleines wa-
ckeliges Refugium nach Feierabend schrotten? Oder ist die
Schaukel Teil eines hier bei Gubbio erfundenen ersten Fiat 500
Hollywood, der allein durch Schaukelschwungkraft betrieben
wird? Das Wunderauto, auf das Elon Musk nicht gekommen
ist und das die Ölscheichs hassen wie der Teufel das Weihwas-
ser. Diverse Automobilkonzerne haben ihre Spione ausgesandt,
um neue Erkenntnisse über Modell und Funktionsweise des
Erlkönigs zu gewinnen. Aber Luigi kratzt das nicht. Er weiß,
seine Innovation ist nicht kopierbar – und der Schirm der Hollywoodschaukel blockiert jeden neugierigen Blick. Mögen
die sich doch alle heimlich im Garten tummeln, Luigi ist entspannt, zieht an seiner Zigarette und winkt mir zu, während
der Qualm aus ihm herausströmt wie aus einem Dampfkessel.
Ich winke zurück. Der Luigi, was ein Typ!

Plötzlich schießt eine Lamborghini-Raupe aus dem Gras
und kreuzt meinen Weg in rekordverdächtigem Tempo. Oder
ist das eine Schlange in Erdnussflipgröße? Elegant geschnit-
ten, mega Dampf unterm Hintern – Alter, in Italien hat selbst
die Vorstufe zum Schmetterling Charisma und Style! Ich gehe
erst weiter, als sie auf der anderen Seite des Weges wieder
im Gras verschwindet. Den Auffahrunfall mit dem klobigen
Käfer konnte ich indes verhindern, indem ich den ungelenken
schwarzen Brocken kurz zur Seite geschoben habe.

Die Siedlung zieht sich. Nur wenig später steht neben einem modernen villenartigen Anwesen ein Wohnmobil, überzogen mit einem Tarnnetz, als dürfte es keiner aus der Luft erspähen. Es heißt hier überall, darin könne man in der Zeit zurückreisen, und die wenigsten seien wiedergekehrt. Die meisten wollten in der Vergangenheit leben, Fehler gutmachen, Schicksale verhindern, noch einmal ihre große Liebe sehen, auch wenn sie das Leid erneut durchleben müssten. Die Regierung ist dagegen, dass immer mehr Menschen auf diese Weise in der Geschichte verschwinden – und nun suchen sie dringend das Wohnmobil. Ohne es selber mal auszuprobieren, will ich nicht weiterziehen, und ehe ich michs versehe, sitze ich im Fond des Mobils an einem merkwürdigen, mit bunten Steinen und kleinen Heiligenfiguren gedeckten Tisch – in der Mitte ein tellergroßer Kompass mit Digitalanzeige und rückwärtsdrehenden Jahreszahlen. Erst langsam, dann schneller rattern die Zahlen im Zehntelsekundentakt runter – mir wird kalt, heiß, es dröhnt in den Ohren, und allmählich zieht sich alles Lebendige in mir zusammen, mein Herz, mein Atem, mein Blick. In einer Suppe aus Bildern mengen sich Momente ein, die seltsam real sind. Ich bin in meinem alten Zimmer. Nein, es ist noch Papas Arbeitszimmer. Da steht er plötzlich vor mir – er ist riesig, wie ein Baum. Gut gelaunt summt er eine bekannte italienische Arie und packt seinen Arztkoffer. Gut sieht er aus, trägt einen hellbraunen Pullover, darunter ein hellblaues Hemd und eine Krawatte, dazu eine braune Cordhose. Er nimmt sein Stethoskop und stopft es als Letztes hinein. »Wieso bist du nicht in der Praxis?«, frage ich, aber er registriert mich gar nicht. Als er gerade hinausgehen will, bleibt er abrupt stehen, schließt noch mal die Tür und greift gezielt hinter die erste Reihe in ein Regal voller Fachbücher. Eine kleine Flasche mit brauner Flüssigkeit ist darin. Er dreht sie auf und schüttet sich die Drehkappe voll. Er verzieht nicht mal das Gesicht, als er die Tinktur schluckt. Dann packt er die Flasche zurück. Mein Blick kann fliegen, folgt ihr – zoomt das Etikett ran: Es ist kein Alkohol, es ist eine Art Aufputschmittel – hochdosiertes Koffein, vermengt mit Zucker.

Ich folge ihm den Gang im ersten Stock entlang, der genau so aussieht, wie ich ihn als Kind in Erinnerung habe. Wir gehen die Treppe hinunter – über die große Diele in die Küche, in der meine Mutter gerade Koteletts zubereitet. Wie gut sie dabei aussieht – mit ihren Anfang dreißig –, er gibt ihr einen Kuss und beugt sich dann hinunter zu einem kleinen Jungen mit blondem Haar, der eine leere Kodak-Filmdose in der Hand hält. »Papa!?«, sagt er. Papa lächelt, nimmt ihn in den Arm und hebt ihn hoch: »Papa nur kurz weg! Hausbesuche machen bei Aua-Menschen, aber dann ist Papa wieder da!«

»Komm nicht so spät, Karl-Heinz ...«, dann kann ich meine Mutter plötzlich nicht mehr verstehen – alles wird dumpf, verschwimmt zu einem Konturenbrei, und mit einem Swoosh sitze ich wieder an dem Tisch im Wohnmobil. Vor mir steht ein Sparschwein, auf dem Streifen Gaffatape darauf steht mit Kugelschreiber das Wort »Tip« gekritzelt. Panikartig greife ich meinen Stock und Rucksack und renne hinaus. Ich renne vom Grundstück, den Weg hinunter, ich renne und renne und renne ...

Nach dreieinhalb Stunden erreiche ich meine Unterkunft: das idyllisch gelegene Agriturismo Valdichiascio, am Ende eines Schotterwegs, fern jeglicher Zivilisation. Hier ist die Welt noch in Ordnung – hier stehen Zypressen, wachsen Rosen an Sträuchern, herrscht die Natur in ihrer ganzen Pracht. Ganz sicher ließen sich an diesem Ort ausschweifende Drogenpartys feiern, und kein Hahn würde krähen. Zumindest würde den Hahn keiner hören. Natürlich bin ich in diesem Inbegriff eines Refugiums nicht allein. In Liegestühlen lümmeln sich drei – der Kleidung und den zum Durchlüften abgestellten Wanderstiefeln nach zu urteilen – Pilger.

Von meiner Vermieterin Maria allerdings keine Spur. Die sei nicht da, sagt ein etwa Mitte fünfzigjähriger Mann mit Rauschebart, Hornbrille und T-Shirt. Er nennt sich Jim, seine Frau Petra, und die Dritte im Bunde ist Sabina aus Belgien.

Wir kommen ins Gespräch – für Sabina auf Englisch, mit den anderen beiden auf Deutsch und dann doch alles durcheinander. Wir verstehen uns direkt prächtig, sind gleich sehr privat und persönlich. Ein Phänomen, das ich zum ersten Mal auf einer Reise erlebe – jemanden kennenzulernen und bereits nach fünf Minuten auf einer so intimen Ebene zu funken, die mit Fremden im Alltag undenkbar wäre. Vielleicht liegt es an der Erschöpfung durchs dauerhafte Wandern, dass man schon so dättsch in der Birne ist, dass jegliche Scheu von einem abfällt. Vielleicht ist es dieses Gefühl von: »Wir sind eine Schicksalsgemeinschaft und haben dieselben Strapazen auf uns zu nehmen.« Oder es *ist* eben einfach so. Eine gute Verbindung, die da ist – ohne hier von Transzendenz, etwas Magischem oder Göttlichem zu sprechen.

Ich fühle mich pudelwohl und vertraut mit den dreien und freue mich, dass wir gemeinsam zu Abend essen werden, denn als Maria kommt, eine große, schlanke Frau mit langen schwarzen Haaren, um mir mein Zimmer zu zeigen, erfahre ich, dass sie für uns kocht.

Maria ist praktizierende Yogini und fragt direkt, ob wir alle ayurvedisch essen würden – vegetarisch, aber auch gerne mit Fisch, wer mag. Wir sind hellauf begeistert. Maria zaubert, ich packe aus, wasche, dusche, telefoniere mit Kristy, und schon sitzen wir zu viert in einem liebevollen Wohn- und Essraum – mit Sekretär, Anrichte und rustikalen Holztischen. Jazz dudelt aus den Boxen, es gibt Wein, Wasser und warmes Brot, und dann kredenzt Maria Spaghetti mit Fisch, Tomaten und Knoblauch, danach Tofu mit Pilzen, Auberginen und Tomatensalat. Es ist köstlich!

Ich erzähle von all dem hier übrigens nur aus einem Grund immer wieder: als Motivation für dich, hierherzukommen, den Weg zu gehen, zu Gast zu sein und eben auch das Essen mit allen Sinnen selbst zu erleben!

Sabina ist Psychologin aus Antwerpen, die mit alkoholkranken Patienten arbeitet. Sie geht den Franziskusweg für ihre *Selfconfidence*, ihr Selbstvertrauen. Er gebe ihr das Gefühl, lebendig zu sein, sich auf das zu reduzieren, was ist, sich einzuordnen, sich wieder auf den Boden zu begeben, das, worauf es ankommt, zu spüren, aus der Routine raus, in die Meditation zu gehen, einen Switch-off im Hirn hervorzurufen.

Ich finde sie extrem smart und lustig auf intelligente Weise. Davon zeugen immer wieder ihre trockenen und witzigen Kommentare im Laufe des Abends. Diese Seite an ihr sei durch die Arbeit mit ihren Patienten aus ihr herausgekommen. »Die Geschichten sind fast immer traurig. Süchtige verlieren alles: ihre Familie, ihren Job, ihr Geld. Bei so viel Schlechtem muss in der Therapie gelacht werden. Nur so geht's«, erzählt Sabina.

Jim ist Hausmann, Hobbyschauspieler, Karatemeister mit zweifach schwarzem Gürtel und Caterer, kurz: er ist Tausendsassa und extrem charismatisch. Funkelnde Augen, gütiger Gesichtsausdruck, ansteckendes Lächeln und mit einer tiefenentspannten Aura beschenkt. Vor zwei Jahren hatte er einen leichten Herzinfarkt – den er zunächst ignorierte, im Gegensatz zu seiner Frau. Sie schickte ihn volley zum Arzt – und deshalb lebt er heute noch, wie er sagt. Er appelliert an meinen Verstand, mich bei dem noch so unauffälligsten Engegefühl im Brustkorb ins Krankenhaus zu begeben. Jim, mein Infarkt-Frühwarnsystem.

Er fühlt sich in seiner Botschaft erst recht bestätigt, als ich vom Herzinfarkt meines Vaters erzähle!

Jims Frau Petra ist Grundschullehrerin, etwas jünger als ich und ein ganz weicher, einfühlsamer Mensch. Zusammen mit ihrem Mann singt sie im Kirchenchor ihrer Heimatgemeinde am Bodensee. Vor einigen Jahren haben sie mit ihrem Chor ein Francesco-Musical aufgeführt und sind dafür nach Assisi gereist. Dort traf sie eine Nonne, die ihr von Francescos Schaffen berichtete und die sie sehr berührte. Denn als die Nonne zu ihr sprach, schien Gott über ihr zu sein, weil sie so strahlte! »Und das sprang auf mich über«, schildert sie mit glasigen Augen, von Gefühlen übermannt.

»Du bisch voller Franscheschsko«, scherzt Sabina und manövriert Petra damit wieder aus dem Gefühlsdusel.

Wir sprechen über ihre Arbeit als Grundschullehrerin und wie hoch der Druck durch die Eltern mittlerweile für die Lehrer ist. Weitere zwanzig Jahre könne sie sich das nicht vorstellen, meint Petra. Vom Druck kommen wir zum »Flow«. Wie Jim ihn erlebt. Er spreche kein Wort mit Petra, vornehmlich bei Steigungen. Da habe er dann keine Gedanken mehr. Er wandere, er atme, und die Zeit rase. Er sei wie weg.

Irgendwann bin ich mit meiner Story dran. Ich erläutere das große Ganze in zwei Teilen – und beginne mit meiner Erschöpfung im Frühling. Gerade als Medienheini hätte ich selten Gelegenheit, mal richtig abzuschalten. Doch da widerspricht mir Sabina: »Nicht nur Medienheinis. Du bist damit nicht allein. Das geht allen so, die ihren Beruf mit Hingabe ausüben.« Sie denke oft über Patienten nach, lese dann extra noch mal weitere Statistiken und wissenschaftliche Texte dazu. Es sei nicht Feierabend, nur weil sie nicht in der Klinik sei. Und auch Petra stimmt mit ein: »Ich beschäftige mich andauernd mit meinen Schülern. Die lasse ich nicht zu Hause. Selbst hier nicht!«

Als ich dann von der Verbindung meiner Auszeit mit Sinnsuche durch den Besuch des Kraftorts meines Vaters erzähle, merke ich, dass sie das alle innerlich bewegt. Die Freundschaft meines Vaters zu Antonello lässt sie sofort spekulieren, ob es nicht noch weitere Freunde dort geben könnte – doch ich winke direkt ab: Die müssten alle schon tot sein. Und selbst wenn, wie sollte ich die finden? Eher aussichtslos, das Unterfangen. Und das ist ja auch nicht unbedingt der Plan. »Da sein, ihm ein bisschen nachspüren, vielleicht das Grab von Antonello besuchen – damit wäre ich schon glücklich!«

»Assisi ist ein heiliger Ort, der etwas mit einem macht. Ich weiß es. Und so wird es dir auch gehen. Pass mal auf, was noch so alles passiert«, schließt Petra fast geheimnisvoll und löst damit die Runde auf.

Um 22.30 Uhr liege ich im Bett. Noch zwei Tage, und ich bin in Assisi. Ob da wirklich noch etwas passiert, wie Petra sagt?

Pilger-Lektion

Der Frühstücksdirektor rät!

Wer beim Frühstück in kleinen Pensionen ausreichend Käse und Wurst zum Belegen seiner Tagesstullen braucht, sollte sich alleine an einen Tisch setzen, selbst wenn man mit den anderen dicke ist und sich normalerweise zusammenhocken würde. Denn viele Gastgeber servieren Standard-Käse/Wurst-Teller, ganz gleich ob Einzelne, Paare oder Vierergruppen dort sitzen. Heißt: Der Vierertisch kloppt sich um dieselbe Menge, die der Einzelne am Nachbartisch zur Verfügung hat!

Für 50 Euro bekommt man übrigens im Schnitt ein Zimmer mit Frühstück und Dusche und WC. Meistens sogar noch etwas günstiger. Genauso ist es möglich, in Klöstern und Gemeinschaftsunterkünften zu pennen – teils auch spendenbasiert.

17,1 Kilometer, 26 420 Schritte (inkl. Erkunden Gubbios)

Etappe 13: Valdechiascio – Valfabbrica

Der kurze Aufenthalt im Agriturismo von Maria zählt sicherlich zu einem meiner schönsten auf dem Weg nach Assisi. Den besonderen Co-Pilgern sei Dank, ebenso wie der liebenswürdigen Gastgeberin und dem gemütlichen Ambiente.

Wir frühstücken wieder alle zusammen – da wir jedoch getrennt voneinander laufen, verabreden wir uns für den Abend im letzten Etappenziel vor Assisi, in Valfabbrica. Gemeinsam zu pilgern steht mit diesen dreien interessanterweise auch gar nicht wirklich zur Debatte – ganz anders als noch mit meinen Schneeblumen. Wo sind die eigentlich? Gleich mal eine Whats-App-Nachricht schreiben.

Aus meinem Zimmerfenster beobachte ich, wie alle bei strahlendem Sonnenschein nach und nach das Agriturismo verlassen. Ich trödel, telefoniere, schreibe ein paar E-Mails, packe und laufe schließlich gemächlich als Letzter los. Lieber entspannt hinter den Spitzen wandern, als sich latent gehetzt zu fühlen, weil man die anderen im Nacken spürt. Gute alte Busemann'sche Vermeidungsstrategie.

Heute ist richtig Getümmel auf der 27 Kilometer langen Strecke. Zwei Pilgergruppen, diverse Einzeltäter und Duette – das sind schon fast jakobswegähnliche Zustände. So wie in Spanien – wo auf den letzten 100 Kilometern vor Santiago Busladungen an Wanderern abgeladen werden, nur damit sie sich ihre Pilgerurkunde abholen können – also auch hier: Kurz vorm Ziel sind sie alle da!

Bei gewohnter Landschaft, herrlichem Ausblick und fröhlichem Sonnenschein gerate ich schnell in den Flow-Zustand, über den ich gestern noch mit Jim sprach. Im gedankenlosen Marschieren blitzt plötzlich etwas in mir auf und reißt mich aus der meditativen Rhythmik: Es ist ein Moment der Klarheit über das, was mich ausmacht! Nichts Geringeres als die Antwort darauf, welche Aufgabe ich in meinem Leben habe. Woher sie auch immer kommen mag, aufsteigt, in mich eindringt, vor mir aufploppt – keine Ahnung, aber plötzlich ist sie da, und das warme, behagliche Gefühl im Bauch sagt mir: DAS ist es! Bauch an Herz, Herz an Kopf – alle heben den Daumen hoch.

Ich bin hier, um Menschen sensibel, humor- und gefühlvoll zu unterhalten! Sie zum Lachen zu bringen, zum Staunen, zum Nachdenken, zum Weinen, sie zu verführen – in Wort und Schrift. DAS ist Christian Busemann. Ein unerschütterlicher Optimist, darauf vertrauend, dass sich am Ende IMMER alles zum Guten wendet.

Gut, kurz mal Pathos und Emotionen rausgenommen: Musste ich jetzt für diese vier nicht mal sonderlich sensationellen Sätze der Eingebung durch halb Italien latschen?

Ganz klar: JA! Gereift auf einer Wanderung von bisher mehr als 200 Kilometern und geschliffen durch die Begegnungen mit wildfremden Menschen, die einem unvoreingenommen im Kleinen immer wieder einen Neuanfang schenken!

Ich glaube, dass jedem von uns im Leben besondere Persönlichkeiten begegnen, die etwas in uns auslösen können, wenn man in dem Moment auch offen und bereit dafür ist. Das kann zum Gleiswechsel führen, zum Neustart und zu erleuchtenden Erkenntnissen oder uns einfach dazu bringen, nachzudenken, uns einer Sache bewusst zu werden. Der Impuls kann revolutionär sein oder klein und fein – alles ist möglich, sofern wir denn wollen.

Manchmal verpassen wir auch die Chance, etwas Neues über uns zu lernen, weil wir die Tür übersehen oder den Ball extra an uns vorbeirollen lassen. Ich habe ihn gestern Abend aufgehoben, auch wenn auf den ersten Blick ja nichts Außergewöhnliches passierte und ich – zugegebenermaßen – höchst überschwänglich von der besonderen Harmonie und der liebevollen Atmosphäre, wie wir uns miteinander persönlich austauschten, begeistert bin.

Ich denke, jeder kennt solche Momente, in denen die Stimmung und die Tiefe der Gespräche einen derart nachhaltig beflügeln, dass tags drauf immer noch unterbewusste Denkprozesse ablaufen und man mit einem Mal das Gefühl hat, in einer Sache ein besseres Bild zu haben oder etwas klarer zu sehen!

Aus allen möglichen Himmelsrichtungen sind wir an Marias Tisch in der Abgeschiedenheit Umbriens gelandet und haben offen unsere Auf und Abs im Leben und die damit verbundenen Gefühle miteinander geteilt. Wir haben über unsere persönlichen Achtsamkeitserfahrungen auf dem Franziskusweg gesprochen und unsere vorhandene oder nicht vorhandene Spiritualität. Indem wir mit anderen in Beziehung treten und uns in ihnen spiegeln, verdeutlicht sich unser eigenes Selbst. Das habe ich gestern wieder erfahren und bekomme dafür heute diese große Erkenntnis geschenkt.

Ich erreiche Valfabbrica gegen Nachmittag und treffe im Café am zentralen Platz meine drei Co-Pilger. Wir verabreden uns zum gemeinsamen Abendessen – zwei Holländerinnen kämen auch noch dazu, meint Sabina –, und dann schwirren alle zu ihren Pensionen und Hotels. Ich trinke noch einen Kaffee und komme mit Mimmo ins Gespräch. Unter diesem Namen stellt sich mir am Tisch ein etwa achtzig Jahre alter Herr vor, nimmt Platz und erzählt mir völlig unerwartet von dem Verlust seiner großen Liebe: seiner Ehefrau! Er zückt sein Portemonnaie und zeigt mir alte Schwarz-Weiß-Fotos, auf denen seine Marisella noch eine junge, attraktive Frau ist. Sie sei vor sechs Jahren mit 78 gestorben, 54 Jahre waren sie verheiratet, und noch heute hielte er den Schmerz kaum aus. Um ihren Tod zu verarbeiten, habe er ein Buch über ihre große Liebe geschrieben. Er trocknet seine Tränen mit einem Stofftaschentuch, während die anderen alten Italiener, die im Café hinter uns sitzen, etwas offensichtlich Tröstendes zu ihm sagen. Ich bin latent überfordert mit dem emotionalen Bündel am Tisch; weiß auch nicht so recht, was ich wiederum von so viel Offenheit halten soll. Doch dann berichtet er von seiner früheren Arbeit als Architekt, und dass er beim Kartografieren des Franziskuswegs hier in der Gegend beteiligt war. Marisella habe er in Assisi kennengelernt, beendet er schließlich seinen kleinen Besuch bei mir am Tisch und sagt dann: »Für Assisi gibt es keine Worte – man muss dort gewesen sein, es mit eigenen Augen gesehen haben! Denn alle Wege dort führen ins Licht.«

Als Mimmo sich auf Deutsch mit »Auf Wiedersehen« verabschiedet und langsam die Straße entlanggeht, schreibe ich mir seinen Assisi-Spruch direkt auf: »Alle Wege dort führen ins Licht.« Verspricht doch schon mal viel Erhellendes.

Das hält allerdings auch Valfabbrica für mich parat.

Am frühen Abend treffe ich wie verabredet Jim, Petra, Sabina und zwei rüstige, etwa sechzigjährige Holländerinnen. Beide sind irre witzig und voller Selbstironie und haben natürlich diesen einzigartig süßen Akzent, wenn sie Deutsch sprechen!

Alle haben Hunger auf Pizza – also kehren wir in der einzigen um diese Uhrzeit geöffneten Pizzeria ein, wo man uns, den noch sommerlich warmen Abendtemperaturen angemessen, einen großen Tisch nach draußen stellt. Es gibt Wasser, Wein, Bier und Pizzen so groß wie Wagenräder.

Pünktlich zur dampfenden Pizza klingelt plötzlich mein Handy. Eine italienische Nummer. Ich entschuldige mich kurz in die Runde, nimmt aber keiner wahr, da alle angeregt miteinander schnattern. Es ist Christa. Meine Frau in Assisi. Sie wolle kurz auf meine Anfrage reagieren.

Ich kündigte ihr nämlich vorm Abendessen per Mail an, dass ich nun doch schon zwei Tage früher in Assisi sein würde – und entsprechend früher eine Unterkunft bräuchte.

»Das ist kein Problem, Herr Busemann. Das habe ich geregelt! Das Hotel Posta wird Ihnen für die Zeit ein anderes Zimmer zur Verfügung stellen.«

Doch dann folgt etwas, mit dem ich auf dieser Reise niemals gerechnet hätte.

Als sie nämlich sagt: »Ach, und ich habe mit Francesco Del Bianco gesprochen! Er freut sich sehr auf Sie!«

Mein ganzer Körper zittert plötzlich, mein Herz rast, meine Gesichtszüge sind haltlos, beginnen zu flimmern. Ich merke, wie ich kreidebleich werde. Am Tisch ist es schlagartig ruhig.

»Wie? Wie mit ihm gesprochen...?«, stottere ich, »...ich dachte, der sei tot!?«

Sie lacht schallend laut. »Francesco, tot? Nein! Der ist nicht tot! Ganz im Gegenteil. Das liegt wahrscheinlich an seiner jungen Frau. Francesco ist neunzig, und es geht ihm prächtig.«

Christa ahnt nicht, was sie in mir damit ausgelöst hat. Woher auch!? Für sie ist das selbstverständlich – für mich die Wiederauferstehung eines Totgeglaubten. Mit einem Mal habe ich die ungeahnte Chance, durch ein verschüttet geglaubtes Fenster in das Leben meines Vaters zu schauen. Ihn, wenn auch nur durch einen Freund, zu spüren, ihn kennenzulernen, ihm einmal richtig nah zu sein.

Kann das sein, dass Francesco vielleicht der letzte Zeitzeuge ist, der mir etwas über meinen Vater und seine Liebe zu Assisi erzählen kann? Er erscheint vor mir wie aus dem Nichts, bei Pizza und Bier an einem Holztisch in Valfabbrica.

Christa nennt mir die Handynummer von Francescos Ehefrau. Sie sei eine Deutsche, und ich solle mich mit ihr bitte in Verbindung setzen, wenn ich in Assisi sei.

»Das ist ja ideal, dann kann sie gleich für uns übersetzen«, meine ich.

Da entgegnet sie: »Muss sie gar nicht, Francesco war doch Deutschprofessor...«

Es wird immer besser. Da könnte was dran sein, mit den »Wegen ins Licht«, lieber Mimmo!

Pilger-Lektion

Wie oft stecke ich in meiner eigenen Blase?!

Die Welt dreht sich und ich mich gekonnt um mich selbst. Ich denke, ich trage das große Paket Stress, bekomme die Extraportion Arbeit und wenn der Sturm des Alltags vorüber ist, sitze ich zu Hause und lecke meine Wunden. Pilgern ist das Solotheaterstück unter den Kammerspielen – open air. Etwas Inneres im Äußeren. Während ich mich andauernd mit mir, meinen Sehnsüchten, meinen tiefsitzenden Verwinklungen und meinen Vorstellungen von mir selbst beschäftige, zeigen mir die Menschen auf dem Weg: Deine Sorgen kennen wir auch, damit bist du nicht allein! Das lockert die strenge Selbstbetrachtung, lässt die eigene »Blase« platzen und ist unendlich tröstlich. Sich nicht als Nabel der Welt zu betrachten und seine Nase von sich wegzubewegen, lehrt und heilt!

24,6 Kilometer, 37 476 Schritte (von wegen 27 Kilometer ...)

Etappe 14: Valfabricca – Assisi

Die letzte Etappe liegt vor mir, und ich bin zu meiner eigenen Überraschung recht eindimensional im Kopf, trotz der Nachricht am gestrigen Abend über Francesco. Ich packe zügig meinen Kram und fokussiere mich erst mal auf den Lebenserhalt in Form von Frühstück im zentral gelegenen Café am Dorfplatz. Diesmal kein Mimmo, kein weiterer Pilger, und wieder meint es die Sonne schon früh am Morgen gut mit mir: Es ist warm.

Heute also Assisi. Ich habe unzählige Erwartungen und gleichzeitig nicht eine einzige. Ich vermute, es wird wunderschön und fürchterlich zugleich. Assisi wird mich begeistern, bereichern, sich mir verschließen und mich enttäuschen. Völlig irrational, ich weiß. Es steigen Zweifel, Angst und Unsicherheit in mir auf. Keine Ahnung, wieso. Am Ende bin ich vielleicht einfach nur froh, heute anzukommen, und lasse die Gedanken unbewertet sprudeln – nicht hinsehen, ab in den Tunnel und einfach machen. 15 Kilometer. JETZT!

Ich breche auf und werde schon nach ein paar Schritten zum Helden. Na ja, zumindest zum Retter eines kleinen Mauselebens. Eine Schlange hält sie bereits im Maul, als ich mit meinem Stock mehr versehentlich als gezielt dazwischenschlage. Die Schlange lässt von ihr ab und zieht zischend davon – während die Maus fix das Weite sucht. Erste gute Tat heute so früh am Morgen, der Tag fängt gut an. Nach einigen Kilometern stoße ich auf Petra und Jim, die beide arg mit den Temperaturen und der Steigung zu kämpfen haben. Relativ wortkarg – offensichtlich voll im Flow – raten sie mir, alleine und in meinem Tempo weiterzugehen. Sie bräuchten heute etwas mehr Zeit und wollten gleich erst mal pausieren. Ich verbleibe mit »Wir sehen uns in Assisi« und lege einen Zahn zu.

Mein Turbo sorgt für die Begegnung mit Tonio. Der einzige wandernde Italiener, der in diesen knapp zwei Wochen meinen Franziskusweg kreuzt. Er versteht kein Englisch, und dennoch gehen wir eine Zeit lang miteinander, weil wir uns sympathisch sind und es sich einfach gut anfühlt. Immer wieder versucht einer von uns beiden, dem anderen etwas zu erzählen, um ein Gespräch zu beginnen – doch wir scheitern kläglich, lachen herzhaft und zucken mit den Achseln. Warum Worte wechseln, wenn wir uns beide auch so prächtig verstehen?

Schweigend erreichen wir den bislang größten Steinstapel auf dem Franziskusweg, aus dem ein großes hölzernes Kreuz herausragt. So kurz vor Assisi haben sichtlich viele Pilger Fotos von Familienmitgliedern, verstorbenen Freunden und Verwandten abgelegt. Kleine Briefchen stecken zwischen den Steinen, hier und da hängen bunte Bändchen, zahlreiche Rosenkränze, kleine Figuren. Tonio bittet mich darum, ihn vor diesem Ort der Erinnerung zu fotografieren, danach revanchiert er sich mit einem Schnappschuss von mir.

Der bislang größte Steinstapel auf dem Weg mit vielen Erinnerungsstücken

Und so schnell wie Tonio kam, so schnell verschwindet er auch wieder. Denn kurz darauf wartet hinter der nächsten Böschung am Rand einer Asphaltkurve seine Frau auf ihn. Wie absurd, so mitten in der Einöde. Wirkt fast wie ein schlechter Prank fürs TV. Tonio sagt: »Medico«, zeigt auf den Fußknöchel. »Il direttore dell'albergo li ha guidati qui« – das kann ich mir tatsächlich zusammenreimen: Seine Frau war wegen ihres Knöchels beim Arzt, und der Hoteldirektor hat sie hierhergefahren. Ich begrüße kurz Tonios Frau. Und dann macht mir auch ihr Mann unmissverständlich klar, dass sie länger bräuchten und ich doch alleine weitergehen sollte – dann sei ich schneller.

Schon die zweite Abfuhr, trotz Heldentat am Morgen. Egal, wird schon seinen Sinn haben, denke ich und laufe stumpf weiter! Kilometer für Kilometer stapfe ich rauf, runter, über Schotter- und Asphaltpisten, umgeben von saftigen grünen Büschen und Olivenhainen, und immer wieder säumen rote Klatschmohnblüten den Weg. Mein Geist ist völlig leer, die Sonne knallt unerbittlich. Und dann, nach einer lang gezogenen Kurve, thront da wie auf einer Empore majestätisch diese riesige, strahlend weiße Basilika: San Francesco – DIE Kirche und DAS Wahrzeichen Assisis! Und mit ihrem Anblick platzt es mit einem Mal aus mir heraus: Tränen schießen mir in die Augen und fließen in nicht enden wollenden Sturzbächen meine Wangen hinunter. Ich kann mich beim besten Willen nicht erinnern, wann ich das letzte Mal derart ungebremst geheult habe. Ich schluchze laut wie ein kleines Kind und registriere, wie sich der Gefühlsausbruch komplett meiner Kontrolle entzieht. Kann ich mich sonst zusammenreißen und beherrschen, laufe ich für die nächste halbe Stunde jaulend und unter Tränen in Richtung Assisi – und nun begegnet mir auf einem Mal keine Menschenseele mehr.

Besser hätte man es nicht inszenieren können. Alle Lebewesen ziehen sich sukzessive zurück, bis ich schließlich alleine wandere und dem ausgesetzt bin, was nun aus mir herausfließt – in einer Mischung aus Freude, Erschöpfung und Sehnsucht.

Ich fühle mich plötzlich Papa unendlich nah, spüre seine Anwesenheit, als würde er in Assisi auf mich warten und zu mir sagen wollen: »Ah, Tutu, da bist du ja endlich! Hast aber lange gebraucht, auf die Idee zu kommen, mich hier zu suchen, Junge!«

Die Basilika San Francesco strahlt mir aus der Ferne entgegen

Das Ziel ist so gut wie erreicht, und natürlich beginnt damit der Schlussakt der Reise, der mit dem Auftauchen Francescos, also meines Francescos – ist es nicht bizarr, dass er ausgerechnet diesen Namen trägt? – beste Voraussetzungen hat, mit Höhepunkten gespickt zu sein!

Ich fürchte mich vor Assisi, und gleichzeitig freue ich mich darauf, in meiner persönlichen Vater-Sohn-Annäherung eine neue Dimension zu erreichen, die mich hoffentlich mit meiner Vergangenheit versöhnt und mir ein zukünftiges Leben ohne emotionale Altlasten ermöglicht!

Assisi

Tag 1

Geschafft – ich bin in Assisi angekommen!

Ich fotografiere mich strahlend vor dem Stadtschild von Assisi, passiere die Porta San Giacomo und stehe um Punkt zwölf zum Glockengeläut vor der mächtig großen und äußerlich schlichten Basilika im gotischen Stil. Mitgerissen von dem unaufhörlich pulsierenden Strom an Touristen, fließe ich in den weißen Prachtbau, den die Franziskaner 1228, nur wenige Jahre nach dem Tod ihres heiligen Ordensgründers, ihm zu Ehren haben errichten lassen. Innerlich ohnehin schon völlig aufgewühlt, überwältigt mich nun auch noch die überbordende Schönheit der Kirche, allen voran die vielen prächtigen, bunten Fresken, die von Giotto di Bondone stammen sollen!

So umwerfend schön diese Kathedrale ist, mir ist sie gerade zu viel. Dennoch lasse ich mich wie ein Stück Treibholz mit der Masse durchschieben, von der oberen in die untere Basilika, die noch kunstvoller ausgeschmückt ist, und schließlich zum Grab des Heiligen, das in seiner Schlichtheit eher dem franziskanischen Stil entspricht als die beiden Kirchen darüber. Ich kann die Flut an Eindrücken nicht mehr verarbeiten und beschließe, in den kommenden Tagen noch mal zurückzukehren, um mich der Basilika mit voller Aufmerksamkeit zu widmen.

Also irre ich nach dem 30-minütigen Kurzbesuch durch die malerische Kulisse der mittelalterlichen Stadt, auf der Suche nach meiner Unterkunft. Vorbei an jeder Menge Souvenirgeschäften schieben sich Touristengruppen aus Asien, Amerika und allen möglichen Ländern Europas durch die schmalen Gassen. Hier Pfadfinder, da Schüler- und Rentnergruppen, mal mit Touristenführer, mal mit Ordensbruder, der lautstark erklärt. Immer wieder dazwischen: Mönche aus Südamerika oder Nonnen aus Asien. Von überall kommen die Besucher – mehr als fünf Millionen pro Jahr. Es ist zum Bersten voll, so dass ich mir wünschte, wir Menschen wären mit der automatischen Ausweichfunktion von Ameisen ausgerüstet.

Ich lande irgendwann auf dem zentralen Platz, der Piazza del Comune, von der auch die Via San Paolo abzweigt, in der mein Hotel liegen soll. Und tatsächlich: Nur 50 Meter weiter erreiche ich meine Unterkunft, die erst mal nicht meine Unterkunft wird, wie ich von dem feinen, sehr freundlichen Herrn hinter der Rezeption erfahre. Denn durch mein verfrühtes Eintreffen darf ich zunächst in ein sehr geräumiges, frisch saniertes Apartment nach nebenan ziehen!

Nach meinem typischen Dreiklang Duschen, Waschen und Auspacken streife ich durch Assisi und lande schnell in der Basilika Santa Chiara.

Basilika Santa Chiara

Basilika Santa Chiara

Im Inneren der Basilika Santa Chiara

Die ebenfalls wie die San Francesco im Stil der Gotik errichtete Basilika ist die Grabeskirche der heiligen Klara von Assisi.

Klara, im Italienischen »Chiara«, stammt wie Franziskus aus adeligem und wohlhabendem Haus. Als junge Frau entschied sie sich statt einer standesgemäßen Heirat für die Lehren des Franziskus und kehrte mit achtzehn ihrem Elternhaus den Rücken. Sie floh in die kleine Kirche Portiuncola vor den Toren Assisis, die Franziskus mit seinen Anhängern wiederaufgebaut hatte. Klaras entbehrungsreicher Lebensstil zog viele Nachahmerinnen an – darunter Agnes, Klaras Schwester, eine weitere Schwester und später sogar ihre eigene Mutter! Nach so viel Zuspruch entwarf Franziskus für die Frauen des Ordens Regeln für ein schwesterliches Zusammenleben und gründete gemeinsam mit Klara den zweiten Orden der Armen Frauen, den Klarissenorden! Klara wird Äbtissin von

San Damiano und geht als eine der einflussreichsten Frauen der Kirche in die Geschichte ein. Auf der ganzen Welt gibt es heute Klöster der Klarissen, ihr Orden zählt zu einem der bedeutendsten im katholischen Leben.

In der Basilika sind abgeschnittene Haarlocken, alte einfache Kleidungsstücke und Schuhe sowie viele andere Reliquien von Klara und Franziskus zu besichtigen.

Genauso wie der mumifizierte Leichnam Klaras, der angeblich keine Verwesungsspuren aufzeigt. Aber wer weiß schon, ob dort die echte Klara liegt oder nur ein Double? Den Pilgern und Besuchern ist das ziemlich egal – sie zünden Kerzen an, beten und machen Selfies. Für sie gilt die Kraft, die von hier ausgeht, nicht, was sie sehen.

Hier hängt laut meiner Tante Lore Papas »Lieblingskreuz«. Es ist das Original aus dem Kloster San Damiano – und ebenjenes, von dem der heilige Franz von Assisi den Auftrag vernahm, die Kirche von San Damiano wiederherzustellen. Es soll von einem unbekannten italienischen Künstler im 11. oder 12. Jahrhundert gefertigt worden sein und ist im byzantinischen Stil bemalt, der vor allem für seine besondere Darstellung von Ikonen bekannt ist. Neben Jesus sind zig Figuren darauf zu sehen: vierzehn Engel, seine Mutter Maria, Maria Magdalena, genauso wie Jesus' Lieblingsjünger Johannes und noch einige mehr.

Das Kreuzbild stellt komprimiert das gesamte Heilswerk Christi dar, wie es im Glaubensbekenntnis ausgesagt wird: »Gekreuzigt, gestorben und begraben, hinabgestiegen in das Reich des Todes, am dritten Tage auferstanden von den Toten, aufgefahren in den Himmel. Er sitzt zur Rechten Gottes, des allmächtigen Vaters. Von dort wird er kommen, zu richten die Lebenden und die Toten.«

Zusammengefasst: Auf dem golden glänzenden Kreuz ist echt was los, und im Gegensatz zu vielen anderen, oft deprimierenden Jesusdarstellungen, schaut man es sich gerne an. Jesus steht nicht als gebrochen da, sondern als Sieger, der sich von Sünde, Kreuz und Tod hat nicht zerbrechen lassen. Das ist cool!

Ich werde auf einen Stapel Flyer mit einem Franziskusgebet aufmerksam. Franz von Assisi soll es gesprochen haben, als er von dem Kreuz seinen Auftrag vernahm, also seine wahre Berufung erhielt – und so wird es auch »Das Gebet vor dem Kreuzbild von San Damiano« genannt.

Unterm Kreuz ist eine Gebetsbank, in welche der Text in unterschiedlichen Sprachen eingraviert ist. Nach langer stiller Kontemplation trete auch ich nach vorne und bete zum ersten Mal im Knien vor einem Kreuz diese Zeilen:

Höchster, glorreicher Gott,
erleuchte die Finsternis meines Herzens,
und schenke mir rechten Glauben,
gefestigte Hoffnung
und vollendete Liebe.
Gib mir, Herr, das [rechte] Empfinden und Erkennen,
damit ich deinen heiligen und wahrhaften Auftrag
erfülle.
Amen

Dann setze ich mich zurück auf eine der Bänke und wende mich im Geist an meinen Vater, den ich mir aus Erinnerungen, alten Fotos und Geschichten zusammenspinne:

»Das Kreuz ist magisch, anregend und beruhigend zugleich. Ich verstehe sehr gut, dass es dir gefällt, dass du immer davorgesessen und gebetet hast!

Wofür hast du wohl gebetet? Für uns, für deine Familie? Oder gab es Gedanken, die du hier in Einkehr mit Gott klären wolltest?«

So schön Antworten darauf wären, sie sind nicht wirklich wichtig. Vor diesem Kreuzbild sitzen zu dürfen, das ist wichtig. Zu wissen, dass Papa dasselbe Kreuz stundenlang betrachtet hat, ist für mich ein großes Glücksgefühl.

»Lass uns zur Piazza del Comune gehen, wo du früher immer gerne saßt und Espresso getrunken hast«, denke ich und schlendere die wenigen Meter hoch zum zentralen Marktplatz.

Die Cafés und Restaurants sind bis auf wenige Plätze gefüllt. Kellner spurten mit Eisbechern, Cappuccinos und Cornettos von der Theke zu den Tischen – hier noch ein Aperol Spritz, da ein Wein und für die Kleinen bitte ein Eis in der Waffel. Bei lautem Lachen und ständigem Gebrabbel knattert ein Motorroller vorbei, die Carabinieri schauen streng über die Ränder ihrer dunklen Sonnenbrillen, und dann quetscht sich auch schon wieder eine Reisegruppe ins Bild. Mir ist das zu voll und zu hektisch, und so setze ich mich auf eine Bank, um das Treiben aus sicherer Distanz zu beobachten.

»Nicht im Ernst hast du *hier* früher Espresso getrunken! Das war sicherlich noch ein anderes Assisi, ohne großen Tourismus, mit mehr Seele. Ein dörfliches Idyll mit der einen Bar da gegenüber vom Brunnen, oder? Ich meine, du warst irgendwann Ende der fünfziger oder Anfang der sechziger Jahre zum ersten Mal hier – da war Assisi doch ein verschlafenes Nest...«

Ich nehme die Kirche Santa Maria Maggiore, in der Franziskus getauft wurde, auch noch mit – liegt direkt um die Ecke von der Piazza – und lasse dann ab von weiterem Sightseeing.

Das Abendessen ruft, in der Besetzung des Vorabends. Diesmal auch wieder am Start: Kerstin, die Erzieherin mit der panischen Hundeangst.

Von den zwei lustigen Holländerinnen erfahre ich, dass die eine Hormonberatung für Frauen anbietet und die andere Managerin einer Irrenanstalt ist. Die eine ist mit einem Mann verheiratet und hat zwei erwachsene Kinder, die andere ist verheiratet mit einer Frau und hat noch ein Kind aus ihrer heterosexuellen Zeit.

Und so setzt sich das Holztisch-Geschnatter von Valfabbrica munter fort: auf Englisch, Flämisch, Deutsch, von Menschen mit unterschiedlichen Kulturen und Backgrounds, Homo- und Heterosexuelle, Singles und Verheiratete, in Patchwork lebend oder schlicht mit der eigenen Familie. Und doch teilen wir in diesem Moment unseren Weg, unsere Eindrücke und Erfahrungen und auch das große Glück, einen weiteren Abend gemeinsam verbringen zu können. Wir lachen und frotzeln, es ist leicht, locker und einfach herzerfrischend.

Es macht mich glücklich und auch ein bisschen stolz, so liebe Menschen getroffen zu haben und Teil von ihnen zu sein. Ich bin interessiert an ihren Leben, sauge auf, was sie motiviert, wie sie denken, welche Probleme und Schwierigkeiten sie in ihrem Alltag in ihrer Heimat haben, ob in Brüssel, Den Haag, im Schwabenländle oder in Berlin.

Am Ende eines langen Abends wünschen wir uns gegenseitig das Beste für die noch verbleibende Zeit in Italien.

Die zwei Holländerinnen und Sabina wandern am nächsten Tag weiter, Petra und Jim wollen bis zu ihrer Abreise in zwei Tagen entspannt in ihrem Hotel und am Pool abhängen, und nur Kerstin weiß noch nicht, ob sie einen Tag aussetzt oder auch weiterzieht!

Wir herzen uns alle und gehen wie in einem Film auf der Piazza in alle Himmelsrichtungen auseinander.

Obwohl es schon Mitternacht ist, flaniere ich bei sternenklarem Funkelhimmel ein bisschen durch die leeren Straßen Assisis und bleibe schließlich vor der angestrahlten Basilika San Francesco stehen.

Jetzt ist niemand mehr hier. Nur sie und ich. Ich atme tief ein und aus und weiß: Ich bin bei dir angekommen, Papa!

Vor der Basilika San Francesco

Pilger-Lektionen

Erkenntnisse aus dem Pilgerendspurt

- **Je näher das Ziel, desto leichter der Rucksack!**
  Wie im Tunnel, voll fokussiert auf das Ziel, rücken Last
  und Anstrengung immer weiter zurück. Das gilt auch
  für die noch verbleibende Rest-Eitelkeit, bezüglich
  Look und Geruch – auch sie ordnet sich dem Ziel
  unter.

- **Es gibt keine Zufälle, oder alles ist mit allem in Verbindung**
  Oder beides. Aber, dass sich meine einzelnen Wegbe-
  gleiter heute sukzessive abgemeldet haben und ich
  alleine für mich auf die Stadt zulaufen konnte – das
  war wie geplant und geprobt – nur von wem?

- **Glückliche Erschöpfung!**
  Endorphine gibt's auf dem Weg täglich. Mit jeder abge-
  hakten Etappe, mit jedem guten Impuls. Doch am Ziel
  tritt plötzlich eine große Ruhe und Zufriedenheit ein.
  Körper und Geist sind erschöpft, aber stimmig und im
  Lot – endlich wieder eins.

20,4 Kilometer, 31 649 Schritte

Tag 2

San Damiano

Umgeben von Wiesen mit Olivenhainen und Zypressen liegt das kleine ehemalige Kloster San Damiano, etwa 20 Minuten Fußweg vom Zentrum unterhalb Assisis. Dies ist die Kirche, die Franziskus 1206 mit eigenen Händen wiederaufgebaut hat, nachdem er vor dem Kreuz die Worte vernahm: »Franziskus, geh hin und stelle mein Haus wieder her, das, wie du siehst, schon ganz verfallen ist« – was auch in Anspielung auf die damalige Krise der Kirche zu verstehen ist. Und da das Kirchlein recht ursprünglich erhalten blieb und nicht auffällig mit Fresken überfrachtet wurde wie die meisten anderen Kirchen in Assisi, lässt sich die Einfachheit und Abgeschiedenheit genauso wie Franziskus' Verbindung mit der Natur an diesem Ort mit am besten nachempfinden!

Klara gründete hier ihren Klarissenorden im Jahr 1212, und Franziskus wählte San Damiano immer wieder als Rückzugsort und verfasste hier seinen berühmten »Sonnengesang« bzw. die letzte Strophe davon. Die Klarissen blieben bis 1257 in San Damiano, bis kurz nach dem Tod der heiligen Klara. Heute lebt hier noch eine kleine Schar an Franziskanern.

Als ich am frühen Vormittag Lore zufolge an Papas Lieblingsort ankomme, ist Messe. Die Pforte der bis auf den letzten Platz gefüllten kleinen Kirche ist geöffnet, die Besucher stehen noch meterweit davor, singen und beten. Dahinter lauern bereits zahlreiche Touristen in Wartestellung, mit ungeduldig quengelnden Kindern.

Kloster San Damiano

Ich stelle mich dazu, summ die Lieder mit, schließe die Augen, wenn gebetet wird, integriere mich, nur mit einer entfernten Ahnung, was Thema ist. Aber selbst ich erkenne das »Glaubensbekenntnis« auf Italienisch, und so ein dreifaches »Kyrie eleison« geht auch mir als Protestant recht easy über die Lippen.

Nach dem Abschlussgebet und dem klassischen »Gehet hin in Frieden« springen alle auf wie nach »Erreichen der endgültigen Parkposition« – es werden Hände geschüttelt, hier und da wird sich gedrückt, und binnen einer Viertelstunde sind die vielen Einheimischen wieder verschwunden, um den Touris San Damiano zu überlassen.

Über eine offene Vorhalle mit kleiner Kapelle betrete ich die kleine dunkle Kirche, die in etwa so groß ist wie zwei Garagen hintereinander. Darin hängt die besagte Kopie des Kreuzbilds von San Damiano, die, wenn man das Original kennt, auch wirklich wie eine Kopie aussieht. Glatt, eben, keinerlei Natürlichkeit versprühend.

Ich setze mich auf eine der schmalen Bänke, die links und rechts an den Wänden stehen und gerade mal zwei Personen Platz bieten, und lasse die Kirche auf mich »wirken«. Ich akklimatisiere mich, atme ihre Atmosphäre, um dann mit Eifer in die Zeitmaschine zu steigen. Innerlich drücke ich das Jahrzehnt der 1950er und versuche, mir vorzustellen, wie Papa hier gesessen hat, in sich versunken, mit geschlossenen Augen, tief im Gebet. Ich krame Bilder, Fotos im Kopf von ihm zusammen, will eine Szene rekonstruieren, in der er da neben mir sitzt, jünger als ich, in seiner Lederjacke, mit der Elvis-Tolle, leicht gebräunt, aber ich komme nicht richtig ran, alles bleibt unscharf: In welcher Körperhaltung hockt er da? Hat er die Beine überschlagen und die Hände zusammengefaltet? Wie ist sein Gesichtsausdruck? Muss er sich kurz mal die Nase putzen? Kratzt er sich umständlich mit der rechten Hand über Kopf an der linken Schläfe? Nein, nein, sosehr ich es auch probiere, meine Fantasie antreibe, die wenigen Bilder von ihm wie Puzzleteile vor meinem inneren Auge ausbreite, es gelingt mir nicht, sie zusammenzusetzen und ihnen Leben einzuhauchen. Nicht mal ansatzweise. Ich habe null Ahnung und will ihn mir doch so gerne vorstellen. Und irgendwie realisiere ich erst jetzt, dass ich dazu eigentlich gar nicht in der Lage bin. Nicht mit Herz, Emphase, Bewusstsein, was es alles braucht, um lächelnd neben sich zu blicken, weil man zu wissen meint, wie der andere sich fühlen würde, wäre er hier. Doch es funktioniert nicht.

Es kann also nur durch mich und meinen Filter hindurchfließen, und durch das Erleben derselben Eindrücke schaffe ich es vielleicht, Kontakt zu ihm herzustellen, ihn zu spüren, weil wir eben beide hier waren, hier saßen, hier staunten, hier beteten. Nur das kann der Weg sein.

Ich mustere die kargen grauen Wände, die so schlicht wie schön sind. Nur wenige Fresken schmücken den Raum, die dadurch und durch den Kontrast der starken Farben noch stärker zur Geltung kommen.

Der Schwung an Reisegruppen ebbt dann doch überraschend schnell ab, und so kann ich ungestört minutenlang meinen Blick schweifen lassen und die innere »Record«-Taste drücken. Ich schaue, studiere und frage mich, ob Papa hier deshalb gerne saß, weil es die Kirche ist, die Franziskus mit seinen zerplatzten Träumen aufsuchte, in der Hoffnung, wieder Klarheit in sein Leben zu bringen durch eine bestenfalls richtungsweisende Gotteserfahrung.

Ist San Damiano also mit dem Gebet vor dem Kreuzbild der Platz, an dem es die reelle Möglichkeit gibt, sein Leben neu zu justieren – sich darüber klar zu werden, wie es weitergeht? Meinte Mimmo diese »Wege ins Licht« oder Petra ebendiesen »magischen Ort«, der was mit einem macht?

Was mein Vater hier suchte, vielleicht sogar fand, werde ich nicht mehr herausfinden können, aber es muss extrem tröstlich, heilend, möglicherweise *magisch* gewesen sein, sonst wäre er nicht immer wieder hierher zurückgekehrt.

Ich fühle mich in dem kleinen Kloster auf Anhieb pudelwohl, mit dem Blick auf den wohlwollend dreinschauenden Jesus gar mit offenen Armen aufgenommen. Nach Minuten innerer Ruhe stehe ich mit dem Gefühl, diesen Ort mit dem Herzen erobert zu haben, zufrieden von meinem Bänkchen auf und lasse mich auf die weitere Besichtigung ein, die mich nicht von anderen Touristen unterscheidet.

Ich verlasse die Kirche am Altar vorbei, werfe einen Blick auf den Chor der heiligen Klara, steige eine kleine Treppe hinauf und passiere ihren Gebetsraum. Zwischendurch kann man

Im Inneren von San Damiano

in den Garten des Klosters linsen, wo Franziskus seinen Sonnengesang gedichtet oder auch nur vollendet hat. Mit dieser Detailfrage sollen sich die Historiker rumschlagen. Für mich macht das keinen Unterschied.

Wieder geht's über eine Treppe weiter in den Schlafsaal der Schwestern – heißt: keine Betten, sondern ein leerer Raum, in dem ein Strauß frischer Blumen und ein Kreuz den Platz markieren, an dem Klara geschlafen hat und schließlich auch starb.

Ein paar Stufen geht es wieder hinunter, und ich erreiche den natürlich auch mit einigen Fresken gewürzten Kreuzgang mit einem netten kleinen, sauber bepflanzten Innenhof. Zum Schluss werfe ich noch einen Blick in das Refektorium – klingt hochtrabend, meint aber lediglich den Speisesaal. Hier wird auf den Platz der heiligen Klara für die Unwissenden ebenfalls mit einem Strauß frischer Blumen hingewiesen.

Ich habe alles gesehen und will trotzdem gar nicht so richtig gehen, es ist einfach ein schöner Ort zum Verweilen, und so streife ich noch durch den Shop und kaufe zwei Bücher: *Die Fioretti des heiligen Franziskus von Assisi* – angepriesen als »Meisterwerk franziskanischer Literatur« – mit vielen Episoden aus dem Leben von Franziskus und eine Art Biografie, verfasst von einem Mönch und leider fürchterlich ins Deutsche übersetzt. Vor dem Kircheneingang zünde ich noch Kerzen für meine Kinder an. Dabei stelle ich sie mir vor, wie sie gerade im Garten sitzen, vielleicht mittagessen, und schicke ihnen Liebe und Kraft.

In San Damiano wurde laut meiner Tante ein Jahr nach dem Tod meines Vaters eine Messe abgehalten. Ich verstehe jetzt nach meinem Besuch umso mehr, warum, und bin zutiefst dankbar und erfüllt, hier gewesen zu sein.

Zeit für Kaffee-Kuchen. Während ich unweit der Santa-Chiara-Kirche ein »Rocciata di Assisi« esse, einen süßen Strudel mit Nüssen, Rosinen und Zimt, der bestimmt die Kalorien von drei Mahlzeiten für eine fünfköpfige Familie zählt, und einen Americano schlürfe, erreiche ich endlich Christa. Sie komme mich morgen früh im Hotel besuchen – zum Kennenlernen und Quatschen über Assisi, Papa und so weiter. Ich lege auf und wähle dann die Nummer von Christine, der Frau von Papas Freund Francesco Del Bianco, die eine ganz junge, weiche Stimme hat und mit hörbar lachendem Gesicht spricht. Francesco freue sich schon sehr – ihm würde es morgen passen, um 17 Uhr, Treffpunkt: Santa Chiara. Sie hole mich am Seiteneingang ab. Ich sage: »Perfekt«, lege auf und bekomme schlagartig Herzrasen vor Nervosität. Oder schießt nur der Zucker ins koffeindurchtränkte Blut?

Das letzte Abendmahl

Kerstin ist in Assisi geblieben, und nun sind auch noch meine Schneeblumen Gudrun und Dorothea angekommen. Schreit nach einem Festessen. Noch ein weiteres Pärchen aus Österreich gesellt sich zur Runde – wir speisen in einem schicken Restaurant, abseits des Trubels an einer großen Tafel auf der Terrasse. Die Schneeblumen bleiben gewohnt tiefenentspannt und halten sich bedeckt, während das österreichische Ehepaar ohne Unterlass und mit derart anstrengendem Dialekt faselt, dass die Konzentration auf das Gespräch mit jeder weiteren Minute zu einer ungeahnten Anstrengung wird. Als das Soloprogramm der beiden plötzlich von Kerstin unterbrochen wird und der an Fahrt aufnehmende Gruppentalk nun einigermaßen ungelenk meine Kindheitserinnerungen an meinen Vater aufarbeiten will, werde ich kurzerhand schroff und beende das Thema mit einem knackig verschnupften: »Es gibt keine Erinnerungen an ihn, und mehr gibt es dazu, glaube ich, auch nicht zu sagen.«

Ich nehme grundsätzlich anderen ihr mangelndes Feingefühl nicht krumm, suche aber auch nicht deren Nähe. Die alarmierten Dorothea und Gudrun, bis dato dezent im Hintergrund geblieben, öffnen den Rettungsschirm und forcieren blitzschnell die Auflösung der *funky* Pilgerrunde, indem sie die Rechnung bestellen. Kurz darauf drücke ich die beiden und bedanke mich für ihre angenehme Gesellschaft sowie ihren großen »Floristik«-Input während der gemeinsamen Tage. Ein weniger herzliches Tschüss auch ans Pärchen und Kerstin – und noch beim Verdünnisieren ins Hotel lautet mein Fazit: SATT! Ich bin satt. Von der Pizza wie von dieser lästigen Spezies an Co-Pilgern, mit denen man mehr unfreiwillig als freiwillig zusammenhockt und die nicht verstehen, wann es genug ist mit dem elendig ausschweifenden Wandergelaber, durch das man dazu verdonnert wird, immer wieder dieselben Themen durchzukauen.

Schnell wird klar, was für eine Inspiration die grandiosen Begegnungen mit all denjenigen waren, mit denen es auf Anhieb gezündet hat, mit denen die Abende bis in die frühen Morgenstunden hätten andauern dürfen.

Ich schalte trotzdem meinen »Labermodus« hier in Assisi ab jetzt aus und freue mich diebisch auf ein Abendessen mit Kerzenschein, einem kühlen Glas Wasser und – mit mir!

Tag 3

Die große Verwirrung, Teil 1: Arzt, oder was?

Ich treffe Christa direkt nach dem Frühstück im Restaurant des Hotels. Eine kernige Seniorin mit Brille und blonden Haaren, und extrem *busy*. Ihr Handy bimmelt pausenlos, sie nippt an ihrem Kaffee und plaudert munter drauflos: viel zu tun, heiße Zeit, gestern einer in der Reisegruppe Verdacht auf Herzinfarkt – es gibt immer viel zu kümmern.

»Das ist er! Um den Mann geht's«, witzle ich und zeige ihr ein altes Schwarz-Weiß-Porträt meines Vaters, als er siebenundzwanzig war. »Ich bin ungeheuer gespannt, was Francesco Del Bianco mir erzählen wird. Dass er noch lebt – ich hätte das niemals gedacht! Ob meine Tante oder auch Ihre Reaktion, für mich stand fest: Es gibt keine Zeitzeugen mehr – außer meiner Familie.«

»Das war ein Missverständnis! Ich hatte Ihre Anfrage nicht so gelesen, als seien Sie im Zweifel, ob er noch lebt oder nicht. Umso größer die Überraschung und sicherlich Ihre Freude. Francesco freut sich jedenfalls sehr auf Sie.« Eine Pressesprecherin hätte es nicht schöner sagen können. »Er ist mittlerweile neunzig, ein lustiger, intelligenter Mann, aus einer Adelsfamilie, der früher als Deutschprofessor unterrichtete und dabei auch seine Frau kennenlernte, wenn ich mich nicht irre.« Ach, ein Filou, denke ich, aus dem Holz eines Anthony Quinn oder Julio Iglesias – beeindruckend, mit wem mein Vater befreundet war.

»Sie haben drei Kinder und wohnen etwas außerhalb von Assisi – mit einigen Tieren und so. Nicht weit von hier, Sie wer-

Mein Vater im Alter von siebenundzwanzig Jahren

den es ja sehen.« Christa folgt einer inneren Agenda, nehme ich an, denn nach Francesco geht es weiter mit Gerhard, ihrem Bruder, jahrzehntelang Ordensbruder und bis zu seinem Tod der zuständige Pilgerseelsorger in der Basilika San Francesco. Mir dämmert es – er ist der Vorgänger von Bruder Thomas, der mir vor wenigen Wochen auf meine Mail mit meiner Vater-Freunde-Suchanfrage nicht nur freundlich antwortete, sondern auch den Kontakt zu Christa herstellte. Hatte ich nicht ein Date mit ihm für ein Gespräch und zur Basilikabesichtigung ausgemacht? Shit, vergessen!

Christas Bruder Gerhard sei jedenfalls seit Sommer 1959 hier gewesen, weshalb es gut angehen könne, dass er meinen Vater kannte. Sie würde mal im Archiv ihres Bruders kramen und mir Bescheid geben. Ein weiteres Eisen im Feuer. Als Nächstes bringe ich Papas verstorbenen besten Freund Antonello Venarucci ins Spiel, der ein Jahr nach dem Tod meines Vaters veranlasst hatte, in San Damiano eine Messe lesen zu lassen.

»Kennen Sie die Familie Venarucci? Gibt es noch Angehörige von Antonello in Assisi?«

Sie überlegt angestrengt: »Ja, ich meine, hier gibt es die Venaruccis – was war er denn von Beruf?«

»Arzt.«

»Arzt?«, sie guckt überrascht. »Also einen Arzt Venarucci, das wüsste ich. Nein, den kenne ich nicht. Aber warten Sie mal!«

Christa ruft auf Italienisch das Ehepaar hinter dem Tresen. Es sind die Hotelbetreiber, beide etwa in ihrem Alter, vielleicht ein paar Jährchen jünger.

Ich verstehe aus ihrem Mund nur »Venarucci«, »Antonello« und »Medico« – er schüttelt direkt den Kopf, seine Frau jedoch kenne wohl so einige Venaruccis – Christa übersetzt: »Aber da sei kein Arzt dabei. Beamte, Lehrer, Rechtsanwälte sind das – sicher Arzt?«

»Absolut. Wie mein Vater! Antonello ist 1978 gestorben, ein Jahr nach ihm.«

»Viele Venaruccis sind tot. Aber kein Arzt«, übersetzt Christa noch mal die Hotelchefin, die sich daraufhin mit ihrem Mann entschuldigt, um Getränkelieferungen anzunehmen.

»Dann sind's vielleicht andere Venaruccis«, meine ich etwas resigniert. »Das Grab von denen müsste ich aber doch finden, oder ist das aussichtslos bei dem Friedhof?«

»Na, machen Sie mal. Viel Spaß bei der Suche«, lächelt Christa, die prompt noch einen Tipp raushaut: »Hier direkt ums Eck liegt das Kloster der Deutschen Schwestern, die Klarissen-Kapuzinerinnen in Assisi. Da gibt es eine Schwester Elisabeth – sehr betagt –, die schon hier war, als mein Bruder in Assisi begann. Also auch seit den Fünfzigern. Vielleicht hat die noch was für Sie!«

Ich danke Christa für die tausend Ideen und ihre große Hilfe. Eines will ich aber noch wissen: »Bei dieser Wucht an Franziskus hier, das Kreuzbild San Damianos, das überall in Bars, Restaurants und Hotels in Miniaturversionen hängt, die täglichen Messen rauf und runter, diese Flut an Souvenirs und Tau-Kreuzen – wie gläubig sind denn eigentlich die Einwohner Assisis? Alles Kirchgänger wie die zahllosen Pilger?«

Christa denkt kurz nach und sagt dann: »Lassen Sie es mich so sagen: Man lebt hier halt davon!« Sie will sich melden, wenn sie noch etwas im Archiv ihres Bruders finden sollte, und wünscht mir dann ein »aufschlussreiches Treffen mit Francesco«.

Die große Verwirrung, Teil 2: Schwester, Schwester

Das Kloster der Deutschen Schwestern liegt wie eigentlich alles in Assisi in einer wie ausgedacht bezaubernden schmalen Gasse. Noch vor dem Abzweig weist ein Schild auf das Kloster hin, daneben steht ein süßer alter Fiat 500, mit Sonnenlicht geflutet und dem knalligen Azurblau des wolkenfreien Himmels als Kontrast, jubelt es in mir ob des reifen Postkartenmotivs: »Italien-Klischee, du willst doch nur fotografiert und in die Welt multipliziert werden. Kannste haben!«, zücke das iPhone und drücke ab.

Es geht wie so oft in diesem Städtchen ein paar steile Meter aufwärts, an einer einladenden Sitzbank und bunten Blumenkästen vorbei. So stehe ich schließlich vor der Klingel mit Gegensprechanlage und einer wuchtigen Tür, die keinen Einblick erlaubt.

Ich drücke und warte. Flott meldet sich eine Schwester. Ich trage mein Anliegen vor, Schwester Elisabeth etwas fragen zu wollen, und erhalte ein nüchternes »Moment bitte«. Ich warte, warte und warte. Es dauert ganze zehn Minuten, und als ich kurz davor bin, noch einmal die Klingel zu drücken, öffnet sich plötzlich langsam ein Fenster, zwei Meter neben dem Eingang – Schwester Elisabeth »erscheint« mir. Sie trägt bequeme Ordenstracht, ihre Haare sind vom Schleier verdeckt, ihr Blick ist milde, ihre Stimme warm – eine alte Dame, die etwas wackelig auf den Beinen ist und sich am Fensterrahmen festhält. Ich erkläre ihr den Grund meiner Reise, schließe mit dem Foto von Papa – und frage, ob sie ihn kenne? Wider Erwarten antwortet sie: »Er kommt mir bekannt vor, ja. Das kann gut sein, dass wir uns ein paar Mal begegnet sind. Ich bin ja schon seit 1955 hier, kam als junge Schwester nach Assisi und war natürlich dann eine Zeit in Klausur«, sie hält kurz inne, »aber wissen Sie, meine Erinnerung spielt mir manchmal einen Streich. Vielleicht bilde ich es mir gerade auch nur ein.« Auch zur »Causa Antonello« hat sie nichts parat, dafür kennt sie Francesco Del Bianco sehr gut. Der sei ja auch mit den Hugos aus Stuttgart befreundet, ich solle ihn doch lieb grüßen, wenn ich ihn treffe.

Ich bin ziemlich enttäuscht von der Ausbeute, doch dann versöhnt mich Schwester Elisabeth mit einem Schlussakkord. »Junger Mann, ich kann den Beweggrund Ihrer Reise gut nachvollziehen, und es tut mir leid, dass ich Ihnen nicht weiterhelfen kann. Aber ich glaube, dass Ihr Aufenthalt in Assisi sehr wichtig für Sie ist. Es ist gut, dass Sie das machen, sich auf die

Suche begeben. Und Sie werden fündig werden, ganz sicher. Franziskus hat gesagt, dieser Ort ist für alle, die kommen und gehen, ein sehr besonderer Ort! So wird es auch für Sie sein.« In einer Filmszene hätte ich einfühlsame Musik druntergelegt, aber ihre Worte haben mich auch so berührt, weil sie von Herzen kamen, während sie meine Hand festhielt. Sie segnet mich, und ich steige wieder hinab in die Zivilisation, beseelt davon, ein Grab zu finden.

Die große Verwirrung, Teil 3: Wo liegt hier wer?

Ich verlasse Assisi-City durch das Tor, durch das ich kam: die Porta San Giacomo, und spaziere eine circa 500 Meter lange Allee entlang mit weitem Blick ins Tal, die direkt zum Friedhof der Assisianer führt. Die Ruhestätte liegt auf zwei Ebenen, wirkt von der Größe her prima vista recht überschaubar, will heißen, vielleicht gerade mal so groß wie ein ausgereifter Fußballplatz. Wie üblich im Süden Europas dominieren kleine Mausoleen das Bild, also häuserähnliche Familiengruften, verschlossen durch prachtvolle bis schlichte Türen oder massive Gitter. Teils sind die dicht an dicht aneinandergereihten Grabbauten designt wie kleine Kirchen und Tempel oder wie moderne bis barocke Pavillons, nur ohne Fenster. Es gibt viele Schiebegräber, bei denen die Särge der Länge nach in einer Nische aufbewahrt sind, wie auch Kolumbarien, in deren Fächern sich die Urnen mit der Asche wiederfinden. Sie liegen eher im hinteren Teil des Friedhofs, den Todesdaten zufolge offensichtlich der »neuere«. Neu passt nicht zum Tod von Antonello. Er ist vor gut vierzig Jahren gestorben, also dürfte das Grab älter sein und somit eher ein Fall für die erste Ebene des Gottesackers. Ich gestehe, ich lümmle selten auf Friedhöfen rum, und auch auf Reisen mit der Familie sind sie so gut wie nie im demokratisch beschlossenen Sightseeing-Line-up, bis auf die eine Ausnahme, als wir in Buenos Aires das Grab von Evita Perón besuchten. Es regnete in Strömen, und meine große Tochter wollte von Anfang an auf dem Absatz kehrtmachen. Das Wissen um die Toten in den kleinen Häusern bereitete ihr ein mulmiges Gefühl – und als sie dann noch das Grab eines jungen Mädchens sah, für das der Vater extra eine Skulptur seiner Tochter meißeln ließ, konnte sie an nichts anderes mehr denken. Also an nichts anderes mehr als: »Schnell weg von hier!«

Mir ist nun auch mulmig, als ich zwischen den großen Familiengruften, die mal wie neu, mal völlig verwittert und vergessen erscheinen, herumirre. Tote unter der Erde zu wissen beruhigt mich eher als in einem dieser kleinen Bungalows. Auch ist der Weg für Wiederauferstehende, Untote und versehentlich Beerdigte durch die Erde länger, als die Tür vom eigenen Mausoleum aufzutreten. Gleichzeitig bin ich bis in die Haarspitzen motiviert und vorfreudig erregt, gleich den Treffer zu landen und das Venarucci-Grab zu entdecken. Muss ja gelingen, kann ja nicht weg sein.

Auch nach 20 Minuten eifrigen Scannens der klassischen Reihengräber mit Kreuzen, Stelen und Steinen – bleibt meine Haltung: optimistisch! Schön finde ich, dass auf jedem Grab immer ein »Schokoladenseiten«-Porträt des Toten sowie frische Blumen stehen und oft eine Kerze brennt. Es ist ein akkurat gepflegter Ort der Erinnerung und des Trosts.

Nach weiteren 20 Minuten ergebnisloser Suche bin ich ratlos. Wo kann das verflixte Grab denn sein? Bin ich etwa schon dran vorbeigelaufen? Ich spreche den einzigen anderen Menschen auf dem Friedhof an. Der vielleicht sechzigjährige Mann versteht leider kein Englisch, aber bei dem Namen »Venarucci« schnackelt es irgendwie. Er fordert mich auf, ihm zu folgen. Ich lande schließlich in seiner Mercedes-B-Klasse, mit der er mich wieder nach vorne zum Friedhofseingang fährt. Er winkt mich in den kleinen Blumenladen hinein, in dem ein großer rauchender Mann in Steppweste und mit einem kürbisgroßen Schlüsselbund an der Hose hockt und gerade kleine, zierliche Pflanzen umtopft.

Ein Himmel für einen Italienisch-Kurs jetzt – es fallen die Stichworte »Venarucci« und »Medico«, woraufhin der dampfende Italiener temperamentvoll entgegnet: »Tanti Venarucci!« Heißt: viele Venaruccis. Nun folgen zehn Minuten wie aus einer vorhersehbaren deutschen Komödie, die in Italien spielt: Zwei Italiener diskutieren hitzig miteinander, und der doofe deutsche Hauptdarsteller versteht überhaupt nichts.

Vor allem nicht, warum die sich immer weiter dermaßen in die Haare kriegen, bis sie sich fast anschreien, suche ich doch einen Ort der Stille – also der endgültigen Stille.

Ungestüm greift der von mir mittlerweile als »Friedhofsgärtner« verdächtigte Riese zum Telefon und wählt eine Nummer, die er auswendig kennt. Mehrmals nennt er den Namen Antonellos – auffällig oft höre ich »Si« –, bis er schließlich auflegt und in gebrochenem Englisch sagt: »Tomorrow afternoon at 5 – you come here – I show you! Because tomorrow I know.«

Ui, ob es nicht früher ginge, da ich um die Zeit schon verabredet sei? Außerdem würde ich tagsdrauf zurück nach Hamburg reisen, also alles eher eng gestrickt. Das gebe ich ihm in etwa zu verstehen, natürlich wissend, dass diese Reaktion eher nicht von mir erwartet wird. Er zuckt trotzig mit den Achseln, zeigt aufs Telefon und sagt schnippisch: »Tomorrow afternoon« – und so was wie: »Alter, ich telefonier mich hier wund, und du Printe hast noch 'nen Waxing-Termin, oder was!?« auf Italienisch. Glaube ich. Zumindest lassen sein Ton und seine Mimik wenig Zweifel daran. Auch Mr Mercedes-B-Klasse zieht kurz einen Flunsch und verabschiedet sich dann mit einem »Mir am Ende auch Latte«-Ciao. Ich rufe ihm noch »mille grazie« hinterher – auch an den Grummelbär gerichtet – und trotte wieder zurück nach Downtown.

Grab heißt übrigens »tomba« auf Italienisch. Ich muss unweigerlich an den italienischen Ski-Slalom-Gott Alberto Tomba denken. Dass dieser lustige Ski-Vogel *Albert Grab* heißt. Schräg. Wie auch die letzten 90 Minuten – ohne tomba von Antonello, ohne Ergebnis, aber »molte emozioni«. To be continued!

Was ich schon immer über mich wissen wollte: der erste Versuch eines persönlichen Fazits

Fühlt man sich ausnahmsweise mal nicht genötigt, in die allgemeine Aufgewühltheit Assisis einzusteigen, sich der Fülle einer Kirche hinzugeben, und rastet in einem Café in einer der Seitenstraßen, ist's ad hoc ziemlich entspannt. Dank der verwinkelten Sträßchen und Treppen verbergen sich überall und zwischendrin kleine Ruheoasen, um einmal durchzuatmen und das gerade Gesehene sacken zu lassen.

Ich nutze die Pausen, um in mich zu gehen, mit mir zu sein und meine Gedanken zu sortieren. Ich durchlebe auf dieser Reise so viele unterschiedliche Momente, die brauchen Zeit, um liebevoll geschwenkt und gewendet zu werden, nur um am Ende doch festzustellen, dass sie sich nur schwer einordnen lassen.

Hier in Assisi habe ich die Chance, tief in meine Seele zu blicken, während ich mich in fantasiereichen Vorstellungen an meinen Vater verliere, deren Wahrheitsgehalt sich mir völlig entzieht. Aber das spielt keine Rolle, denn sie heilen, sie schließen Lücken, sie versöhnen zwei Fremde miteinander, die nie einen einzigen aufrichtigen Augenblick des Bewusstseins teilten, der sie einander fühlen ließe. In Assisi tritt diese lose, zerbrechliche Verbindung aus dem Verborgenen hervor und wird – getragen durch den Zauber dieser Stadt, der Lieblingsplätze meines Vaters – mit jeder hier verbrachten Minute wahrhaftig. Ohne ihn näher zu kennen, spüre ich ihn, ohne tiefer in ihn hinabsteigen zu können, kann ich unsere beiden Enden greifen und verbinden. Wir sind endlich miteinander vereint, weil wir von nun an diese Reise gemein haben.

Zugleich erlebe ich mich auf dem Franziskusweg und hier in Assisi als Christ wieder neu. Seit meiner Konfirmation und der damit verbundenen Pflicht des Auswendiglernens des Vaterunsers, des Glaubensbekenntnisses oder des 23. Psalms war ich nicht mehr in so einer absoluten Freiwilligkeit und im Vertrauen mit Gott. Unterwegs auf seinen Spuren rede ich mit Franziskus, weil ich ein Bild von ihm habe, weil ich täglich Neues über ihn erfahre. Wie in der Annäherung mit meinem Vater, versinke ich in Stille an den unzähligen spirituellen Plätzen von Franziskus, kehre ein, in Offenheit und Gelassenheit. Ich weiß um vieles aus seinem Leben, dazu die Mühe, der Kraftaufwand, ihm und seinem Weg zu folgen, all das schweißt zusammen. Er war ein Held, ein bescheidener Mann, der Tiere wie Menschen liebte, und der in seinem Streben für den Frieden und das Gute ausschließlich die Sache sah, die anderen, niemals sich selbst. So wenig Ego in einer egomanischen Welt – ist für Christen irgendwo selbstverständlich, dem Zeitgeist entsprechend jedoch nicht. Franziskus war damals und wäre heute Revoluzzer, von ihm lerne ich gerne, lasse mich führen, mit ihm tausche ich mich aus.

Wie Don Camillo aus *Don Camillo und Peppone* habe ich ihm beim Pilgern andauernd meine schlüpffrischen Emotionen serviert und auch gleich gesteckt, wenn ich was scheiße fand. Eine direkte Antwort bekam ich darauf nie – also nicht wie Jesus Camillo vom Kreuz herunter immer die Meinung hustete –, aber indirekt blieb nichts unbeantwortet. Es folgten immer Reaktionen, aus denen ich meine Schlüsse ziehen und lernen konnte.

Wir sind Freunde geworden. Ich bin wie er, weil er ist wie ich. Und jetzt trage ich Papas Kette zum ersten Mal als überzeugter Franziskus-Fanboy und verberge sie nicht als trauriges Erinnerungsstück an einen Mann, den ich so viele Jahre vermisste.

Habe ich das Gebet als Kind schon immer als Türöffner zu Gott betrachtet – gleich dem Zahlencode, um das Smartphone freizuschalten –, hat sich diese Haltung weiter manifestiert. Beten, um zu sprechen. Erst den Spruch aufsagen, dann in den Dialog kommen. Und es ist völlig schnuppe, ob ich in Assisi in der Basilika hocke, in der indianischen Schwitzhütte in Brandenburg oder im buddhistischen Zentrum in Hamburg, ob im ICE nach Berlin oder am Esstisch mit der Familie oder Freunden – ich weiß, dass ich in andauernder Resonanz bin mit meiner spirituellen Seite, begleitet bin – und das voller Vertrauen!

Tag 4

Wird man durch Kirchenhopping
eigentlich katholisch?

Besser kann ein Showdown nicht sein: Der Franziskusweg führt mich zu Franziskus, also Francesco – und der ist ausgerechnet der letzte lebende Freund meines Vaters. Wie das Leben spielt und was der Big Boss sich alles so in seinen ausschweifenden Gemächern da oben für uns hier unten zusammenbastelt. Wenn es hier laut Schwester Elisabeth ein »besonderer Ort« ist, ist er das für mich in doppelter Hinsicht!

Dafür habe ich Bruder Thomas versetzt beziehungsweise die offizielle Führung durch die Basilika nach der 9-Uhr-Messe geschwänzt. Ich wurde von der Schlaffee aufgehalten. Als Wiedergutmachungsmaßnahme war ich Teil der 12.30-Uhr-Messe in der 1824 eingeweihten Krypta der Basilika San Francesco, wo sich das Grab von Franziskus befindet. Ein steinerner Sarg über dem Altar. Außerdem liegen hier auch vier seiner Gefährten: Leo, Masseo, Rufino und Angelo.

How to ...: Gottesdienst im Schnellkurs

Ein kurzer Überblick über den Ablauf einer Messe, wie sie täglich in Italien abgehalten wird – fürs bessere Verständnis und simultane Handeln. Und wer nichts mit Gott am Hut hat, weiß so zumindest, wie lange er noch auszuharren hat, bevor er wieder Tageslicht sieht. Aber Obacht – die Liste ist lang!

- **Einzug:** Glockengeläut, alle stehen auf, Priester und Entourage laufen ein. Der Einzug bedeutet: den Weg des Menschen auf Gott hin!

- **Eröffnung:** Immer noch stehend, machen alle das Kreuzzeichen – es bedeutet in Worten: Ich gehöre ganz zu Gott. Mein ganzer Körper steht unter seinem Segen. In seinem Namen soll alles geschehen.

  Zwei Choreos hast du zur Wahl: Entweder berührst du dich mit der rechten Hand an der Stirn, der Brust, der linken und dann der rechten Schulter, oder du zeichnest auf Stirn, Mund und Brust mit dem Daumen der rechten Hand jeweils ein Kreuz. Beide Varianten sind anerkannt, und wenn doch mal die falsche Hand an der falschen Schulter landet, interessiert es auch keinen – jeder weiß, was du meinst!

- **Schuldbekenntnis:** Die Idee dahinter: Laden wir uns Schuld auf, schieben wir einen Keil zwischen Gott und uns. Die biblische Geste des An-die-Brust-Schlagens soll uns deshalb körperlich erschüttern, damit wir zukünftig auf Gottes Stimme hören.

  Jeder Mensch bringt etwas mit in den Gottesdienst, das auf ihm lastet. Doch Gott nimmt uns an, auch wenn wir uns immer wieder von ihm abwenden. Das bringt der Priester mit der Vergebungsbitte zum Ausdruck: »Der allmächtige Gott erbarme sich unser.« Die Barmherzigkeit Gottes gilt als seine wesentliche Eigenschaft!

- **Kyrie:** Der dreimalige Ruf kennzeichnet Jesus Christus als den wahren, barmherzigen Herrscher der Welt. Es ist aber auch ein Verweis auf die Bibelstory des Blinden von Jericho, der um das Erbarmen von Jesus bat, um von seiner Blindheit geheilt zu werden. Meint: Wir können sozusagen auch um die Heilung unserer blinden Herzen bitten.

- **Gloria:** Noch ein Klassiker – das Gloria, der Lobgesang auf Gott! Wird allerdings nur an besonderen Tagen aus dem Regal geholt und gibt's in den Geschmacksrichtungen *gesungen* oder *gesprochen*

Die Grundannahme lautet: Jeder ist ein Geschöpf Gottes! Und das Gloria ist ein Ausdruck unserer Dankbarkeit. Außerdem soll es an den Gesang der Engel bei Jesus' Geburt erinnern.

- **Tagesgebet:** Jeder Tag ein anderes Gebet
  Der Priester fordert dazu auf mit der Ansage: »Lasset uns beten!« Es folgt das Gebet, und alle schließen mit »Amen«.

- **Erste Lesung:** Ein Lektor liest eine Story aus der Bibel vor. Die Geschichten sind aus dem Alten Testament und handeln immer von Gott und den Menschen, die natürlich in einem größeren Zusammenhang interpretiert werden.

- **Zwischengesang:** Der Kantor singt einen Antwortpsalm, und das Publikum übernimmt den Refrain.

- **Zweite Lesung:** Die zweite Lesung bedient sich üblicherweise aus den Briefen des Neuen Testaments oder der Offenbarung des Johannes.

- **Halleluja:** Vor dem Evangelium wird das Halleluja (hebräisch für »Preist den Herrn«) gesungen oder gesprochen. Das Halleluja baut die Rampe zum Evangelium – dem Höhepunkt der gesamten Veranstaltung, was die Texte angeht.

- **Evangelium:** Die Frohe Botschaft Christi wird feierlich vom Priester verkündet. Dafür stehen alle auf – im übertragenen Sinne, um sofort loszugehen und ihren Auftrag zu erfüllen. Jesus kommt in seinem Geist zu uns, um sein Wort in unser Leben *einkehren* und in ihm *verwirklichen* zu lassen. Besondere »Specials« in der Inszenierung des Evangeliums können sein: Kerzen, der Kuss des Buches oder Weihrauch! Sie unterstreichen noch mal die Wichtigkeit des Lebens Jesu und seines Wortes.

- **Predigt:** Die Predigt dient dazu, das, was in der Bibel steht, in die Gegenwart zu übertragen. Sie soll uns helfen, das Evangelium im Heute zu verstehen und in unserem Alltag umzusetzen.

- Darüber hinaus ist die Predigt auch immer dazu gedacht, den Glauben zu stärken, das Gefeierte näherzubringen und den Menschen Trost zu spenden.
- **Das Glaubensbekenntnis:** Das Glaubensbekenntnis ist eine Erneuerung des persönlichen Glaubens und ein Bekennen zu einer Tradition, die Millionen, sogar Milliarden von Menschen eint. Wer es spricht, reiht sich folglich in eine lange Reihe an Menschen ein, die auf Gott vertrauen und ihm ihr Leben übergeben haben. Das Glaubensbekenntnis, wie wir es kennen, ist übrigens schon mehr als 1600 Jahre alt.
- **Fürbitten:** Durch die Fürbitten werden die Nöte der Welt und der Kirche vor Gott formuliert. Sie werden von der Lektorin oder dem Lektor stellvertretend für alle vorgetragen. In der Stille kann jeder zudem seine eigene Bitte an Gott richten.
- **Gabenbereitung:** Im Rahmen des Abendmahls werden Brot und Wein zum Altar gebracht. Dieselben Zutaten also wie bei Jesus' legendärem Letzten Abendmahl.
- **Eucharistisches Hochgebet**
  Mit einem dreimaligen Zuruf an die Gemeinde beginnt die Präfation, also die Einleitung zum Hochgebet. Der Priester ruft dazu auf, sich nun ganz auf das Gebet und die Gegenwart Gottes zu konzentrieren. In einem Lobgebet wird zum Auftakt die Dankbarkeit der Menschen für das Handeln Gottes zum Ausdruck gebracht. Es kann auch das Fest, das gefeiert wird, zum Inhalt haben.
  Das Hochgebet bündelt die Anliegen der Menschen und trägt sie vor Gott.
- **Sanctus (lat.: heilig):** Nun wird ein dreifaches »Heilig« zu Ehren der Dreifaltigkeit – Gott des Vaters, des Sohnes und des Hl. Geistes – gesungen oder gesprochen.

- **Das »Vaterunser«** – der internationale Megahit unter den Gebeten, das Jesus höchstpersönlich seinen Jüngern beigebracht haben soll. Es wird von allen Christen unterschiedlicher Konfessionen gebetet und ist auch in Teilen im jüdischen »Kaddish«-Gebet enthalten.
- **Der Friedensgruß:** Der Priester betet um den Frieden, der aus der Gegenwart Gottes kommt. Diesen Frieden mit Gott können die Gläubigen sich anschließend gegenseitig wünschen – gerne auch per Handschlag und einem kecken: »Der Friede sei mit dir!«
- **Agnus Dei (lat.: Lamm Gottes):** Der Priester zerbricht die große Hostie zum Zeichen, dass sich Jesus für uns am Kreuz »zerbrach« und dass alle von demselben Brot essen und an dem einen Leib Christi teilhaben.
  Währenddessen singt oder betet die Gemeinde.
- **Einladung zur Kommunion:** Nun hält der Priester ein Stück der Hostie über der Schale in die Höhe und spricht:
  »Seht das Lamm Gottes, das hinwegnimmt die Sünde der Welt.« Das sind die Worte von Johannes dem Täufer, der damit auf Jesus hinweist. Wer die gebrochene Hostie sieht, kann im Glauben erkennen: Das ist Jesus, der sich wie ein Opfertier, das Lamm eben, für die Menschen verschenkt!
  Wir: »Herr, ich bin nicht würdig, dass du eingehst unter mein Dach, aber sprich nur ein Wort, so wird meine Seele gesund.«
- **Kommunionsempfang:** Bei diesem Ritual erkennen wir an, Jesus, gegenwärtig im Brot, zu empfangen. Gleichzeitig signalisieren wir, dass wir das Trikot der katholischen Kirche tragen und zur Gemeinschaft derer gehören, die miteinander das Brot teilen. Jedes Mal müssen wir uns deshalb fragen: Passt meine Lebensführung zu diesem Geschenk?
  Die Messeteilnehmer gehen zum Empfang der Kommunion zum Altar.

- **Schlussgebet:** Ein gemeinschaftliches Dankeschön für die Einladung an den Tisch des Herrn und die Bitte um den Segen Gottes. Das Schlussgebet ist immer verschieden. Die drei »Orationen« der Messe, also das Tages-, Gaben- und Schlussgebet, kann der Priester sprechen oder singen.
- **Vermeldungen:** Ansagen, Hinweise auf Gottesdienste oder andere Veranstaltungen
- **Segen:** Der Segen ist eine »sichere Zusage des Guten« für jeden Einzelnen. Segnen und Segenempfangen haben in der Bibel und in der Tradition der Kirche eine ganz große Bedeutung.
  Priester: »Der Herr sei mit euch.«
  Wir: »Und mit deinem Geiste.«
  Priester: »Es segne euch der allmächtige Gott, der Vater und der Sohn und der Heilige Geist.«
  Wir: »Amen.«
- **Sendung/Entlassung:** Das »Gehet hin in Frieden« entsendet das Publikum hinaus in die Welt. Jetzt kommt es darauf an, das Leben nach all dem In- und Output nun selber zu gestalten.
- **Auszug:** Wie zu Gottesdienstbeginn küsst der Priester den Altar und zieht dann nach einer Kniebeuge gemeinsam mit dem Altardienst aus der Kirche aus. Damit sind alle durch die Messfeier in die Welt gesandt sind, um Zeuginnen und Zeugen für die Frohe Botschaft von Jesus zu sein.

Anschließend widme ich mich zunächst der Oberkirche, die ich am Tag meiner Ankunft nur oberflächlich erfassen konnte. Wände und Gewölbe sind bis auf den letzten Millimeter mit Fresken bemalt. Entstanden um 1300, weisen sie einen komplett neuen Darstellungsstil auf. Franziskus' Leben wird in Zusammenhang gestellt mit der biblischen Heilsgeschichte. Hier lassen sich Bilderzyklen der großen italienischen Malerschulen betrachten, herrlich illuminiert durch das Tageslicht, das durch die großen bunten Glasfenster fällt. Das »Marienleben« sowie die Apostelgeschichte und die Offenbarung des Johannes sind zu sehen, dazu die 28 Szenen aus dem Leben des Franziskus von Giotto und biblische Szenen aus dem Buch Genesis und den Evangelien.

Nachdem ich alle 28 Szenen durchgeschaut und mich in jede einzelne mithilfe eines Reiseführers hineingearbeitet habe, steige ich hinab in die Unterkirche. Im ältesten Freskenzyklus werden Szenen der Passion Christi Ereignissen aus dem Leben des Franziskus gegenübergestellt. Aus der Giotto-Schule stammen Kindheitsepisoden von Jesus, dessen Leidensszenen wurden indes von Pietro Lorenzetti gefertigt. Zusammen mit dem Altar bilden sie in ihrer Gesamtheit Kernpunkte der Christuserfahrung des Franziskus: das Kind in der Krippe, der Leidende am Kreuz, das Abendmahl. Die Gewölbe über dem Altar ebenfalls aus der Giotto-Schule verdeutlichen Franziskus' »Christus-Nachfolge« in den Grundhaltungen der Armut, Keuschheit und des Gehorsams – das Schlussbild zeigt ihn mit Heiligenschein im Himmel!

Ich lese – betrachte – lese – betrachte – und bin nach gut zwei Stunden angestrengt und völlig wuschig. Die Pracht der bahnbrechenden Meisterwerke auf dem alten Gemäuer, der Background zu den Geschichten im Kontext – das ist sehr viel Input für einen schmalschultrigen Pilger und gleichzeitig die unausgesprochene Einladung, ein weiteres Mal diese durch und durch eindrucksvolle Kirche zu besuchen!

Bevor ich gehe, springe ich noch kurz in den großen Shop, der wirklich super ist: Kreuzbilder von San Damiano in allen Größen und Ausführungen, Ketten und Armbänder mit Tau-Kreuzen aus Olivenholz, Münzen, Silber- und Goldketten mit

Anhänger – darunter übrigens auch der Goldanhänger meines Vaters in einer anderen, früheren Version, aber verdammt ähnlich –, Bücher, Seifen, Kräuter – es gibt hier unendlich viele Produkte, aber keines, und das muss man erst mal hinbekommen, wirkt wie Ramsch!

Als ich wieder draußen bin, werfe ich noch mal einen Blick auf die gotische Kirche. Neun Jahre haben sie am oberen Teil gebaut – von 1230 bis 1239. Mit dem unteren Teil in seinen spätromanischen Formen ging es schon 1228 los. Zwischen 1250 und 1330 wurde sie künstlerisch ausgestaltet durch die berühmtesten Maler dieser Epoche.

Nach einer kurzen Verschnaufpause spaziere ich in Richtung San Damiano. Während ich bei Vogelgezwitscher im Sonnenschein zwischen den Olivenbäumen entlanglaufe, denke ich an meinem letzten Tag zum ersten Mal, dass es jetzt mit dem Alleinesein, der Einkehr und der Reflexion genug ist. Es wird Zeit, die Perspektive wieder zu ändern, sich den Aufgaben zu widmen und für die anderen da zu sein. Ab morgen ist Feierabend mit dem Egotrip.

In San Damiano bin ich heute zu meiner Überraschung ganz alleine. Wieder setze ich mich auf eines der Bänkchen, bete, blicke aufs Kreuzbild – als ich mich unversehens im Kreis meiner Familie sehe, meine Kinder, wie sie laut lachen mit ihren eisverschmierten Mündern, in T-Shirts und barfuß dasitzen. Meine Frau, die einen Kaffee trinkt und sich amüsiert mit ihrer Freundin Birgit unterhält, die nebenan wohnt. Franz is' klar: Die Sehnsucht ist groß und der endgültige Hinweis, nach Hause zu reisen, eindeutig! Hab ja jetzt genug Urlaub in deiner Hood gemacht!

Um den Reigen an Kirchen in Assisi abzurunden: Die Kathedrale San Rufino, in der Franziskus und Klara getauft wurden, habe ich irgendwann mal zwischendurch mitgenommen, fehlt noch eine einzige – und das ist die drei Kilometer von Assisi entfernte riesige Santa Maria degli Angeli. Sie wurde im 16. Jahrhundert extra zum Schutz über die kleine Kapelle Portiuncula gebaut – eine der drei Kirchen von Franziskus, die er selber wiederaufgebaut hat.

Portiuncula bedeutet »kleiner Flecken Land« und steht für die schmale Scholle, auf der das Kapellchen errichtet wurde. Es ist Franziskus' dritte Kirche, nachdem er von Gott berufen wurde, in Armut und als Minderbruder zu leben. Hier gesellen sich die ersten Mitbrüder dazu, hier gründet er den Franziskanerorden im Jahr 1209, und hier erhält Klara von ihm das Ordensgewand – die Geburtsstunde des Klarissenordens.

Nur wenige Meter davon entfernt steht die Kapelle des Transito, der Ort, an dem Franziskus am Abend des 3. Oktobers 1226 mit nur 44 Jahren stirbt. Hier singt er mit den Mitbrüdern den Lobgesang Gottes und heißt den Tod als Bruder willkommen:

> »Gelobt seist du, Herr,
> durch unsern Bruder, den leiblichen Tod;
> ihm kann kein lebender Mensch entrinnen«
> – aus dem Sonnengesang –

Er segnet ein letztes Mal seine Mitbrüder – Fresken dokumentieren die letzten Stunden des Franziskus.

Die kleine Kirche ist durch die künstlerischen Bearbeitungen in den letzten Jahrhunderten sensationell farbenfroh, Fresken außen und teilweise innen, Blumenmotive an der Tür und eine nahezu unbehandelte Decke in Gewölbeform lassen meine

Augen nicht mehr wegsehen. Überall gibt es was zu entdecken: Steine vom Berg Assisis, dem Monte Subasio, die Franziskus selber hierhergeschleppt hat, oder eine Grabplatte aus dem 11. Jahrhundert.

Aber am spannendsten finde ich, dass dieses kleine Kirchlein ein extrem beliebter und wichtiger Wallfahrtsort ist!

Denn schon zu Franziskus' Zeiten gewährte der Papst für den gläubigen Besuch der Portiuncula, wenn er mit einer Beichte verbunden ist, einen vollkommenen Ablass, also Erlass der Sündenstrafen!

Dieses Ablassprivileg wurde dann 1480 auf alle Franziskanerkirchen ausgeweitet.

Der sogenannte Portiuncula-Ablass kann jedoch nach wie vor am 2. August jedes Jahres erworben werden. Auf einem Flyer stehen die Bedingungen, um die Vergebung zu bekommen:

- Besuch der Portiuncula, in der man das Vaterunser, das Glaubensbekenntnis oder ein anderes vom Papst anerkanntes Gebet betet,
- Beichte und Lossprache der Sünden von einem Priester, innerhalb einer Woche oder direkt nach dem Besuch der Portiuncula,
- Teilnahme an der Eucharistiefeier (siehe oben) mit Empfang der heiligen Kommunion innerhalb einer Woche vor oder nach dem Besuch.
- Man kann die Vergebung nur ein Mal am Tag empfangen, doch an allen Tagen des Jahres – sowohl für sich selbst als auch für einen Verstorbenen ist sie zu erbitten.

Die Zeit drängt – die Kirche schließt gleich. Ich gehe noch kurz in den Rosengarten, wo sich Franziskus seinerzeit in einen Dornenbusch warf, um Zweifel und Versuchung zu überwinden. Gott soll diesen Busch dann in Rosen ohne Dornen verwandelt haben. Und tatsächlich: Hier wächst die »Rosacanina assisiensis« OHNE Dornen. Sachen gibt's!

Die Hütte, in der Franziskus unweit der Kirche lebte, wurde in eine kleine Kapelle umgewandelt. Auch sie kann ich noch kurz besichtigen, bevor die Kirche schließt und Mitarbeiter alle freundlich und geduldig rauskomplimentieren.

Santa Maria degli Angeli

Gegenüber der riesigen Kirche Basilika Santa Maria degli Angeli ist eine Bar. Ich trinke Wasser und Kaffee, mache mir Notizen und lausche der Musik aus den Boxen. Radio Subasio habe ich nun schon ein paar Mal während meiner Reise gehört – sie spielen den großartigen Jovanotti und gerade wieder Emma mit »Mi Parli Piano« – ein fürchterlicher Ohrwurm und irgendwie ganz geil. Memo an mich selbst: Playlist mit meinen persönlichen Hits auf dem Weg, wie ich sie morgens bei MTV Italia oder besagtem Radio Subasio gehört habe, um meine

Erinnerungen mit Musik zu koppeln und diesen einzigartigen Trip zu konservieren!

Francesco – und der perfekte Abschluss einer Reise!

Ich krame zur Sicherheit noch einmal den Zettel hervor und beschließe, ihn in die linke Hosentasche zu packen. Wenn ich also dasitze und mir eine Frage nicht einfällt, weiß ich direkt und ohne zu suchen, wo ich hineingreifen muss. Eine zugegebenermaßen merkwürdige Angewohnheit, die im seltensten Fall funktioniert, denn meistens vergesse ich wieder, wo ich was hingepackt habe. Heute will ich jedoch so sortiert und klar wie möglich sein. Jede Sekunde, jeder Atemzug mit, um und bei Francesco *müssen* genutzt werden. Deshalb habe ich mir ja auch die Fragen zur Sicherheit noch mal auf einem Zettel notiert. Es sind viel zu viele. Aber lieber ein paar mehr, um auf Nummer sicher zu gehen. Und natürlich habe ich sie im Kopf, doch ich bin nervös, und das macht mich fahrig.

Zehn Minuten vor fünf stehe ich am Seiteneingang der Kirche, der offensichtlich auch Treffpunkt einer japanischen Reisegruppe ist, die sich anschickt, die Santa-Chiara-Basilika zu besichtigen. Und so rage ich wie ein norddeutscher Leuchtturm aus lauter hellen und dunklen Sonnenschirmen hervor, ältere Herren mit Mundschutz, Käppi und Sonnenbrille diskutieren, junge Japanerinnen machen Selfies oder skypen, und drei ältere Damen stehen schweigend nebeneinander, vertieft in weiterführende Literatur über die Kirche. Pünktlich mit dem Glockenschlag haben sie alle Gespräche eingestellt, versammeln sich in Reih und Glied und tragen artig ihre Kopfhörer, um die Ansagen der Reiseführerin zu hören, die über ein kleines Mikrofon beginnt, erste einleitende Worte über die sakrale Sehenswürdigkeit zu verlieren. Nichts mehr mit: »Stellt euch mal alle im Halbkreis hier auf und seid leise!« Jetzt heißt's: »Kopfhörer auf – und ist mir egal, wer labert, ich texte euch per Funk zu!«

Und dann steht sie auf einmal da. Woher sie auch immer kam. Christine ist groß, vielleicht mein Alter, trägt rostbraunes halblanges Haar. Ich drücke ihre weiche Hand, sie lächelt etwas unsicher und sagt: »Ich habe Pizza besorgt, falls Sie und Francesco Hunger bekommen.« Und dann düsen wir los. Aus Assisi raus, durch kleine Dörfer und dann wieder einen kleinen Berg hinauf, bis wir nach 15 Minuten langsam eine lange Auffahrt hochfahren und schließlich vor einem großen Haus halten. Ein großer beiger Hund begrüßt mich freudig, irgendwo höre ich Esel, eine neugierige Ziege lugt durch den Zaun, der Garten ist riesig, die Natur hat hier allem Anschein nach das Sagen. Es wuchert von allen Seiten.

»Das ist alles gerade im Umbau. Mein großer Sohn legt den Garten neu an und verändert hier ein paar Dinge. Niemand weiß, was genau. Wir hoffen aber alle, er weiß es.« Humor ist im Bordprogramm. Gefällt mir.

Drei Kinder haben sie. Zwei sind Studenten, der »Kleine« beendet gerade die Schule.

Wir treten ein, und mit meinem Hineinkommen steht plötzlich der kleinste Mann der Welt aus seinem Sessel auf. Er sieht aus wie eine Mischung aus Meister Yoda und dem großen Schauspieler Eli Wallach, mit Hornbrille, kleinem Kinnbart à la Tolstoi, der genauso schlohweiß ist wie sein Haar. Schick ist er, in Weste und passender Anzughose. Neben dem Sessel lehnt sein Gehstock. »Ich freue mich sehr!«, gibt mir die Hand und bietet mir den Stuhl direkt neben sich an.

»Er war nicht so lang wie Sie«, kommentiert er direkt.

Sein Lachen hat etwas Verspieltes, Jungenhaftes, und sein Blick ist voller Güte.

Christine holt Saft und Wasser und stellt uns die Pizza auf den Tisch.

»Essen Sie. So wie Sie aussehen, können Sie es gebrauchen«, scherzt er und nimmt sich erst ein Stück, nachdem ich zugreife.

»Also Karl-Heinz«, sagt er noch ein bisschen kauend. »Wir nannten ihn immer ›Karl Zwei‹. Weil wir das H im Italienischen nicht sprechen, hieß er erst ›Karl Eins‹. Aber ›Karl Zwei‹ fanden wir lustiger«, er schaut versonnen und fordert mich auf weiterzuessen: »Sie sehen immer noch hungrig aus. Sie dürfen erst gehen, wenn alles aufgegessen ist! Wir waren zwölf Freunde«, Francesco grübelt kurz und fängt an, die Namen aufzuzählen. »Luca, Antonello, Riccardo, Giovanni, Karl Zwei und, äh, Massimo! Der wäre auch gerne gekommen, aber er kann nicht. Ich soll lieb grüßen«, und dann hat er das weitere Aufzählen der Namen vergessen.

»War Massimo auch ein Freund von Papa?«, frage ich nach. Könnte sich ja direkt eine weitere Quelle erschließen.

»Sie kannten sich, und er gehörte auch zu uns zwölf, aber wie sehr sie auch Freunde neben den Treffen waren, weiß ich nicht. Es ist ja schon so lange her«, er blinzelt mit seinen schmalen, lachenden Augen durch die Brille. »Laufen Sie eigentlich auch zu Fuß wieder nach Hause?« Ich könnte ihn für seinen Humor umarmen.

»Karl Zwei war einer von uns. Wir waren alle Italiener, er kam aus Deutschland, aber das hat keine Rolle gespielt. Es hat auch niemanden interessiert – er war Teil von uns. Und niemand, wirklich niemand hat ihn jemals in unserer Clique hier in Italien Deutsch sprechen gehört. Er wollte nie Deutsch sprechen. Auch, wenn wir ihn darum baten – nur Italienisch.«

Francesco scheint nachträglich immer noch amüsiert darüber zu sein und schiebt darauf die Pizzapappe zu mir rüber: »Es ist noch was da!«

Francesco ist so liebenswürdig und witzig – ihn will jeder zum Freund haben.

»Antonello hat Karl Zwei in der Stadt aufgelesen. Irgendwo in den Straßen von Assisi. Er war mit seinem Fahrrad über die Alpen hierhergefahren, der Verrückte. Vielleicht lag der Größenwahn an seinem Alter. Er war, meine ich, siebzehn, auf jeden Fall ein junger Mann, der noch zur Schule ging!«

Wieso und weshalb er überhaupt in Assisi landete, weiß Francesco nicht, aber dass er insgesamt zweimal mit dem Fahrrad da war. 1300 Kilometer ist eine Strecke lang. Irre!

Wieso weiß meine Mutter das nicht!?

»Ich habe ihm dann unsere Wohnung in der Nähe der Piazza del Comune gegeben, in der hat er dann immer geschlafen. Und abends haben wir uns dann alle bei uns zu Hause getroffen, Schinken, Käse und Oliven gegessen, etwas Wein getrunken und geredet.«

»Was war er für ein Typ?«

»Er war sehr lustig und offen und hat immer Witze mit Riccardo gemacht, der an der Piazza im Süßigkeitenladen seiner Eltern arbeitete. Ich habe allerdings keine Ahnung, was Ihr Vater den ganzen Tag hier sonst gemacht hat.«

»Ich aber. Er hat deutsche Touristen durch Assisi geführt, ihnen die Stadt gezeigt, als Touri-Führer.«

»Oh, toll. Dann kannte er sich wohl besser aus als ich! Ein beeindruckender Mann«, grinst er schelmisch. »Ihr Vater ist übrigens für den Boden in diesem Haus verantwortlich. Ich habe es 1968 gekauft, und als ich überlegte, was ich hier auslegen soll, hat er für diesen Holzboden gestimmt und war sehr energisch. Ich durfte keinen anderen nehmen! Da habe ich mich ihm lieber gefügt.«

»Wieso sprechen Sie so gut Deutsch?«

»Ich war Deutschlehrer in Perugia – viele Jahre. Hat nur im Kontakt mit Ihrem Vater ja nun leider nichts gebracht.«

Francesco lacht sich schief. Er ist zum Drücken und Knuddeln. So klein, so zierlich, dann dieses Bärtchen, das Lachen – ich liebe ihn!

»Zu Perugia fällt mir übrigens gerade ein, dass Antonello und Ihr Vater gemeinsam die Tochter von Massimo, Alexandra, aus dem Hospital geholt haben. Und wissen Sie, wie? Sie haben das Baby in den Arztkoffer von Ihrem Vater gelegt. Es gab damals keine Trageschale. Einfach in den Koffer. Wir haben uns schlapp gelacht. Zwei Männer und ein Baby.«

»Gibt es Alexandra noch?«, frage ich.

»Klar, sie ist Ende fünfzig und lebt nach wie vor in Perugia – als Massimos Tochter!«

»Vielleicht können wir uns im nächsten Jahr wiedertreffen und dann mit Massimo zusammen!«

»Gerne.«

»Ich habe heute versucht, Antonellos Grab auf dem Friedhof zu finden – vergebens! Wissen Sie, wo es liegt?«

»Ja, sehr genau sogar. Es ist exakt in der Mitte, dort wo die Treppen auf die untere, die zweite Ebene führen. Ein uraltes Grab, bestimmt das älteste …« Plötzlicher Einspruch von Christine, andere seien viel älter. »Na ja, jedenfalls ganz verwittert – eine alte kleine Gruft. Schauen Sie noch mal. Weg kann es ja nicht sein.«

Selbst, wenn es ernster wird, bleibt Francesco angenehm leicht und unsentimental. »Ein Stück Pizza wäre sicher gut, oder?«

Ich schiebe mir die fünfte Ecke hinein, während er gerade mal an seiner zweiten herumknuspert.

»Aber Francesco war auch Arzt, oder?«, frage ich restkauend.

»Arzt! Auf keinen Fall. Er war Anwalt. Und zwar so ein schlechter Anwalt, dass er lieber als Lehrer arbeitete. Das konnte er ganz gut«, es rattert in seinem Kopf. Man kann ihm dabei zusehen, wie er im Kopf nach der »Akte Antonello« kramt. »Ein lieber Kerl mit einer grauenhaften Mutter. Sie war alleinerziehend und hat sich andauernd in sein Leben eingemischt. Eines Tages hatte Antonello endlich mal ein Date mit einer jungen, hübschen Frau – sie wollten sogar heiraten, und wer kam mit? Seine Mutter. Da war natürlich klar, dass das nichts wird! Eine fürchterliche Person war das!«

Wieder kriegt er sich vor Lachen nicht ein, als er laut wiederholt »die eigene Mama beim Date«. Er schüttelt ungläubig den Kopf.

»Antonello war so ein feiner Mensch. Er organisierte im Auftrag Ihres Onkels ein Jahr nach dem Tod Ihres Vaters eine Messe in San Damiano – die Kirche war randvoll besetzt. Ich habe ihn begleitet. Danach meinte Antonello, es ginge ihm nicht gut, er müsste sich hinlegen. Und dann starb er in der Nacht. An dem Abend, nachdem eine Messe für seinen besten Freund, Ihren Vater, gelesen wurde. Das war unglaublich.« Er taucht minutenlang in Gedanken ab und schüttelt dann wieder den Kopf: »So ein feiner Mensch.« Dann fällt ihm plötzlich ein: »Wir sind zweimal in Dortmund gewesen, bei Ihrem Papa zu Hause in dieser kleinen Wohnung seiner Eltern. Aber es war gemütlich. Immer viel Zigaretten- und Pfeifenqualm, es gab Filterkaffee und ständig was zu essen. Schlimmer als bei uns in Italien.«

»Und wie oft war er hier?«

»Ach, das kann ich nicht zählen. Er war bestimmt 20 Mal hier. Immer den ganzen Sommer. Und dann irgendwann hörte es auf, da war er schon Arzt. Da kam er vielleicht alle zwei Jahre. Und dann lange Zeit gar nicht mehr. Er hatte mich nach – äh, wie heißt Ihr Ort, wo Sie herkommen?«

»Bad Zwischenahn.«

»Genau. Dorthin hatte er mich eingeladen. Aber ich bin nicht gefahren. Das hat nie gepasst.«

Er atmet kurz durch. »Ich finde, Sie können noch ein Stück gebrauchen«, und deutet erneut auf die Pizza. Ich lehne dankend ab, aber er versteht mich nicht. Ich wiederhole mein »Nein, danke« – doch wieder kommt nichts an. Erst als Christine ihm noch mal laut auf Italienisch sagt, dass ich abgelehnt habe, lacht er laut: »Ist das nicht schlimm? Alle müssen mir täglich alles dreimal sagen, und dann sind sie genervt. Aber was soll ich machen, ich bin ja nun mal da! Alle schreien mich an. Das ist doch auch nicht in Ordnung.«

Herrlich seine Selbstironie, die Witze über seine Altersgebrechen und darüber, dass er überhaupt noch Teil von allem ist. Er betrachtet die Welt mit Leichtigkeit und Heiterkeit durch seine Hornbrille. Gott, lass mich so sein, wenn ich alt und grau bin – Francesco, mein Silberrücken-Idol!

Ich zeige ihm Papas Francesco-Gold-Anhänger-Kette, aber sie löst nichts in ihm aus. »War er gläubig?«

»Ja, das war er. Ich glaube, er war das sogar sehr. Hier in Assisi ist das übrigens nicht sehr schwer. Bei diesen tollen Kirchen wäre es schade, wenn man darin nichts mit sich anfangen könnte.«

Dann musterte er mich kurz. »Richtig Ähnlichkeit haben Sie nicht mit ihm. So wie Sie sah er als Junge nicht aus. Aber manchmal ist es ja auch gut so. Stellen Sie sich vor, alle meine Kinder würden aussehen wie ich. Das wäre nicht fair.«

»Meine Mutter meint, ich hätte ihre Wangenknochen, der Rest sei von Papa.« Ich zücke ein Foto von Papa. Wir gucken beide drauf und sehen offensichtlich beide nicht das gerade Gesagte.

Wir kauen noch ein bisschen Pizza, schweigen eine Weile. Dann wiederholt sich Francesco ein paar Mal in seinen Erzählungen, unterbrochen von seiner Frau, die ihn darauf hinweist, das uns gerade schon mal mitgeteilt zu haben. Er verzieht kurz sein Gesicht, lächelt unbekümmert und schaut aus dem Fenster. »Mein Sohn Giovanni will den Garten umarbeiten. Er erzählt mir aber nicht, was er genau vorhat, und entsprechend bittet er mich auch nicht um meine Meinung. Die ist anscheinend nicht mehr gefragt. Aber warum sollte es mir auch anders ergehen als meinem Vater. Wir waren zwölf Kinder zu Hause. Irgendwann beschlossen wir als Familie, dass wir einer zu viel sind und einer gehen muss: Und das war mein Vater.« Er lacht und verschiebt wieder so ansteckend komisch sein Gesicht: Das Kinn rückt vor, der Mund wird breit, die Augen werden zu schmalen hochgezogenen Schlitzen. Allein deshalb habe ich wahrscheinlich die ganze Zeit ein eingestanztes Grinsen im Gesicht.

Zwei Stunden sind schließlich schnell vergangen. Wirklich Konkretes oder viele neue, überraschende Details über Papa habe ich nicht erfahren, jedoch hat mir Francesco, allein durch die unumstößliche Tatsache, dass er der Freund meines Vaters war, schon indirekt jede Menge über ihn erzählt. Wer sich ihn zum Freund wählt, der kann nur ein Supertyp gewesen sein!

Zugleich gewinne ich ein Gefühl für Papas Lebenszeit in Assisi, habe direkt Situationen vor Augen gehabt, wie sie hiersaßen, aßen und wild durcheinanderquatschten. Wie sie mit ihren Rädern auf der Piazza abhingen, Papa abends in die kleine Wohnung ging, nachdem er noch mit dem Bonbonladen-Sohn blöde Witze gerissen hat und vielleicht vor dem Zubettgehen einmal den Blick über die Dächer Assisis hat schweifen lassen. Das ist Papa aus einer ganz anderen Perspektive, die eine bislang unbekannte Seite an ihm zeigt.

Was war er für ein mutiger Kerl, der die Anstrengung nicht scheute – ich meine: zweimal Assisi – Dortmund mit dem Fahrrad, hin und zurück – und seiner Sehnsucht folgte, an seinem Lieblingsplatz im Leben ein Stück weit sesshaft zu werden. Er lernte die Sprache, er fand hier Freunde, er war voll integriert, wusste, wo er schläft und isst und hat hier noch Geld zu seinem Studium verdient. Ein offener und freundlicher Pioniergeist, humorvoll und womöglich für jeden Quatsch zu haben – denke ich an das Baby im Arztkoffer.

Durch Francesco und überhaupt durch diese Reise, wird er unendlich wahrhaftig, ist er nicht mehr nur die immer blasser werdende Erinnerung meiner Mutter, sondern ein neu entdeckter alter Freund, dessen Gene ich in mir tragen darf.

Francesco ist müde und beendet unser Treffen mit den Worten: »Sie müssen morgen bestimmt früh raus, um nach Hause zu fliegen. Dann sollten Sie nicht zu spät ins Bett gehen.«

»Wir machen noch schnell ein ›Selfie‹, okay?«

»Was ist das?«, fragt er. Als ich es ihm zeige, ist er überrascht: »Oh, das bin ja ich!«

Ich bedanke mich für seine Zeit, wir geben uns die Hand und verabreden uns fürs kommende Jahr, um gemeinsam zum Friedhof, zum Grab von Antonello zu gehen!

»Va bene, es hat mich sehr gefreut. Und nächstes Jahr fallen mir vielleicht noch weitere Geschichten von Ihrem Vater ein. Ich glaube es zwar nicht, aber es ist möglich!«

Gemeinsam mit Francesco

Ich folge Christine zurück zum Auto. Der große beige Hund bettelt wieder um Streicheleinheiten, fühlt sich nur so stumpf und schmutzig an, dass ich es lieber lassen will, aber ich kann einfach nicht.

Mit fettigen und stinkenden Händen sitze ich im Auto, wische sie mir unbeholfen an der Hose ab. »Er hat sich sehr gefreut – das habe ich gemerkt«, meint Christine, als sie den

Motor anlässt. Erst schalte ich nicht und will schon drauf einsteigen, dass der Hund durchaus mal gewaschen werden kann. Doch ein Glück ist sie noch nicht fertig:

»Das berührt ihn alles sehr, weil er Ihren Vater sehr mochte.«

Jedes einzelne Wort, jede einzelne Geste – ich habe alles, was Francesco gesagt und getan hat, in meinem Kopf aufgezeichnet. Nie war ich so wach und offen, alles wahrzunehmen, was von dem anderen kommt, wie gerade eben. Vollgesogen wie ein Schwamm, schaue ich aus dem Fenster und will ja nichts verlieren. Und dann sausen wir wieder zurück, ein letztes Mal nach Assisi hinein, bevor ich abreise.

Doch eine Sache muss noch geklärt werden.

Die große Verwirrung, Teil 4: The Endgame!

Der Friedhof ist längst geschlossen. Es ist 20.30 Uhr, und allmählich dämmert es. Der Vordereingang, an dem das kleine Blumenhäuschen steht und der Riese drin wohnt, ist verriegelt, aber es gibt noch einen Seiteneingang.

Weit und breit keine Menschenseele, erste Fledermäuse flattern, fehlt nur noch der Kauz. Gespenstische Kulisse für einen letzten Ausflug! Hat bestimmt schon einen triftigen Grund, warum der Friedhof nur bis 19 Uhr geöffnet hat.

Auch der Seiteneingang ist geschlossen, allerdings nicht ganz. Als ich leicht am Tor rüttle, lässt es sich leicht zur Seite schieben, so dass ich durchschlüpfen kann.

»Nein, mein Freund, das ist kein Zufall«, sage ich laut. Ich gleite hinein und weiß mich natürlich direkt gut zu orientieren, bei der Menge an Lebenszeit, die ich hier schon mit Suchen verbracht habe! Wie Francesco beschrieb, gehe ich direkt zur Mitte des Friedhofs und stehe mit einem Mal vor einer kleinen, alten, abgehalfterten Kapelle, über deren Torbogen in großen Lettern: V E N A R U C C I steht. Gänsehaut überzieht sofort meine Glieder, meine Augen werden glasig, ich schlucke schwer.

Ich habe es gefunden. Das Grab des wichtigsten, des besten Freundes meines Vaters. Und sofort erkenne ich das Foto von Antonello wieder, das wir auch zu Hause hatten und das ich als Kind nach Papas Tod in seinem Schreibtisch fand.

Hier steht es in einem großen silbernen Bilderrahmen, daneben eine Vase mit verwelkten Blumen. Sechs Venaruccis liegen in der Kapelle in drei Nischen links und rechts – darunter Antonello, Antonellos Bruder und seine Mutter. Ich fotografiere die Kapelle, die Schiebegräber, die Bilder der Toten und ihre Jahreszahlen. Ich bin wie beseelt, weil ich niemals gedacht hätte, das Grab noch zu finden, hier noch einmal beten zu dürfen, um mich auch innerlich endgültig von dieser Reise verabschieden zu können.

Assisi, ein magischer Ort

Ich halte kurz inne.

Mein Blick geht zum Boden, ich verbeuge mich vor den Toten, bin unfassbar gerührt und zutiefst dankbar. Alles ist getan, alles ist jetzt komplett. Am richtigen Ort und für immer da, wo es sein soll.

Es ist tröstlich zu wissen, dass die zwei besten Freunde nicht lange aufeinander haben warten müssen. Sie sind vereint, unsere Wunden sind geheilt. Jetzt gehen wir ohne sie weiter.

Ich schließe die Tür zur kleinen Kathedrale und schlendere langsam zurück in das in Abendlichtstimmung getränkte Assisi. Ein magischer Ort. Ganz sicher in meinem Leben.

Auszug

Seit wenigen Tagen bin ich zurück in Hamburg und ob all der Pilgerinteressierten überrascht, die mir an den Lippen kleben, wenn ich von meiner Reise auf dem Franziskusweg berichte. Offensichtlich schlummert in vielen das innere Bedürfnis, den Rucksack nur mit dem Nötigsten zu packen und sich in die Welt aufzumachen. Und das umfasst Single-Frauen wie Mütter, Festangestellte wie Freelancer, Junge wie Alte und Sportliche wie Unsportliche.

Mit meiner Geschichte bestätige ich offenkundig eine große Sehnsucht in uns allen, und ich kann wirklich jeden ermuntern, wenn er sich körperlich dazu in der Lage fühlt, diesem Verlangen zu folgen. Die Reise war unabhängig von meiner damit verbundenen familiären Story ein großartiger Perspektivenwechsel, ein Kick-Ass aus der Komfortzone und eine Zwangswanderung ins Achtsamkeitswunderland. Doch es gab noch einiges mehr an »Learnings« – hier in aller Kürze:

Pilger-Lektionen

Pilgern verändert

- Das Pilgern ist eine neue und ganz besondere Form des Erlebens im Eins-Sein mit der Natur. Der Himmel, die Luft, die Düfte der Pflanzen, Blumen, Bäume, die Tiere, die wechselnden Böden, Erden, Steine – ein Paradies für die Sinne!

- Eine generelle Erkenntnis, ob du dich dazu durchringst, den Weg anzutreten oder dich vor dem nächsten schier unendlich wirkenden Aufstieg drückst, immer gilt: Wenn du dich drauf einlässt, dann wird's auch! Und zwar richtig gut
Denn du gehst allein durch deinen Versuch so oder so als Sieger aus der Situation hervor.

- Weniger ist mehr! Sich auf das Wesentliche zu reduzieren, sich »einzuschränken« macht leicht und ist wunderbar reinigend!

- Die täglichen Abenteuer fordern einen manchmal heraus, über Gelerntes oder eingefahrene Haltungen zu stolpern. Hier hast du die Chance, sie zu hinterfragen und loszulassen, ohne dich selbst unglaubwürdig zu machen.

- Angemessene Dosierung: Mal Etappen alleine gehen, um in sich zu versinken, zu meditieren, sich auszuhalten und die Landschaft in Gelassenheit zu genießen. Und dann mal wieder bewusst in die Nähe gehen,

Erfahrenes austauschen, sich in Beziehung fühlen.
Kurz gesagt: Das Ein- und Ausatmen sollte beides
Platz finden.

- Dazu passend: Erst beim täglichen monotonen Wandern ist mir so richtig klar geworden, wie sozial bedürf-
tig wir Menschen sind und es nahezu existentiell brauchen, zusammen zu sein, uns Geschichten zu erzählen,
Erlebtes zu teilen! Nicht auf Facebook oder Insta, sondern oldschool analog.

- Gott. Ich bin gläubig und war es auch schon vorher,
allerdings auf kleiner Flamme. Der Franziskusweg hat
meinen Glauben erneuert – den Draht zum Big Boss
noch mal auf eine nächste Stufe gehoben und mir
zwei neue Freunde verschafft: Franziskus, den Mönch,
mein persönlicher Superstar, bei dem es sich wirklich
lohnt, es ihm in vielerlei Hinsicht nachzutun, und
Francesco – mein ältester Freund in Assisi und Senior-
Vorbild.
So wie er will ich sein, wenn ich neunzig bin!

- Auch Funktionsunterwäsche fängt irgendwann an zu
stinken, und »Rei in der Tube« kann nicht zaubern.
Doch mit beiden Tatsachen kommt man klar. Nicht am
Anfang, nicht in der Mitte, aber am Ende.

- Ich habe auf dem Weg täglich Dankbarkeit gelernt und
praktiziert. Für alles, was mir geschenkt wurde, an Eindrücken, Menschen, Sinnesgenüssen. Und das weckte

eine Demut in mir, die ich zuvor nie so intensiv erlebt habe.

- Ich habe das Glück gehabt, auf dieser Reise meinen Sinn und Zweck auf diesem Planeten für mich zu erkennen. Das weiß ich sehr zu schätzen, würde es aber niemals als kalkulierbaren Benefit beim Pilgern auf dem Franziskusweg anpreisen wollen. Aber versteh es doch vielleicht so: Hier mit dir allein ist einiges möglich! Das könnte dich sogar selbst überraschen!

- Raus aus der Komplexität – rein in die Einfachheit! Ein Rucksack, immerzu wandern und zwischendurch: trinken, essen, schlafen. Tagein, tagaus – und alles in und um dich herum wird mit jedem Meter klarer und deutlicher!

- Ich habe mir bewiesen, dass ich so was wie den »Franziskusweg« kann!

- Ich habe es einfach getan. Das hat mir verdammt viel Mut abverlangt, nicht nur beim Laufen, auch beim Kontakteherstellen. Doch nach zwei, drei Tagen war die Busi-Angst verschwunden. Das schenkt mir Selbstvertrauen und macht mich stolz und zufrieden!

Anhang

Bücher, Links, Apps

Hier empfehle ich sowohl von mir gelesene Bücher als auch Titel, die mir auf dem Franziskusweg von anderen Pilgern empfohlen wurden bzw. die in manchen von Pilgern hochfrequentierten Unterkünften zum Reinlesen standen.

Pilger/-Wanderführer

Franziskus Pilgerführer
Der Pilgerweg für alle Sinne von Florenz über Assisi nach Rom von Simone & Anton Ochsenkühn, amac-buch Verlag, 19,95 Euro

OUTDOOR – Der Weg ist das Ziel

Italien: Franziskusweg von Florenz nach Rom von Kees Roodenburg, Conrad Stein Verlag, 16,90 Euro

Der Franziskusweg von La Verna über Gubbio und Assisi bis Rieti: Auf den Spuren des Franz von Assisi von Angela Maria Seracchioli, Tyrolia, 12,95 Euro

Bildbände

Zu Fuß nach Rom: Auf dem Franziskusweg von Martin Engelmann, Tyrolia, 29,95 Euro

Franziskusweg: Impressionen einer Pilgerreise. Auf den Spuren des Franz von Assisi in Umbrien, Latium und der Toskana von Eva Gruber und Anton Rotzetter, Tyrolia, 29,95 Euro

Franziskus-Fanbooks

Glücklich der Mensch, Geschichten und Bilder aus dem Leben des Franz von Assisi von Titus Müller und Eberhard Münch, adeo, 14,99 Euro

Für Profis, weil Autor Kapuziner ist und meiner Einschätzung nach Wissen voraussetzt: Franziskus – Rebell und Heiliger« von Niklaus Kuster, Herder, 12,99 Euro (kindle)

Franz von Assisi von Hermann Hesse, Insel Verlag, 11 Euro

Links

Mein Streckenverlauf à la »Ochsenkühn«:
www.franziskusweg-italien.com

Auch interessant zum Thema »Franziskusweg«, allerdings teilweise
mit abweichenden Etappen und anderem Endziel:
www.viadifrancesco.it (La Verna – Rieti)
www.diquipassofrancesco.it (La Verna – Poggio Bustone)
www.camminodiassisi.it (Dovadola – Assisi)

Tipps zum Pilgern:
www.daspilgerforum.de
www.pilgerwissen.de
www.pilgertools.de

Und im Zeitschriftenhandel erscheint vierteljährlich das Heft
der pilger (5,20 Euro)

Apps

Siehe Seite 68

Welche Pilgerwege gibt es noch?

Viele Pilger, die ich getroffen habe, sind klassische Wiederho-
lungstäter. Der Franziskusweg war für sie nur ein Kapitel in
ihrem persönlichen Pilgerlogbuch, denn mehr oder weniger
verbringen sie jede freie Minute mit der Planung oder Umsetzung des nächsten Pilgerabenteuers. Und zugegeben – einmal Witterung aufgenommen, habe ich mich auch dabei er-
tappt, neue Wege in Augenschein zu nehmen. Hier die Top 5:

1. Jakobsweg

Dank toller Literatur darüber (Hape Kerkeling, Paolo Co-
elho, Shirley MacLaine) der wohl populärste Wanderweg. Was
dann aber nur bissfeste Katholiken und Wandercracks wissen:

Es führen mehrere Wege aus ganz Europa, ja sogar mehr als dreißig allein in Deutschland, zum Grab des Apostels Jakobus nach Santiago de Compostela in Nordspanien. Um die begehrte Pilgerurkunde, die *Compostela* zu erhalten, muss man übrigens nur die letzten 100 Kilometer bis nach Santiago zu Fuß oder die letzten 200 Kilometer per Fahrrad oder Pferd zurückgelegt haben. Viele meiner Wanderkollegen in Italien berichteten von Karawanen an Bussen mit Wanderern, die sich dort hinchauffieren lassen, um sich in wenigen Tagen die Urkunde zu erpilgern.

Folgend die beliebtesten Jakobswege Europas:

Der Klassiker

Camino Francés, 800 Kilometer, von St. Jean Pied de Port (an der französisch-spanischen Grenze) nach Santiago – dies ist die A1 unter den Jakobswegen – mega voll, Staugefahr! Touristisch bis in den letzten Winkel erschlossen.

Der »Kurze«

Camino Portugues, 240 Kilometer, startet an der Kathedrale in Porto und endet in Santiago. Hier kannst du Portugal und Spanien mit einem Walk erleben. Dieser in 14 Tagen gut zu meisternde Weg ist nicht so überlaufen und dennoch mit allem Notwendigen ausgestattet – Übernachtungen, Wegweisern, freundlichen Portugiesen, Galaos, Natas und noch mehr Kultur – alles an Bord. Zudem ist er nicht so anspruchsvoll – aufgrund des eher flachen Verlaufs.

Der »Meerweg«

Camino Del Norte, 850 Kilometer, startet im nordöstlichen Spanien, in Irun, und verläuft immer an der Küste entlang nach Santiago. Ständig herrliche Sicht aufs Wasser, Strandrouten wechseln sich ab mit Wegen durch Wälder, über Wiesen – teils mit bergigem Charakter. Dadurch ist dieser Camino auch etwas anspruchsvoller als die ersten beiden.

Klingt gar nicht so, ist aber der »Anspruchsvollste«:
Camino Primitivo, 300 Kilometer geht's viele Höhenmeter rauf und runter vom nordspanischen Oviedo nach Santiago. Kondition und Ausdauer vorausgesetzt gibt's hier herrlichen Panoramablick von den Bergen aus.

Der »Lange«

Via de la Plata, 1000 Kilometer sind es vom südspanischen Sevilla ins nordwestliche Santiago. Die Tagesetappen liegen immer zwischen 30 und 35 Kilometern – sechs Wochen sollte der geneigte Pilger für diesen Noch-Geheimtipp unter den bekannten Jakobswegen also sicherlich einplanen. Im Hochsommer ist der Weg wie ein Spaziergang in einer Bratpfanne, aber im Frühling und Herbst lassen sich die weiten Landschaften, die einmal quer durchs Land führen, bei angenehmen Temperaturen genießen.

Der »Promi« – Via Podiensis

Die Via Podiensis ist der populärste unter den vier historischen Jakobswegen durch Frankreich. Er startet in Le Puy-en-Velay in der Auvergne und führt bis nach Saint-Jean-Pied-de-Port in den Pyrenäen, wo sich Ende und Anfang die Hände reichen, da hier der Camino Frances startet, der dann wiederum bis nach Santiago di Compostela führt.

2. St. Olavsweg, Norwegen

Ein Streckennetz von 5000 Kilometern in Dänemark, Schweden und Norwegen – willkommen beim Pilgern im Norden: auf dem Olavsweg!

Die nordische Antwort auf den Jakobsweg lädt in Norwegen zu 2000 strammen Kilometern ein. Der Abschnitt von Oslo bis nach Trondheim nennt sich Gudbrandsdalsweg – ein schon seit dem Mittelalter beliebter Pilgerweg, der durch die wunderschöne Natur Norwegens führt. Der Weg gabelt sich schließlich am größten Binnensee des Landes – wer den westlichen Weg wählt, gelangt nach Bonsnes, wo 955 der Wikingersohn Olav Haraldsson II. geboren wurde. Olav christianisierte die Heiden in Norwegen und wurde 1031 heiliggesprochen – seitdem ist er Olav der Heilige.

In Lillehammer treffen die Pfade dann wieder aufeinander. Wie Norwegens längstes Tal – das mit dem Namen Gudbrandsdalen klingt, als käme es aus einem Ikea-Katalog – erwartet den Pilger in der Heimat von a-ha außerdem das Dovrefjell-Gebirge, das seinen Wanderern weitere 1300 Höhenmeter beschert. Neben Blut, Schweiß und Tränen sorgt der Big Boss vielleicht für einen Schnappschuss mit freilaufenden Moschusochsen und erspart einem dafür die Begegnung mit einem freilaufenden Braunbären – denn auch die tummeln sich hier oben.

3. St. Paulusweg, Türkei

Von wegen Beachurlaub – Türkei geht auch anders. Die Britin Kate Clow zog 1989 in die Türkei, erst nach Istanbul, dann drei Jahre später nach Antalya. Um den Menschen aus der ganzen Welt die Schönheit der ländlichen Regionen der Türkei näherzubringen, erschloss sie 2008 den Paulusweg – der 500 Kilometer den Spuren des Apostels folgt. Start ist an der

Mittelmeerküste – entweder in Perge (unweit von Antalya) oder in Beskonak (mit 80 Kilometern eher weit von Antalya). Von dort aus geht es in Richtung anatolische Hochebene – absolut legitime Bezeichnung bei einer Spitze von 2200 Metern – mit dem Ziel Antiochia in Pisidien, heute bekannt als Yalvac, nordöstlich vom Egidirsee, wo Paulus eine Christengemeinde gegründet haben soll.

Ein Pilgerweg durch tiefe Schluchten, an herrlichen Wasserfällen vorbei – auf Eselspfaden durch bezaubernde Wälder, durch antike Städte und mit Blick auf den funkelnden Egirdirsee.

HINWEIS: Mit dem Kauf dieses Buches hast du gleich ZWEI Pilgererfahrungsberichte ergattert! Der zweite Trip, mit dem Label »Pilger-Shorty« versehen, findet etwa 2600 Autokilometer nordwestlich von Assisi statt – im Count Mayo in Irland!

Croagh Patrick, Irland

Es ist 8.36 Uhr, und wir erreichen den Gipfel. Hanna grinst sichtlich stolz, als der Wanderer, der uns kurz zuvor entgegenkommt, fragt: »Your first mountain?« Ich bejahe für sie, und der bärtige Ire lächelt begeistert: »Congratulations, little Miss. You can be very proud of you.«

Wir sind in Irland und haben soeben ein Heiligtum erklommen – den Croagh Patrick! Irlands Pilgerziel Nummer 1. Aber von Anfang an.

Um 4.43 Uhr weckt mich eine Kuh. Sie schreimuht, weil der Bauer sie von ihrem Kälbchen trennen will. Und während sich die Mutter nicht mehr einkriegt, folgt der irische Farmer stumpf der

Nachfrage kalbshungriger Kunden. Ihr Wehklagen fährt mir derart unter die Haut, dass ich erstens in Erwägung ziehe, Vegetarier zu werden, und zweitens beschließe aufzustehen. Hat keinen Sinn weiterzuschlafen – zumal in 45 Minuten der Wecker sowieso klingelt. Während meiner schlafenden Frau das Trennungsdrama auf der anliegenden Weide entgeht, gleite ich leise aus dem Bett in unserer angemieteten Airbnb-Unterkunft in Ballina, im Westen Irlands, und taumel die Treppe hinab. Nach einem ersten Instantkaffee schmiere ich diverse Toasts und wecke schließlich meine Pilgergenossin am heutigen Tag – es ist meine achtjährige Tochter Hanna. Ich berühre sie nur kurz am Fußknöchel, sofort ist sie wach, richtet sich auf und zieht sich wie ferngesteuert an. Innerhalb von 30 Sekunden sitzt sie angezogen neben mir in der Küche – ich greife noch zwei Bananen, Äpfel, Möhren und Nüsse sowie zwei Liter Wasser – und Abflug.

Die einstündige Autofahrt nutze ich, um Hanna von St. Patrick zu erzählen. Der Sage nach soll der heilige Patrick nämlich im Jahr 441 nach Christus auf diesem Berg gebetet und gefastet und mit einer Glocke alle Schlangen von der Insel vertrieben haben. Der irische Schutzpatron brachte das Christentum auf die grüne Insel und ließ eine Kirche auf dem Berg errichten.

Wir erreichen das Örtchen Westport und acht Kilometer später unseren Start – den Parkplatz am Fuße des heiligen irischen Bergs Croagh Patrick!

Der graugrüne Hügel hat eine Höhe von 750 Metern, was zunächst nach keiner großen Herausforderung klingen mag, aber nach der Online-Lektüre einiger Erfahrungsberichte am Vorabend entwickelte ich mächtig Respekt vor dem runden Erdpickel.

»Sehr steil«, »extreme Rutschgefahr, weil der Weg nur aus losem Geröll besteht« – und auch ein Sturz in die Tiefe wurde beobachtet: »Mehrere Meter tief ist der Mann gefallen, nachdem er abgerutscht ist. Ein Glück, wurde er dabei nur leicht verletzt ...« All die Bewertungen behielt ich lieber für mich. Warum die anderen nervös machen. Es hätte ja ohnehin nichts an unserem Vorhaben geändert. Dafür waren Hanna und ich viel zu sehr entflammt von der Idee, gemeinsam eine Bergbesteigung vorzunehmen, die zugleich so ein Pilgerweg-Klassiker ist. Auch wenn unsere Ausrüstung direkt offenbarte, dass hier zwei unterwegs sind, die einem Spontanentschluss folgen: Turnschuhe, Jeans, T-Shirt und Fleece-Pullover. Statt an der Murrisk Abbey zu starten, wo sich der gemeine irische Pilger einfinden würde, fahre ich direkt zum Parkplatz am Besucherzentrum. Es ist 6.45 Uhr, wir sind alleine, und das Wetter ist verheißungsvoll: Noch Pullover-Temperaturen, aber blauer Himmel, die Sonne scheint unter einer abziehenden Wolkendecke hindurch.

Nach einem kurzen Asphaltweg geht es direkt steinig los, an einem kleinen Bach entlang, der rauscht und plätschert und uns langsam auf Natur programmiert. Wie zwei emsige Bergziegen erklimmen wir die dicken Felsen und bunten Gesteinsschichten und unterhalten uns munter dabei. Aber das läuft alles noch unter Warm-up. Nach rund 20 Minuten ist die erste Passage gemeistert – und vor uns erstreckt sich eine ansteigende Schotterstrecke, die einen blassen Zickzackpfad in sich erkennen lässt. Dem folge ich, während Hanna die mittig liegenden Steinbrocken wählt. Sie geben bei ihrem Leichtgewicht nicht nach, und außerdem erspart sie sich ein Hin und Her – sie läuft einfach gerade.

Das geht so eine Weile – und uns wird mächtig warm. Mein T-Shirt ist durchgeschwitzt, die Hose klebt am Bein, und auch Hanna ist nur noch im T-Shirt unterwegs. Unsere Turnschuhe halten sich wacker, finden allerdings ab und an keinen Halt, und so rutschen wir weg, ohne aber ernsthaft in Gefahr zu kommen. Nach 60 Minuten stoßen wir auf einen Steinhaufen auf einem kleinen Plateau. Idealer Ort, eine kurze Pause zu machen. Der Wind ist jetzt kälter geworden. Hanna trinkt, isst einen Apfel und merkt zum ersten Mal an, dass ihre Beine ganz schön warm sind. Das war's aber auch. Ihre Mitteilungsfreude bleibt mir erhalten. Zehn Minuten später ziehen wir weiter, und nun offenbart sich mir, was all die Croagh-Patrick-Bezwinger vor uns meinten: Es geht steil bergauf, es gibt keinen Weg, keine Serpentinen, und ich sehe nur noch Schottersteine und keinen Gipfel. Das macht mich extrem unsicher, ich denke sofort an den Abstieg, der bei diesem Belag wirklich höchst gefährlich werden kann. Aber all die angstvollen Gedanken lohnen nicht, so kurz vor dem Ziel. Und für Hanna scheint diese Episode sowieso keine Herausforderung darzustellen, so beherzt, wie sie aufsteigt, sich Stein für Stein nach oben hangelnd. Regelrecht elegant klettert sie diese Wand hinauf.

Während die Steine sich bei ihr vielleicht nur um wenige Millimeter bewegen, geben sie bei mir ständig kräftig nach, so dass ich leicht abrutsche und schnell mit meinem Fuß in der Luft einen anderen haltenden Brocken suchen muss. Zeitweise weiß ich auch nicht, woran ich mich mit meinen Händen festhalten soll, um mich raufzuziehen. Jetzt verstehe ich auch, wieso in einigen Beschreibungen steht: »Teilweise erreichen die Pilger auf Knien den Gipfel ...« Klar, aufrecht gehen ist ja auch nicht möglich.

Nach zehn bis 15 Minuten ist die Gefahr, in die ich meine Tochter und mich gebracht habe, zumindest aus meinem Kopf verbannt. Schritt für Schritt hoch ist die Devise, und sie funktioniert bemerkenswert – auch ohne Wanderschuhe und Wanderstock!

Um 8.36 Uhr ist es schließlich so weit. Wir erreichen den Gipfel und sind beide vor Freude völlig aus dem Häuschen. Hanna freut sich, weil's ihr erster Berg ist. Ich freue mich, weil's Hannas erster Berg ist, aber auch mein zweiter kleiner Pilgerausflug. Und gemeinsam freuen wir uns, weil wir es gemeinsam gemacht und geschafft haben – Vater und Tochter! Wir fotografieren uns, den Gipfel, das weiße (leider verschlossene) Kirchlein, das Croagh-

Patrick-Schild, die Schlafstelle von St. Patrick, und natürlich halte ich die schöne Aussicht auf's Mayo County fest – die zahlreichen Berge in der Ferne und auf den Atlantik und die Clew Bay mit ihren vielen Inseln.

Voll auf Endorphin steigen wir wieder hinab. Um den Fokus von dem steilen Abhang abzulenken, bitte ich Hanna, mir von ihrem aktuellen *Harry Potter*-Hörbuch zu erzählen – was sie direkt unglaublich gerne und sehr ausführlich tut. Während wir unterdessen ständig wegrutschen, mal auf den Hintern fallen oder plumps mit einem Rutsch 40 Zentimeter weiter sind, plappert Hanna von »Dementoren«, »Totessern«, natürlich »Lord Voldemort« und lässt keinen Zweifel an ihrer Begeisterung für die Bösen in der Reihe. Harry Potter sei so schrecklich langweilig – die Fiesen indes extrem unterhaltsam.

Und das ist auch sie – ehe wir's uns versehen, ist nämlich der heikle Abstieg gemeistert, und wir können wieder einigermaßen gelassen den Schotterpfad hinunterlaufen.

Wegen unserer unpassenden Schuhe schlittern wir weiter ständig runter, bleiben aber von Stürzen verschont. Gegen zehn Uhr kommen uns immer mehr Wanderer entgegen, die entweder sofort Hanna loben oder verblüfft sind, dass wir bereits oben waren. Als wir um 10.15 Uhr zurück an der St.-Patricks-Statue ankommen, ist das Wetter umgeschlagen. Der Gipfel ist umgeben von Wolken. Wie ich von einem Wanderer erfahre, kann das auch im Sommer schnell passieren. Nebel, Sonne und Regen – das Wetter bleibt in Irland nach wie vor die große Unbekannte.

Ich drücke meine Tochter ganz doll an mich und gebe ihr einen dicken Kuss. Wie stolz ich auf sie bin. Mittlerweile herrscht auf dem Parkplatz buntes Treiben, Busse sind eingetroffen mit Schülern aus den USA, die sich für ihren Aufstieg bereit machen.

An der einzigen kleinen Bude dort kaufe ich für Hanna ein Zertifikat, in das der freundliche Ire hinterm Tresen direkt ihren Namen schreibt. Fünf Zentimeter größer steigt sie mit ihrer Urkunde ins Auto. Was ein unvergessliches, wunderschönes Erlebnis für uns! Und ich bin natürlich froh, dass alles gut gegangen ist. Übrigens hatten wir sogar Glück in mehrfachem Sinne – denn nur zwei Wochen später, am letzten Juli-Wochenende, finden sich alljährlich zum *Reek Sunday* an die 30 000 Pilger hier ein, um zum Croagh Patrick zu wandern. Teilweise sogar barfuß! Es geht eben immer noch die Stufe härter als mit Turnschuhen.

4. Martinsweg, Frankreich-Ungarn

Bock, einmal quer durch Mitteleuropa zu wandern? Dann auf nach Ungarn, nach Szombathely, dem Geburtsort vom heiligen Martin. Von hier aus führen drei unterschiedliche Routen zu seinem Grab in Tours in Frankreich.

Martin, die personifizierte Nächstenliebe und Güte, ist den meisten religiösen Amateuren vornehmlich durch den Kalender bekannt – der Tag der Grablegung des heiligen Martin ist der 11. November (im Jahre 397) – ha, genau: Martinstag! Und damit zwar nicht in Deutschland, aber in vielen Ländern Europas ein Feiertag.

Die Hauptroute, die Via Sancti Martini verläuft von Ungarn aus nach Maribor (deutsch: Marburg) und Ljubljana (deutsch: Laibach) in Slowenien. Dann weiter über Treviso und Venedig nach Mailand, ins Aostatal und beim Kleinen Sankt Bernhard über den Alpenhauptkamm. Nach dem französischen Wintersportort Albertville und Lyon endet der Weg dann in Tours.

Laut Historikern soll diese Strecke eine Reihe von Orten verbinden, an denen Martin auch wirklich gewirkt hat.

Zu den zwei weiteren Routen: Eine führt in Süd-Nord-Richtung vom spanischen Saragossa durch die Pyrenäen nach Tours, die andere verläuft indes von Norden nach Süden und kommt über das niederländische Utrecht an die Loire-Stadt. Alle Wege sind übrigens an den bordeauxroten Tafeln mit einem gelben Kreuz und dem Signet des Europarates erkennbar.

Wem der gesamte Weg nicht geheuer ist, kann auch fordernde Teilstücke gehen, wie zum Beispiel die 370 Kilometer lange Via Latinorum – eine Strecke für geübte Wanderer vom ungarischen Szombathely ins slowenische Šmartno na Pohorju.

Der Kopf hinter den durch und durch europäischen Martinswegen ist Antoine Selosse vom Centre Culturel Européen Saint Martin de Tours. Laut einem Interview mit der deutschen Katholischen Nachrichtenagentur träumt er von einer Form des Pilgerns, bei der nicht nur das Ziel das Ziel ist, sondern der Weg selbst; wo der Wanderer von den Menschen am Weg lernt und mit ihnen teilt. Ganz wie die Botschaft des heiligen Martin: »Wer teilt, gewinnt.«

5. Benediktweg, Oberösterreich – Slowenien

Kaiser Joseph der II. war vor allem durch seine Religionspolitik bekannt. Er hob zum Beispiel das Glaubensmonopol der katholischen Kirche auf – und ließ die Ausübung anderer Glaubensrichtungen, wie den Protestantismus oder das Judentum, zumindest dulden.

Außerdem hob er Orden einfach auf, die in seinem Sinne nicht volkswirtschaftlich produktiv handelten, also weder Krankenpflege noch Schulen oder andere soziale Aktivitäten betrieben, und verstaatlichte deren Besitz.

1789 ließ er in diesem Rahmen auch das von Benedikt von Nursia gegründete Benediktinerstift St. Paul im Kärntner Lavanttal schließen. Doch schon 1809 zogen Benediktinermönche aus Spital am Pyhrn in Oberösterreich nach St. Paul, um den Laden wieder zu eröffnen. Und genau daran erinnert der heutige, etwa 315 Kilometer lange Benediktweg, der 2009 zum 200-jährigen Jubiläum eröffnet wurde.

Rund 15 Tage werden für die Strecke benötigt, die von Spital am Pyhrn in Oberösterreich, über die Steiermark zum Stift St. Paul in Kärnten und schließlich bis nach Gornji Grad in Slowenien führt.

Auf dem Weg gibt es allerlei kulturell Wertvolles zu besichtigen: gleich zum Start die barocke Stiftskirche in Spital am Pyhrn, dann das Benediktinerstift Admont in der Steiermark, das den größten klösterlichen Büchersaal der Welt sein Eigen nennen darf. Und nicht nur Franziskaner-Fans freuen sich über ihr Ordenskloster Nazarje mit der Kapelle der Schwarzen Madonna. Wer weniger Interesse an den Immobilien hat, der labt sich an der Natur, unter anderem im Nationalpark Gesäuse oder an der Etappe durch die Gebirgsgruppe der Niederen Tauern.

Register

Um die ganze Welt des
GOLDMANN Verlages
kennenzulernen, besuchen Sie uns doch
im **Internet** unter:

www.goldmann-verlag.de

Dort können Sie
nach weiteren interessanten Büchern *stöbern*,
Näheres über unsere *Autoren* erfahren,
in *Leseproben* blättern, alle *Termine* zu Lesungen und
Events finden und den *Newsletter* mit interessanten
Neuigkeiten, Gewinnspielen etc. abonnieren.

Ein *Gesamtverzeichnis* aller Goldmann Bücher finden
Sie dort ebenfalls.

Sehen Sie sich auch unsere *Videos* auf YouTube an und
werden Sie ein *Facebook*-Fan des Goldmann Verlags!

www.goldmann-verlag.de
www.facebook.com/goldmannverlag

GOLDMANN
Lesen erleben